D1872430

Hasse · O. E. Unvollendete Memoiren

Otto Eduard Hasse

O.E.

Unvollendete Memoiren

C. Bertelsmann Verlag

Bildnachweis

Bild-Zeitung, Hamburg – Frank (1) – Kambach (1); Ilse Buhs, Berlin (8) – Remmler (18); Rosemarie Clausen, Hamburg (15); Deutsches Institut für Filmkunde, Wiesbaden (20); dpa, Frankfurt (3); Joachim G. Jung, Berlin (1); Keystone Pressedienst GmbH, Hamburg (1); Pressebilderdienst Kindermann, Berlin (1); Hellmuth Pollaczek, Berlin (2); Elisabeth Schraudenbach, München (1); Pressebild Schubert, Berlin (1); Pitt Severin, Wennerstorf (1); Süddeutscher Verlag, Bilderdienst, München (3); Ullstein GmbH, Bilderdienst, Berlin (2); Ruth Wilhelmi, Berlin (4); ZDF, Mainz (1); O. E. Hasse Privatarchiv (56).

© C. Bertelsmann Verlag GmbH, München 1979/5 4 3 2 1
Gesamtherstellung Mohndruck Reinhard Mohn GmbH, Gütersloh
ISBN 3-570-01992-6 · Printed in Germany

Inhalt

Dem Freunde Max Wiener

An einen Freund

Nimm dieses Leben nicht so ernst!
Possierlich ist's im allgemeinen . . .
Je besser du es kennen lernst,
Je muntrer wird es dir erscheinen.
Kein Drama ist's im großen Stil,
Wie du dir denkst, mit Schuld und Sühne;
Es ist ein derbes Possenspiel
Auf einer Dilettantenbühne.
Zwar wär's nicht halb so jämmerlich,
Wenn nur die Leute besser spielten,
Und wenn die Lustigmacher sich
Nicht immerdar für Helden hielten.

HEINRICH LEUTHOLD

Vorbemerkung

Darauf angesprochen, ob er je daran gedacht habe, seine Erinnerungen aufzuschreiben, antwortete O. E. Hasse mit ebenso raschem wie entschiedenem Nein. Außer kürzeren Artikeln, um die Kunst- und Theaterzeitschriften ihn gebeten hatten, sei er auch nie aufgefordert worden, sich schriftlich zu äußern. Und noch ein Schauspieler-Buch? Nein, da gäbe es einfach zu viele; er wolle der langen Reihe von Autobiographien kein weiteres Buch hinzufügen.
Dabei war O. E. Hasses Freude am Fabulieren bei seinen Freunden und Kollegen längst zur Legende geworden. Viele drängten ihn, seine Erlebnisse und Erfahrungen unbedingt festzuhalten. Und nach zahllosen Wenns und Abers, Zusagen, Zögern, Absagen beendete er schließlich den Kampf mit sich selbst. Er willigte ein.
Nach der Vorstellung sprach er nachts noch stundenlang auf Tonband; an längst Vergessenes seit Jahrzehnten, regelrecht Verschollenes erinnerte er sich wieder. Selbst schreiben aber wollte er nicht.
Dann wurde er krank. Niemand konnte damit rechnen, daß O. E. Hasse noch einmal würde arbeiten können. Aber nach endlosem, mit beispielhafter Disziplin und Geduld ertragenem Krankenlager, nach zwangsläufig ausgedehntem Genesungsaufenthalt im Schwarzwald stand er wieder vor der Kamera.
Jetzt wurde er ungeduldig: »Das Buch muß fertig werden. Und ich schreibe es selbst.«
Er schrieb wirklich selbst und war über seine Schreibe alles andere als unglücklich: »Sagte ich je, ich hätte kein Talent? Das soll mir mal einer nachmachen; Berufswechsel mit 75!«

Dann kam die Krankheit wieder. Drei Tage vor seinem plötzlichen Tod saß er zum letzten Mal am Schreibtisch.
Vieles, was O. E. Hasse unbedingt erzählen wollte, war noch ungeschrieben. Einiges davon ließ sich aus den Tonbandaufzeichnungen ergänzen. An anderen Stellen halfen Freunde, vorhandene Lücken aufzufüllen. Ihnen allen sei gedankt.
Wichtige Kapitel ließen sich nach O. E. Hasses Tod jedoch nicht mehr vollenden. Am Herzen gelegen hatte ihm vor allem ein umfangreicher Teil des Buches über Freunde und Freundschaften, die ihm so viel bedeutet haben.
Zu einem wollte er über jene Freunde schreiben, die auch im künstlerischen Bereich eine bedeutende Rolle für ihn spielten: Hans Heinz Stuckenschmidt und seine Frau Märgelchen (die Sängerin Margot Lefèvre); Professor Kurt Raeck, der Intendant des Berliner Renaissance-Theaters; Professor Marliese Ludwig, die er so hoch verehrte; Edith Heerdegen, die er Krümelchen nannte und der dieses Buch einige der schönsten Privatfotos O. E. Hasses verdankt; die Schauspiellehrerin Else Bongers; die Bühnenbildnerin Ita Maximowna, mit der er zusammen mit Friedrich Luft und Ernst Schröder nach dem Kriege als einer der ersten die USA bereiste; seine Regisseure, von denen hier nur Boleslav Barlog, Alfred Hitchcock, Alfred Weidenmann und Costa-Gavras genannt seien; schließlich seine geliebten Schauspielerkollegen wie Thilo von Berlepsch, Joana Maria Gorwin, Heidemarie Hathayer, Elisabeth von Lüdinghausen, genannt Kiki, Loni Heuser, Marianne Hoppe, Erich Ponto und Antje Weisgerber.
Keineswegs vernachlässigen wollte O. E. Hasse daneben diejenigen seiner Freunde, die mit seinem Beruf nicht unmittelbar zu tun hatten, wie Carl Ludwig Graf Berg, Curt Riess, Seally Cahn, Lore und Christa Cloppenburg, »Engelchen«, Armin Fehle, Gabriele Henkel, Jenny Kramel und Margarete Römer.
Die Aufzählung all dieser Namen ist natürlich nicht vollständig, kann es nicht sein. O. E. Hasse starb zu früh.
So sieht dieses Buch nun sicher anders aus, als er es sich vorgestellt hatte. Memoiren im üblichen Sinne sollten es ohnehin nicht werden. Das war sein Wunsch. Unter den vielen Titeln,

die er vorgeschlagen und wieder verworfen hatte, gefiel ihm »Fetzen aus meinem Leben« am besten. Durch seinen plötzlichen Tod sind es nun »unvollendete Memoiren« geblieben. Erinnerungen, denen er als Motto vielleicht eine Zeile aus einem Gedicht von Heinrich Leuthold, die er so liebte, vorangestellt hätte: »Nehmt das Leben nicht so ernst!«

Wer es wissen möchte, dem sei es gleich gesagt: O. E. sind die Initialen von Otto Eduard, den Vornamen der beiden Brüder meines Vaters, auf die ich getauft worden bin. Sie haben mir oft zu schaffen gemacht. Als Kind wurde ich nur beim ersten gerufen, obwohl beide als Rufnamen galten.
Als ich anfing, selbständig zu entscheiden, schrieb ich sie voll aus, aber als Anrede sind sie halt ein bißchen lang und klingen auch nicht gut.
Auf der Schauspielschule taufte mich meine Mitschülerin Renate Müller *Ottuard*, was mir sehr gefiel, und ich wurde auch lange Zeit so gerufen. Die Ärgernisse begannen erst, als mein Name in den Programmen und in der Presse erschien. Die Theater verkürzten mich in den Programmheften meistens auf Otto Ed. oder Otto E., weil mein Name zu viel Platz einnahm.
Nun hatte ich damals zwei berühmte O.-E.-H.-Konkurrenten: Otto Erich Hartleben, den Autor von *Rosenmontag*, einem Bestsellerdrama aus dem Anfang des Jahrhunderts, und Otto Ernst Hesse, einen Berliner Kritiker der *BZ*, der dazu noch ein damals viel gespieltes Kriminalstück *Voruntersuchung* geschrieben hatte, das mit Bassermann auch ein Filmerfolg wurde. Und allzu oft wurde ich in Otto Erich oder Otto Ernst umgetauft, was mich höchlich ärgerte und sich förmlich zur Achillesferse bei mir auswuchs. Auch später im Vorspann der Filme erschien ich meistens mit einem zweiten, nicht mir eigenen Vornamen.
In München an den Kammerspielen faßte O. E. als Anrede festen Fuß, die Programme schrieben mich noch voll aus, in der Presse erschien das O. E. aber immer häufiger. Nur im Film

hielten sich Otto Erich wie Otto Ernst hartnäckig, und zu allem Überfluß gesellte sich auch noch Emil hinzu.
Endlich 1939 in Prag erließ ich ein *Edikt*, in dem ich erklärte, nur als O.E. gedruckt werden zu wollen. Was sich dann auch durchsetzte. Natürlich machte das O.E. die liebe Presse neugierig, da man ja nicht mehr wußte, was es bedeutete.
Manches Mal nahm ich einen besonders Wißbegierigen, der gar nicht lockerlassen wollte, beiseite und flüsterte ihm geheimnisvoll ins Ohr, daß ich zwar nicht gern darüber spräche, aber *ihm* wolle ich es ausnahmsweise verraten: »O.E. steht für Osmin Esmeranduel, meine Mutter kam nämlich im Harem nieder.«
Nach meiner Rückkehr aus den USA, Hitchcock hatte mich für den Film *I confess* (Ich beichte) engagiert, sollte meine Verehrungsbekundung für Amerika auch namentlich erkennbar werden, indem ich mich in Deutschland so schreiben wollte, wie man mich drüben ausspricht, also nach meiner Rückkehr statt Hasse Hesse. Falls man mich danach nochmals ins Gelobte Land holen sollte, würde ich dort nunmehr mit Mister Hisse angesprochen werden, und ich würde sicher nicht zögern, in der Heimat das soeben erworbene »Aussprache-I« unverzüglich in ein orthographisches umzuwandeln.
Falls schließlich das Wunder eines abermaligen Rufes erfolgen sollte, und man mich nunmehr mit Mister Heisse anspräche, würde ich statt O.E. »S.C.« davorsetzen, und damit dürfte das Ende meiner Karriere endgültig gekommen sein.

Obersitzko, 1800 Seelen an der Warthe, Klo auf dem Hof, bei Petroleumlicht aufgewachsen, wo man die Wölfe als Haustiere benutzte.
Das wollte ich immer in den Meyer oder den Brockhaus hineinmogeln, um meine Geburtsstadt ein wenig aufzuwerten, denn obwohl alles bis auf die letzte Zeile stimmt, steht sie noch in keinem Lexikon.
Obersitzko hat auch eine hölzerne Warthebrücke und drei Türme: den der evangelischen oder deutschen Kirche, den der katholischen oder polnischen Kirche, denn evangelisch und

deutsch wie auch katholisch und polnisch waren in Obersitzko identisch, und den Rathausturm, der aber in Wirklichkeit das gräfliche Rentamt und nebenbei noch Getreidespeicher war. Der Magistrat befand sich in einer dummen Mietwohnung. Der gräfliche Speicherturm hatte zudem noch eine Sensation: An seiner Vorderfront war eine steinerne Engelsvignette in die Mauer eingelassen, ein Engelskopf mit zwei Flügeln, dessen Augen durchsichtig waren, dahinter bewegte sich der riesige Perpendikel der Turmuhr hin und her, und dahinter war eine der drei elektrischen Birnen der Stadt befestigt. Wenn sie brannte, machte der Engel immer abwechselnd ein Auge auf und das andere zu, was mir als Junge im wahrsten Sinne unheimlich imponierte.
Das elektrische Licht war gräfliches Privileg, es wurde von einer Turbine erzeugt und erleuchtete außer den Engelsaugen auch noch eine Lampe an Krawczyks Eckkneipe, als Dank dafür, daß am Hause ein Isolationsknopf für die elektrische Leitung angebracht war, die den Strom bis zum gräflichen Schloß führte. Damit ist der Hauptkomfort technischer Erneuerungen allerdings nicht erschöpft. Gaslicht bekamen wir, als ich zehn Jahre alt war, das auch gleich bei Kriegsbeginn wieder stillgelegt wurde (1914 bitte!!), eine Sekundärbahn von Wronke nach Obornik allerdings schon 1912.
Ich erinnere mich noch gut an die Postkutsche und ihre festliche letzte Fahrt durch die beflaggte Stadt, hoch auf blumengeschmücktem Wagen der Postillion, laut und falsch in sein Posthorn stoßend. Als historisch wichtig wäre noch der evangelische Kirchenneubau zu erwähnen, weil ich in der alten Kirche noch getauft, in der neuen jedoch eingesegnet wurde.
Das erste Abenteuer, das ich bestand, hatte ich im Alter von fünf Jahren, als meine Eltern ausgegangen waren und eine brennende Petroleumlampe bei mir ließen, damit ich mich nicht fürchten sollte, falls ich nachts aufwachte. So geschah es. Ich rief vergeblich, trug die Petroleumlampe in die Küche, band mir dort eine Schürze um und lief auf die Straße, meine Großmutter zu besuchen. Unterwegs versteckte ich mich vor dem Nachtwächter mit Pike und Horn (er hatte beides, ich schwöre es), drehte am Türschloß meiner Großmutter, die

Kindheit

Schulzeit

fragte, ob jemand da sei. Ich hatte zu antworten nicht den Mut und ging wieder nach Hause, durchdrungen von meinem Abenteuer. Die Aufregung am nächsten Tag war groß.

Geboren bin ich noch in dem Hause mit der Schmiede des Schmiedemeisters Hasse zwischen Amboß und Blasebalg. Bald zogen wir aus, mein Vater überließ die Schmiede seinem Bruder und wandte sich den Maschinen zu, von Fahrrädern über Zentrifugen bis zu Dampfdreschsätzen und Mähmaschinen für große Güter, gründete ein Geschäft für Haushaltsartikel und Eisenwaren. Dann kaufte er ein Haus am Marktplatz. Und ich fing auch an, in die Schule zu gehen. Geschwister hatte ich nicht.

Meine besten Freunde waren die Söhne des Tierarztes Dr. Wellmann. Vor allem Ludwig, der Älteste, Lusche genannt. Wir gingen mit unseren Luftbüchsen auf den Kriegspfad, hoben Unterstände am Warthe-Ufer aus, um stromabwärts kommende Kanus von feindlichen Stämmen zu beobachten, und machten große Fahrten mit unseren Dreirädern und Holländern.

Vom konventionellen Spielzeug liebte ich die Steinbaukästen am meisten. Auch mit Soldaten spielte ich gern, den damals neuartigen Lineolsoldaten. Wir zogen unsere Heere zusammen und lieferten uns große Schlachten, waren aber großzügig genug, uns nach Friedensschluß gegenseitig zu den Siegesfeiern einzuladen.

Oft war ich allein, und da habe ich vor dem Spiegel eine Autohypnose erfunden; ich versetzte mich durch mein Spiegelbild in Trance, indem ich ihm in die Augen sah, zu ihm sprach: »das bin nun ich« und es antworten ließ »das bist nun du«. Immer wieder, bis ich in einen Dämmerzustand verfiel und glaubte, daß es Leben gewann und ich die Mystik meines Doppelgängertums spürte.

Mit physikalischen Problemen beschäftigte ich mich damals schon: Ich glaubte fest, daß, wenn zwei gleich schwere Körper sich gegenseitig hochhöben, sie schweben könnten. Bei der Meinung blieb ich hartnäckig, probierte es immer wieder mit anderen Kindern und war überzeugt, daß es nur deshalb nicht ging, weil wir nicht genau gleiche Gewichte hätten.

Tagelang glaubte ich, daß ich gar nicht in dies, mein vermeintliches Elternhaus gehöre, daß ich ein *anderer* sei, der hier nur versteckt gehalten würde, ein geraubter Prinz oder ein Grafenkind, und meine Eltern, an denen ich sehr hing, vor allem an meiner Mutter, wurden zu fremden Leuten, die ich mißtrauisch, ja feindselig beobachtete.

An irgendeinem Morgen wußte ich plötzlich beim Aufwachen schon, daß auf dem Schulweg ein Attentat auf mich geplant war. Beim Frühstück wurde mir hinterbracht, daß auf meinem Schulweg unter einer Fliese auf dem Bürgersteig eine Bombe liege, und wenn ich auf sie träte, explodierte sie, und ich flöge in die Luft. Seltsamerweise schwankte meine Reaktion darauf zwischen Angst und Neugier, ich gab das Spiel dabei nie ganz auf, ich hätte ja neben dem Bürgersteig auf der Straße zur Schule gehen können; das tat ich nicht, und die Hopser und

Sprünge, die ich machte, um die gefährlichen Fliesen zu umgehen, um mein Leben zu retten, mögen recht possierlich gewesen sein. Ich liebte mein gefährliches anderes Leben, das übrigens auch Verpflichtungen mit sich brachte.

So hatte ich öfters Paraden abzunehmen, wenn ich an einem Lattenzaun entlangging. Die Latten waren die Soldaten und jeder Pfahl ein Offizier, den ich zu grüßen hatte! Meine Armverrenkungen, die ich vollführte, um meine Paradegrüße zu verwischen, wenn mir dabei unverhofft jemand begegnete, werden wohl für die Obersitzkoer undeutbar geblieben sein.

Es zeichneten sich hier unverkennbar einige gefährlich verwandte kindliche Charakterzüge mit Thomas Manns Felix Krull ab, ich habe sie aber in späteren Jahren nicht mehr entdecken können. Hochgestapelt habe ich nur einmal als Primaner ohne eigenes Zutun, als ich bei meinen Eltern in Posen lebte und mit Margret, meiner damals Erwählten, im schon polnischen Stadttheater war. Ich hatte meinen ersten Smoking bekommen, Margret trug schwarzen Samt mit roter Rose an der Hüfte, und wir hatten uns Plätze in der ehemaligen Prinzenloge für die *Butterfly* gekauft.

An jenem Abend war nun eine Abordnung französischer Studenten im Theater, die im Parkett saß. Diese Abordnung wurde von einem polnischen Beamten aus der uns gegenüberliegenden ehemaligen Kaiserloge in französischer Sprache begrüßt. Der Beamte las seine Rede aus einem Manuskript, und wenn er aufsah, blickte er direkt in unsere Loge, in der nur Margret und ich saßen. Als zum Schluß die Hymnen gespielt wurden und alles sich erhob, auch wir, sahen wir, daß das ganze Parkett zu uns hinaufschaute, sie hatten von der Rede nichts verstanden und glaubten, *wir* seien gemeint.

In der Pause wagten wir uns nicht ins Foyer, um den Nimbus nicht zu zerstören. Aber zum Schluß blieb leider kein großer Abgang für den Sohn von Poincaré (für den hielten sie mich vielleicht, dachte ich). Es wartete eine Menge Leute auf uns, aber am Fuße der großen Freitreppe stand nur eine armselige Einspänner-Pferdedroschke, die wir mit einiger Haltung bestiegen und allen Glanz hinter uns ließen.

Wir hatten damals einen Königspudel, den ich sehr liebte, er hieß Löwe und stahl leider Fleisch und Wurst. Im Sommer, wenn die Fleischer ihre Ladentüren offenließen, legte er sich an einer Hausecke in der Nähe so einer Fleischerei auf die Lauer, und wenn niemand im Laden war, lief er hinein und schleppte weg, was tragbar war. So wurde meinen Eltern wenigstens berichtet, denn natürlich wurde er auf seinen Diebesausflügen gesehen und in dem kleinen Obersitzko auch erkannt.

Sie erzählten von riesigen Würstchengirlanden, die er durch die Straßen zog. Mir imponierten seine Schlauheit und seine Frechheit zwar sehr, aber ich wollte es trotzdem nicht glauben und meine Eltern auch nicht, weil wir nie etwas von dem finden konnten, was er gestohlen haben sollte. Und alles, was mein armer Vater bezahlen mußte, konnte er auch nicht gefressen haben, dazu war sein Appetit bei den regulären Mahlzeiten im Hause zu groß. Doch eines Tages fand ich des Rätsels Lösung: Ich entdeckte sein Versteck. Ganz hinten im Garten hatte er sein Diebesgut vergraben. Unter der Erde lag alles unberührt, aber verwest, er hatte nicht einen Bissen davon gefressen.

Diese Nutzlosigkeit seiner Diebereien imponierte mir wiederum sehr, meinem Vater jedoch weniger, und Löwe sollte verkauft werden; aber auf mein tränenfeuchtes Bitten hin behielten wir ihn doch.

Außerdem bot Löwe auch noch eine andere, weniger kostspielige Attraktion:

Er begann zu heulen, wenn er Musik hörte; eine Nummer von ihm, die oft vorgeführt wurde. Dazu setzte er sich und legte den Kopf ganz weit nach hinten, so daß die Schnauze senkrecht in die Höhe stand; er zog sozusagen alles nach oben, auch die Vorderpfoten, und saß plötzlich nur auf den Hinterpfoten, was ihm eine komische Solistenpositur, wie bei einem alten Tenor, verlieh, und dabei gab er jaulende, herzzerreißende Töne von sich. Man wußte nicht, ob er litt oder es aus Wonne tat.

Eines Tages, als meine Mutter und ich in der Kirche waren und der Kantor auf der Orgel zu präludieren begann, hörten wir

plötzlich sein Geheul in der Kirche. Meine Mutter sagte leise: »Das ist Löwe, bring ihn hinaus.« Er saß unter der Orgelempore, mitten im Gang, und ich Armer mußte unter den Blicken der empörten Gemeinde den Canossa-Gang durch das ganze Kirchenschiff antreten, um ihn hinauszubringen. Aber als ich in Griffnähe war, sprang er plötzlich auf und lief die Treppe zum Orgelchor empor, blieb auf halber Höhe sitzen, nahm seine Tenorpositur wieder ein und hob von neuem mit seiner Jaulerei an. In diesem Augenblick hätte ich ihn ermorden können. Als ich bei ihm war, lief er an mir vorbei die Treppe wieder hinunter und durch die angelehnte Kirchentür hinaus. Ich atmete auf, aus tausend Todesqualen befreit.
In die Kirche zurück wagte ich mich zwar nicht mehr, aber während des ganzen Nachhausewegs habe ich ihn keines Blikkes gewürdigt und acht Tage lang kein Wort mit ihm gesprochen.
Die Strafe war hart, aber verdient.

Meine Liebe und Zuneigung während meiner Kindheit hatte sich ausschließlich auf meine Mutter konzentriert. Eine engere Beziehung zu meinem Vater entstand erst 1934 nach ihrem Tod. Nicht daß mir mein Vater gleichgültig gewesen wäre oder ich Abneigung gegen ihn empfunden hätte, aber er war mir viel ferner, und in jedem Ehestreit stand ich auf der Seite meiner Mutter. Sie kränkelte oft, und wahrscheinlich hat ihr Liebes- und Hilfsbedürfnis, das daraus entstand, meine Beziehung zu ihr noch verstärkt, denn mein Vater war oft geschäftlich unterwegs, und sie war viel allein.
Dazu war sie eine phantasievolle, musische Natur, zu der ich mich stark hingezogen fühlte. Ihren Erfindungsreichtum an Kosenamen liebte ich besonders, aber nicht alle. Wenn sie mich zum Beispiel *Leberwürstchen* nannte, litt ich sehr. Hingegen verging ich schier vor Wonne, wenn sie mich im Som-

---

Rechte Seite oben: Otto Eduard mit seiner Mutter Valeria
Unten: Mit Berta Drews (Mitte) in der Pension in Posen.

mer, wenn ich braun gebrannt war, mit *mein kleiner Savoyardenknabe* titulierte. Ich wußte zwar nicht, was es bedeutete, wagte sie auch nicht danach zu fragen, fand aber das Wort so wunderschön.

Eines Tages kam Onkel Max mit Frau und Kind zu Besuch. Onkel Max war Magistratsbeamter in irgendeiner Stadt. Er trug einen steifen, hohen Stehkragen, einen Kneifer an der Schnur und sprach sehr bedeutungsvoll. Meine Mutter sagte mir, ich solle mir an Onkel Max ein Vorbild nehmen, er rauche nicht, er trinke keinen Alkohol und sei überhaupt in allem sehr ordentlich. Aber als er nach zwei Wochen wieder abgereist war, bemerkte sie ein wenig verschämt, ich solle das mit dem Vorbild nicht so wörtlich nehmen, ein bißchen rauchen und ein bißchen trinken dürfe ich als erwachsener Mann schon, und ich dürfe mich da ruhig ein wenig an meinen Vater halten.

Andere Maximen, die sie mir als Kind eingab, habe ich hingegen unverändert bis zum heutigen Tag beherzigt. Sie sagte mir zum Beispiel, wenn ich erwachsen sei, würde ich von meinen lieben Mitmenschen auf die verschiedenste Weise beurteilt werden. Sicherlich würde es einige geben, die mich sympathisch fänden, achten und lieben, andere, die mich nicht mögen, verachten, sogar hassen würden, das alles werde ich hinnehmen müssen und hoffentlich auch damit fertig werden. Nur vor einem sollte ich mich hüten: daß sie mich bemitleideten. Das sei das Ärgste.

Mein Vater war ein guter Geschäftsmann mit großer Begabung im Umgang mit Menschen, aber unzuverlässig und fast naiv-optimistisch. Er liebte den großzügigen Umgang mit Geld und nahm es damit nicht immer so genau. Ich erinnere mich, daß er mir als kleinem Jungen, wenn er ein gutes Geschäft abgeschlossen und meiner Mutter alles Bargeld mit großer Geste hingeblättert hatte, ein Goldstück in die Hand drückte, mit dem ich gar nichts anzufangen wußte. 50 Pfennige für eine Tafel Schokolade wären mir viel lieber gewesen. Am Abend kam er dann und lieh sich das Goldstück von mir, weil er kein Geld zum Ausgehen hatte.

Jugend

Der Vater
Wilhelm Gustav Eduard Hasse

Als Elfjähriger wurde ich 1915, nach vorbereitendem Französischunterricht beim Pastor Lembke in Obersitzko, in die Quinta der Realschule in Kolmar in der Provinz Posen aufgenommen, und ich kam in eine Pension zu der Lehrerfamilie Gallitschke. Eine neue Phase in meinem Kinderdasein begann. Es war Krieg, die Lebensmittel wurden knapp. Zu Hause merkte ich wenig davon, aber hier gab es viel Kohlrüben. Wir Pennäler wurden zur Kriegsanleihewerbung auf die Dörfer geschickt. Und im *Jungsturm* erhielten wir bereits vormilitärische Ausbildung.
1918, nach den Herbstferien, ging ich nicht mehr nach Kolmar zurück, die Revolution begann in Deutschland, bald darauf in Polen. Kolmar blieb deutsch, wir waren polnisch geworden. Ich verlebte den Winter zu Hause, und im Frühjahr 1919 kam ich auf die Berger-Oberrealschule nach Posen in die Unterse-

kunda. Untergebracht wurde ich in der Pension der Frau Direktor Wollenschläger am Sapieha-Platz, wo ich Bertha Drews als Mitpensionärin und Lyzealschülerin antraf.
Wir schrieben ein Theaterstück zusammen und führten es auch in der Pension auf: *Naïla, das Indermädchen*. Bertha war Naïla, mein Zimmergenosse Fritz Piper der Maharadscha, Hertha Rohde, eine Pastorentochter aus Pinne, die Maharani und ich Dagobas, ein junger Grieche, der nach einem sagenhaften, von uns beiden Autoren frei erfundenen Krieg als Gefangener vom Maharadscha seiner Gattin übergeben wird mit den schönen Worten:

Er soll mit seinen Märchen dir die Stunden kürzen
und mit der Fabel Weisheit deinen Geist erfreuen.

Das ganze Drama war in gebundenen Versen gedichtet! Und es endete mit dem Doppelselbstmord von Naïla und Dagobas aus unglücklicher Liebe.
Ich blieb über ein Jahr in der Pension Wollenschläger. Mein Vater bedachte mich damals sehr freigebig mit Taschengeld. Er sagte, er gebe mir das Geld nicht, damit ich alles ausgäbe, sondern damit ich lerne, damit umzugehen. Ein Grundsatz übrigens, der bei mir Früchte trug. Als er mich eines Tages besuchte, fühlte sich die Frau Direktor Wollenschläger veranlaßt, ihm mitzuteilen, daß ich stets über recht viel Geld verfüge. Worauf mein Vater antwortete: »Gnädige Frau, Sie sagen mir das doch, weil Sie annehmen, mein Sohn könnte es auf unrechtmäßige Weise an sich gebracht haben. Ich kann Sie da beruhigen, es ist meine Erziehungsmethode, ihm mehr Geld zu geben, als er braucht. Aber auch wenn das nicht der Fall wäre, wünschte ich nicht, es von Ihnen zu erfahren.«
Für diesen Satz ziehe ich noch heute meinen Hut vor ihm.
1920 zogen meine Eltern nach Posen und ich zu ihnen in die Ulica Dabrowskiego.

Das Theaterspielen habe ich zweimal gelernt, soweit man beim Theaterspielen überhaupt von Lernen reden kann. Nur wollte ich das erste Mal nicht wahrhaben, und das hat mich in große Bedrängnis gebracht. Es ist so, als hätte man gelernt, zweimal zwei sei vier, und dann plötzlich sagt, das muß ich vergessen, das muß anders gehen.

Als das deutsche Theater in Posen 1919 polnisch wurde, gründete sich ein deutscher Theaterverein, ein Amateurklub, der vom Deutschtumbund gefördert wurde als Unternehmen, das sich für die Erhaltung deutschen Theatergutes einsetzte, damit die deutschen Minderheiten dortblieben. Ich war am deutschen Gymnasium Obersekundaner, und die künstlerische Leitung hatte Lina Starke, eine früher sehr bekannte Schauspielerin. Ich faßte mir ein Herz und ging zu ihr und fragte sie, ob sie mir Unterricht geben wolle. Ich mag ihr sympathisch, vielleicht sogar begabt erschienen sein, jedenfalls sagte sie ja, und so nahm ich Unterricht, hauptsächlich Sprachunterricht. Natürlich ergab sich daraus, daß ich im Theaterverein zunächst einmal kleine Rollen bekam. Die erste war die des jungen Ehemanns im *Weißen Rößl*, der mit seiner frisch Angetrauten auf alle Fragen immer nur antwortet: »Das ist uns ganz gleich«.

Einige meiner Schullehrer haßten mich natürlich wegen der Schauspielerei. Es gab richtige Theaterzettel. Mein Name stand drauf und wurde in den Kritiken der Zeitungen erwähnt. Unser Mathematiklehrer, ein Professor Stelter – ich nannte ihn immer *Kinnundkinneskinn*, weil er ein Kinn wie ein Truthahn hatte und dazu lispelte –, sagte, wenn ich etwas nicht wußte: »Na, Hasse, Sie haben wohl gestern nicht arbeiten können, haben wieder den Salonlöwen spielen müssen, wie?«

Und dann kam es zu einer recht dramatischen Geschichte. Ich spielte den Jäger im *Weibsteufel* von Karl Schönherr. Das galt als unzüchtiges Stück. Und davon erfuhr unser Direktor, Professor Stiller, ein Theologe, und der beantragte Relegation ob dieser Rolle. Ich hatte dazu auch noch einen Tag den Unterricht versäumt, weil wir in Lodz mit dem Stück gastierten. Der Leiter des Deutschtumbundes, Dr. Rauschning, der spätere Senatspräsident in Danzig, der das Buch *I met Hitler* schrieb und den Danziger Gauleiter Forster ohrfeigte, verhinderte die direktorialen Maßnahmen, weil das deutsche Gymnasium auch, wie der Theaterverein, dem Deutschtumbund unterstand. Der Direx erreichte nur eines: die Namen der Akteure durften nicht mehr auf dem Programmzettel stehen, und sie erschienen deshalb auch nicht mehr in der Presse. Mein Pennäler-Star-Ruhm war dahin.

Wir blieben anonym. Aber ich spielte weiter beim Theaterverein und setzte auch meinen Unterricht bei Frau Starke fort, bis zum Abitur. Ich spielte große Rollen, sogar den Ferdinand in *Kabale und Liebe*, und hatte auf diese Weise eine veritable Theaterpraxis absolviert.

Das war meine erste Ausbildung.

Als ich mein Abitur gemacht hatte, ging ich nach Berlin; offiziell, um Jura zu studieren, in Wirklichkeit aber, um Schauspieler zu werden. Denn obwohl alle Bekannten und Freunde wußten, daß ich beim Theaterverein gespielt hatte, verriet ich niemandem, daß ich dieses – heute würde man sagen Hobby – nun auch als ernsthaften Beruf betreiben wollte. Ich nahm das bisherige Laienspiel nicht ernst, ja ich radierte es in meinem Inneren aus. Ich sagte mir, das müsse ich vergessen, ich müsse wieder von vorn anfangen, alles bisherige gelte nicht. All diese Vorhaben waren mein ureigenstes Geheimnis, von dem ich zu niemand sprach, ähnlich wie über mein Prinzendasein oder meine Selbsthypnosen als Kind vorm Spiegel.

So kam ich denn nach Berlin, ließ mich brav an der Universität immatrikulieren, besuchte aber kaum Vorlesungen. Es war die wüste Zeit der Inflation. Ich läutete Werner Krauß an, im Wahn, er würde mir Unterricht geben. Er war nett am Telefon und empfahl mich einem Schauspieler, zu dem ich auch eine Zeitlang ging, der mir aber nicht zusagte.

Ich hatte Anschluß an eine Maler- und Literaten-Boheme-Clique gefunden. Die taten alle auch nichts. Wir trafen uns im Atelier auf geheime Klopfzeichen (wegen der nicht bezahlten Miete). Dort hockten wir beieinander, redeten viel und schnupften hin und wieder wohl auch eine Prise Koks.

Diese Clique war übrigens für meine Schauspielerpläne meine einzige Stütze, weil ich den jungen Kunst-Adepten immer wieder Szenen als Käufer ihrer Bilder vorspielen mußte, vom

jüdischen Kunsthändler über Raffketypen bis hin zum alten verkalkten Aristokraten, die sie sehr bewunderten. Sie hielten mich für ein Genie, und das hat mir ein wenig geholfen.
Sie brachten mich sogar dazu, daß ich Berthold Viertel vorsprach, der damals das sehr beachtliche Theater *Die Truppe* leitete. Aber ich in meiner idiotischen Verirrung, daß ich alles anders machen müsse als bisher, versperrte mir auch die kleinsten Hoffnungen. Ich erinnere mich, daß Viertel mich im *Carlos*, den ich ihm vorsprechen wollte, schon nach einigen Sätzen unterbrach und mich fragte, was ich täte. Als ich ihm antwortete: »Ich studiere Jura«, sagte er zu mir: »Ich rate Ihnen, bleiben Sie bei der Juristerei.« An diesem Tag wollte ich allen Ernstes in die Spree springen.
Bei anderen Gelegenheiten erging es mir nicht besser. Meine Verzweiflung wuchs immer mehr. Aber ich ließ nicht ab von meinen Plänen. Ich hörte von der Reinhardt-Schauspielschule, und alle sagten, dort müsse ich hin. Reinhardt, der magische Name, damals in Berlin! Das leuchtete mir ein. Ich ging in die Schumannstraße, wo die Schule im zweiten Stock der Kammerspiele untergebracht war, erkundigte mich und erfuhr, daß in kurzer Zeit vor einem Gremium Aufnahmeprüfungen stattfänden. Also wieder vorsprechen! Wiederum die Gewißheit des Durchfalls.
Trotzdem meldete ich mich zur Prüfung an. Ich hatte mir einen aus Verzweiflung geborenen Mogelplan zurechtgemacht. Ich kam zur Prüfung einen Tag später, als sie angesetzt war, und als der Direktor Held mir das sagte, tat ich untröstlich und bat ihn, er möge mich doch allein prüfen, was er zunächst ablehnte. Aber ich trieb meine Tricks weiter. Ich sagte, daß ich in Devisen zahlen würde (die Rentenmark war gerade geboren, und man traute ihr wohl noch nicht recht). Ich war mir meiner Erniedrigung wohl bewußt, aber ich biß die Zähne zusammen, sprach ihm auch was vor, die *Wallfahrt nach Keflaar* und den Jaromir aus der *Ahnfrau* von Grillparzer, einen Monolog der irren Angst (um nur nicht in das jugendliche Heldenfach zu geraten), und er nahm mich als Hospitant in die Schauspielschule des Deutschen Theaters auf. Ein kleines Stückchen auf dem dornenvollen Weg war geschafft.

Der Lehrgang begann, ich durfte zwei Reihen hinter den begabten Schülern sitzen, die das Erniedrigende meiner Situation mich aber nicht fühlen ließen. Sie waren alle sehr nett, sehr liebenswürdig, und es waren Schauspieler dabei, die man noch heute kennt: Renate Müller, Werner Fuetterer, Alice Treff, Karin Evans. Auf der Rücklehne meiner Vorderbank entdeckte ich, wie ein gutes Omen, den Namen Bertha Drews. Ich wußte nicht, daß sie Schauspielerin geworden war.
Beim stimmtheoretischen Unterricht durfte ich mitmachen, beim künstlerischen nicht.
So begann meine zweite Ausbildung im Theaterspielen, weil ich glaubte, alles noch einmal neu und richtig lernen zu müssen, und die baldige Erkenntnis gewann, daß es nicht stimmte.
Da saß ich nun und sah zu, wie die anderen übten – schon Szenen spielten. Ich kam nicht dran. Und dann kam als erster neuer Lehrer für Szenenstücke der junge Lothar Müthel, der damals bei Reinhardt engagiert war. Er ließ sich von allen Mitschülern etwas vorsprechen, um sie kennenzulernen. Als die Reihe an mir war, mußte ich ihm sagen, daß ich nur Hospitant sei. Er wollte aber trotzdem etwas von mir sehen. Und da sagte ich, wenn meine Mitschüler dazu bereit wären, würde ich ihm eine Szene aus einer Komödie von Schnitzler vorspielen, die ein Mitschüler studiert hatte (einen komischen Bonvivant). Ich hatte die Proben dafür natürlich mit angesehen und kannte die Rolle auswendig, hütete mich aber davor, ihn auch nur in einer Kleinigkeit zu kopieren. Als ich mich danach wieder auf meinen Platz gesetzt hatte, kam Müthel und sagte leise zu mir: »Begabt, sehr begabt, mein Lieber.« Das war nach Jahren der Erniedrigung der erste Tropfen auf mein verdorrtes Anfängerherz.
Mit der Zeit wurde ich als Schüler für voll genommen, der Direktor hatte wohl nach Rücksprache mit den Lehrern nichts dagegen und meine Mitschüler schon gar nicht. Ich kam also im Rollenstudium dran.
Der nächste neue Lehrer war Erich Pabst, ein Regisseur der Reinhardt-Bühnen, bei dem ich später herrliche Freiluft-Komödianten-Sommerspielzeiten im Harzer Bergtheater er-

Als Peer Gynt im Harzer Bergtheater

lebte. Der bat mich eines Tages, nach dem Unterricht noch einen Augenblick zu bleiben. Ich hatte gerade in einer Szene aus *Kabale und Liebe* den Präsidenten gespielt. Und als wir allein waren, sagte er mir in seiner spröden westfälischen Art: »Ich wollte Ihnen nur sagen, daß ich Sie für überdurchschnittlich begabt halte, ja, das wollte ich nur sagen«, ging weg und ließ mich in Seligkeit zurück.

Der erste Direktor, der in die Schule kam, um sich Nachwuchs für sein Theater anzusehen, war Erich Ziegel, der damalige Leiter der berühmten Hamburger Kammerspiele, und der engagierte mich für die nächste Saison als ersten und einzigen unseres Jahrgangs. Das war im Januar. So steil ging es aufwärts.

Aber vorläufig ging es weiter an der Schauspielschule. Es kamen Szenenabende, an denen wir auf der Bühne der Schule zeigen durften, was wir gelernt hatten, und zu denen Angehörige, Freunde und Agenten kamen und auch Theaterdirektoren, denn wir waren ja eine sehr prominente Schule. Und da war ein Szenenabend, an dem ich zwei sehr unterschiedliche Rollen spielte, nämlich Wedekinds machtgierigen *Marquis von Keith* in einer Szene und aus einem längst vergessenen französischen Lustspiel von Pailleron: *Die Welt, in der man sich langweilt,* einen schüchternen Liebhaber in einer anderen. Mein Erfolg war gewaltig – in beiden Szenen (wohl auch des Kontrastes wegen). An diesem Abend waren Edmund Reinhardt, der Bruder von Max, und der Direktor des Deutschen Theaters, Rosen, zugegen (Max eröffnete gerade in Wien sein prächtig restauriertes Theater in der Josefstadt).

Am nächsten Tag wurde ich von unserem völlig aufgeregten Schuldirektor Held in die geheiligten Privaträume Reinhardts in den ersten Stock der Kammerspiele befohlen, wo Edmund Reinhardt mich schon erwartete, mit ihm Direktor Rosen, der mir nach schmeichelhaften Worten über den gestrigen Abend sagte, er hätte unterdessen gehört, daß ich für die nächste Saison schon anderweitig abgeschlossen hätte, wie schade! Denn wenn ich in Berlin geblieben wäre, könnte ich in einem Jahr ein gemachter Mann sein – und ähnliche kopfverwirrende Dinge, die man einem Schauspielschüler eigentlich nie sagen

dürfte. Warum er das tat, ob er es ehrlich meinte, ich weiß es nicht.
Jedenfalls löste ich Dummkopf unter fadenscheinigen Vorwänden meinen Vertrag bei Ziegel, er willigte großzügig ein, hat es mir aber, wie er mir später sagte, niemals verziehen, und die Strafe folgte auf dem Fuß.
Die Direktion des Deutschen Theaters wechselte, für Rosen kam Licho, und ich bekam zunächst nicht einmal einen Vertrag. Man wußte von nichts bei der neuen Direktion, niemand dachte daran, einen *gemachten Mann* aus mir zu machen, und ich dachte wehmütig an die Hamburger Kammerspiele, wo damals Gründgens engagiert war und Paul Kemp und viele andere, und wo ich sicher viele schöne Rollen zu spielen bekommen hätte.
Ein einziger Lichtblick fiel in diese düstere Reuezeit. Erich Pabst, mein wohlmeinender Lehrer von der Schauspielschule, hatte die Leitung des Harzer Bergtheaters, einer Freilichtbühne, übernommen und einige von uns Anfängern dafür verpflichtet. Es ging also zunächst einmal ins Sommerengagement. Renate Müller war mit von der Partie und Alice Treff und Lothar Müthel und eine Menge anderer bekannter Berliner Schauspieler.
Ich erzählte ihnen von meinem Vertragslösungsdebakel. Sie veranlaßten mich zu einem massiven Brief, worauf das Deutsche Theater antwortete, es verbäte sich den Ton, man wisse überhaupt nicht, wer ich sei. Schließlich bekam ich meinen Vertrag, aber ich wußte, was mir in der nächsten Saison in Berlin blühen würde, und kehrte nicht gerade frohen Mutes zurück. Es bewahrheitete sich auch alles, ich spielte kleinste Rollen und war verzweifelt.
Aber auch in dieser Misere gab es einen Lichtblick, das war die Junge Bühne, die Dr. Moritz Seeler leitete. Während der Uraufführungsmatineen mit Stücken zeitgenössischer Dichter wie Brecht, Bronnen, Marieluise Fleißer ging es hoch her, sie gehörten zu den interessantesten Theaterereignissen Berlins. Bedeutende Schauspieler wie Klöpfer, Kortner, Gerda Müller, Agnes Straub traten da auf. Die Vorstellungen waren immer Matineen im Deutschen Theater oder im Lessing-

Theater, fanden nur einmal statt und waren Sensationen und oft Skandale, selbst in den *Golden Twenties.*
Dr. Seeler beschäftigte viel Nachwuchs, und ich hatte an der Jungen Bühne interessante Aufgaben. Einen großen Skandal gab es bei der Uraufführung von Arnolt Bronnens *Exzesse*, wo man sich sogar ohrfeigte. Daraufhin übernahm Barnowski das Stück in den Abendspielplan seines Theaters in der Königgrätzer Straße. Ich spielte darin einen Italiener und *gastierte* so immerhin schon an einer prominenten Bühne.

1924, während meiner Schauspielschulzeit, zogen meine Eltern nach Berlin. Mein Vater hatte in Posen alles an seinen polnischen Partner verloren, war fast mittellos und eröffnete in Neukölln eine Kneipe, obwohl er in seinem Leben nie etwas mit der Gastronomie zu tun gehabt hatte. Ich zog zu meinen Eltern und half beim Ausschank tüchtig mit, ein ergiebiger Kontrast zum werdenden Mimen. Ich berichtete Vätchen, wie ich meinen Vater nannte, von meinem Berufswechsel. Seine Zustimmung war in Anbetracht seiner Finanzlage nicht allzu schwer zu erlangen, da ich ihm versprach, nach einem Anfängerjahr ohne weitere Unterstützung auszukommen.
In der Schauspielschule ließ ich mir von meiner veränderten Lebenslage natürlich nichts anmerken. Aber eines Abends, als wir Schauspieladepten bei den Eltern einer Mitschülerin, bei reichen, feinen Leuten, eingeladen waren und der Alkohol uns schon ein wenig beschwingt hatte, juckte es mich, und ich sagte: »Wenn ich jetzt nach Hause komme, muß ich in unserer Kneipe in Neukölln noch Gläser spülen und den Bierausschank säubern.« Schallendes Gelächter antwortete dieser vermeintlichen Angeberei von mir, und als ich auf meiner Aussage bestand und man mir immer noch nicht glauben wollte, lud ich sie ein, sich selbst davon zu überzeugen. Einige willigten ein, ich läutete Vätchen an, verkündete ihm unser Kommen, und wir fuhren in zwei Taxis in unsere Kneipe nach Neukölln. Meine Mutter war schon zu Bett gegangen, aber Vätchen empfing uns fürstlich. Es stand Sekt bereit, auch ein zünftiger eiskalter Korn mit einer Molle.

Meine Schulkollegen waren überwältigt, ihre Verblüffung war ungeheuer, sie fanden alles herrlich, auch Vätchen natürlich. Ich hatte Mühe, sie nach einer Stunde wieder in die Taxis zu setzen, und war für längere Zeit der unbestrittene Held der Schule.
Aber das alles half über mein Unglück am Deutschen Theater nicht hinweg, und in mir reifte mehr und mehr der Plan, wegzugehen von Berlin, das mich so enttäuscht hatte, hinaus in die Provinz. Dazu aber braucht man einen Agenten, den ich ja bisher nicht nötig hatte. Aber wie würde ich ihm meine Nöte begreiflich machen, vielleicht müßte ich ihm vorsprechen und erlebte einen neuen Durchfall.
Meine Angst war riesengroß.

In der Dorotheenstraße gab es die Agentur Mertens. Eine Theateragentur, die sowohl Oper, Operette wie Schauspiel vertrat, und die Schauspielabteilung leitete ein Herr Wahle. Bei dieser Agentur läutete ich an und fragte, wann ich mich vorstellen dürfte. Ich wurde für einen Vormittag bestellt.
Da kam ich nun, wurde in einen Raum gewiesen, der voll war mit Schauspielern, die warteten, und alle schienen sich zu kennen, es summte wie in einem Bienenschwarm. Als ich eintrat, verstummte alles und guckte neugierig zur Tür, dann sahen sie einen völlig Unbekannten, der sie gar nicht interessierte, und das Summen begann von neuem. Sie kamen mir vor wie eine verschworene Gemeinschaft, ich wär am liebsten gleich wieder weggelaufen.
Ich setzte mich jedoch in einen Winkel, hatte Gott sei Dank die *BZ* bei mir und sah mir, über die Zeitung hinweg, diese Assemble von Kollegen an, die sich alle kannten und so fachmännisch redeten, und ich dachte, du wirst wohl nie die Möglichkeit bekommen, da hineinzukommen. Aber ich wollte auch eigentlich gar nicht hinein in diesen Schwarm. Es war ein widerstrebendes Gemisch von Gefühlen in mir. Aber jetzt bin ich einmal hier, sagte ich mir. Ich werde, obwohl es ganz sicher unsinnig ist, hier sitzen zu bleiben, die ganze *BZ*, inklusive Annoncen, durchlesen, dann werde ich gehen.

Ich saß vielleicht fünf Minuten, da tat sich eine gepolsterte Tür auf, und in ihr erschien ein kleiner Mann mit Spitzbart. Alles verstummte und erstarrte ehrfurchtsvoll. Der kleine Herr drängte sich durch die Menge und sagte: »Nanu, Herr Hasse, was machen denn *Sie* hier? Bitte, kommen Sie doch rein.«
Dies unverhoffte Ende meiner Märtyrerrolle, die ich mir zugedacht hatte, war so unwahrscheinlich, daß ich fast beleidigt war und den Herrn Wahle ganz böse fragte: »Woher kennen Sie mich?«
Sagt er: »Ich werde Sie nicht kennen, Herr Hasse, ich habe Ihren Szenenabend gesehen, ich habe Sie in ›Exzesse‹ in der Jungen Bühne gesehen. Ja, was ist denn, was wollen Sie bei mir?«
Da sagte ich ihm, daß ich weg wollte aus Berlin.
»Haben Sie sich das gut überlegt? Sie sehen doch, man kennt Sie bereits. Wäre es für Sie nicht besser, wenn Sie in Berlin blieben?«
»Nein, ich bleibe bei meinem Entschluß.«
»Tja, dann *muß* ich ja, wenn Sie unbedingt unter meine Fittiche kommen wollen. Würden Sie auch in eine kleinere Provinzstadt gehen?« Und als ich bejahte, sagte er, dann hätte er etwas für mich: Oldenburg. Dort sei ein Mann, Gsell hieße er, den er sehr schätze. Und sicherlich würde ich erstes Fach spielen.
Man vertraut einem guten Agenten sehr, und ich wußte, daß er mich bestimmt gut beriet.
Mit einer Mitschülerin, die, wie ich, auch vorsprechen sollte, fuhr ich also nach Oldenburg zu Herrn Gsell.
Wir kamen bei strahlendem Vorfrühlingswetter an, gingen durch die Stadt zum Theater. Auf einer Kreuzung stand auf einer Tonne, in der Mitte der Straße, ein Polizist. Kein Fahrzeug weit und breit, nichts, nur ein paar Fußgänger. Und plötzlich hob der Polizist seinen rechten Arm zum Stopp, drehte sich ordnungsgemäß um neunzig Grad und gab freie Fahrt. Und da fuhr ein Radfahrer vorbei.
Von diesem Augenblick an wußte ich, daß ich nicht in Oldenburg bleiben würde.
Nun hätte ich ja, um das zu erreichen, nur absichtlich schlecht vorzusprechen brauchen, was mir ja unabsichtlich oft glän-

zend gelungen war. Dazu war ich aber zu ehrgeizig, das wollt' ich nicht.
Ich hatte unterdessen in der Schauspielschule meine Möglichkeiten erkannt. Und hatte zum Vorspielen anzubieten den Marquis von Keith, den Riccaut aus der *Minna*, den Kalb aus *Kabale und Liebe*, den Zanga aus *Traum, ein Leben*, also Charakterrollen.
So sprach ich vor, und Herr Gsell war höchst angetan: »Sie sind genau das, was ich brauche. Ich kann Ihnen natürlich keinen Fachvertrag geben, da Sie noch Anfänger sind. Aber Sie werden erstes Fach bei mir spielen.«
Es schmeichelte mir zwar ungeheuer, so viel Lob nach einem Vorsprechen zu erhalten, aber meinen festen Entschluß, nicht in Oldenburg zu bleiben, konnte das nicht erschüttern. Deshalb gab es nur eines: eine hohe Gage zu verlangen.
Man hatte damals laut Tarif erst nach drei Anfängerjahren Anspruch auf die Mindestgage, die 180 Mark monatlich betrug. Am Deutschen Theater hatte ich 100 Mark. Als wir auf die Gage zu sprechen kamen, verlangte ich 450 Mark.
Gsell war einen Augenblick sprachlos und sagte dann: »Ja, aber Herr Wahle schrieb mir doch, Sie seien Anfänger.«
Es fiel mir schwer, bei meiner unverschämten Forderung zu bleiben, weil er so freundlich und anerkennend war, aber ich blieb hart. Er bot mir 350 Mark, er sagte, er wollte noch mit dem Kulturdezernenten sprechen, vielleicht könne er bis 400 Mark gehen.
Mir war nicht sehr wohl zumute, als ich mich von ihm verabschiedete. Ich wußte, daß ich es mit Herrn Wahle endgültig verdorben hatte.
Und richtig. Nach drei Tagen kam ein Anruf, ich möchte zur Agentur Mertens zu Herrn Wahle kommen.
Und dann trat ich in den Raum, und er saß am Schreibtisch, der kleine Mann, und schrie: »Raus! Raus! Ich will Sie nicht mehr sehen. Weg, mit Verrückten will ich nichts zu tun haben.«
Ich versuchte ihm zu erklären, es läge an der Stadt, aber er rief empört: »Raus!«
Vorbei. Meine Befürchtungen hatten sich also bestätigt. Aber

siehe da, nach 14 Tagen kam ein Anruf von der Agentur Mertens. Herr Wahle ließ mir bestellen, ich möge zu ihm kommen, der Intendant Barnay aus Breslau sei da. Ich sollte ihm vorsprechen.
Hurra! Also doch nicht aus und vorbei. Voilà! Ein bißchen Größenwahn schadet nie! Ich vergewisserte mich sofort, daß Breslau 635 000 Einwohner hat. Und zwei Schauspielhäuser. Die galten als Sprungbrett für Berlin.
Ich ging also in die Agentur, und dann kam Barnay mit Herrn Wahle herein und sagte: »Da ist also der Verrückte. Na, was können Sie mir denn bieten?«
Also sprach ich wieder vor, und diesmal mit einigem Selbstvertrauen. Er sagte: »Na ja, Verrückte müssen ja nicht immer unbegabt sein, aber ich sag' Ihnen gleich, 250 Mark und einen 10-Monatsvertrag. Also zwei Monate unbezahlt. Mehr kann ich nicht zahlen.«
Ich sagte sofort: »Jawohl« (635 000 Einwohner!) und machte Vertrag mit den Vereinigten Theatern in Breslau.
So ging ich also wie im Sommer zuvor frohen Mutes zum zweitenmal in das Sommerengagement an das Harzer Bergtheater, in dies geliebte bißchen Schmiere, mit gehobenem Niveau. Wir waren ja da zusammen ein Ensemble von recht begabten Leuten. Es war eine ganz seltsame, sehr romantische Zusammenkunft dort oben, dies Freilichttheater auf dem Hexentanzplatz. Es lag am herrlichen Osthang des Harzes über Thale mit einem einzigartigen Blick über die Ebene bis Halberstadt und Magdeburg.
Und zwischen Proben und Aufführungen blieb auch noch Zeit, sich mal einen Jux zu machen.

Eines Tages im Harzer Bergtheater-Sommer tauchte Herr Veilchenfeld im Ensemble auf, ein jüdischer Berliner Textilkaufmann vom Kottbusser Damm. Den hatte ich in einer launischen Unterhaltung erfunden, und er wurde nun auch von mir verkörpert. Bei den Kollegen war er schnell beliebt, weil sein Interesse für das Theater groß war, vor allem aber wegen der Äußerungen seiner Gattin, der Frau Veilchenfeld, deren große Theaterleidenschaft wohl auch auf ihn abgefärbt hatte. Denn sie war einst ein geschätztes Mitglied des Herrenfeldtheaters, einer früheren jüdischen Bühne, wie er erzählte. Nun waren sie beide nach Thale in die Sommerfrische gekommen und besuchten eifrig das Harzer Bergtheater. Immer wieder, wenn er erschien, entschuldigte sich Herr Veilchenfeld, daß seine Frau nicht mitgekommen war, sie könne die Steigung der Beine wegen nicht bewältigen, sie trage seit Jahren Scholls Fußstützen. Zu den Vorstellungen benutzte sie den Omnibus, der von Thale zum Hexentanzplatz hinauf und später zurückfuhr. Überhaupt fiele ihr das Gehen schwer, sie ginge an einem Stock mit Gummizwinge, weil sie mit den Jahren ein wenig korpulent geworden sei, sie wiege jetzt etwas über zwei Zentner. Aber sie hinge noch immer so sehr am Theater, und deshalb sei ihr Interesse an jedem einzelnen von uns und an seinen Leistungen groß.

Nach Premieren war Frau Veilchenfelds Kritik, die ich als Herr Veilchenfeld überbrachte, gefragter als die Presse. Natürlich würzte ich sie reichlich mit Sottisen, vor allem durch absichtliche Namensverwechslungen. Wenn mich Kollegen fragten, wie es meiner Frau gefallen habe, antwortete ich, daß sie gerade ihn als . . . (und nannte jetzt eine Rolle, die ein anderer gespielt hatte) besonders gut gefunden hätte, nur Soundso (also er selbst) sei fürchterlich schlecht gewesen.

Ich hatte als Herr Veilchenfeld Narrenfreiheit und habe sie mit Wonne genossen.

Frau Veilchenfeld nahm mehr und mehr Gestalt an. In allen Dingen wollte man ihren Rat und ihre Meinung wissen, und ich mußte mir als Herr Veilchenfeld viele aparte und witzige Äußerungen einfallen lassen, damit sie ihre Originalität nicht verlöre. Auf immer stärkeres Drängen, sie doch einmal mitzubringen, gestand ich, daß ich außer ihrer Korpulenz auch Hemmungen wegen ihrer Aufmachung hätte. Ihre Vorliebe für allzu auffallende Dessins in ihren Sommerkleidern, der allzu viele unechte Schmuck, mit dem sie sich behänge, die rote Perücke, die sie trüge, weil ihr Haar stark ausgegangen wäre, das ein wenig zu stark geschminkte Gesicht könne vielleicht Anlaß zu peinlicher Heiterkeit geben, und das täte mir weh

im Angedenken früherer Jahre, als ich ihrem Charme und ihrem Liebreiz erlegen wäre.
So kannten sie sie alle durch die Schilderungen von Herrn Veilchenfeld recht gut, als einige Tage vor Saisonschluß einige Kollegen, unabhängig voneinander, aufgeregt berichteten, sie hätten Frau Veilchenfeld in Thale auf der Straße gesehen! Leibhaftig: von den zwei Zentnern bis zu dem Stock mit der Gummizwinge, von den auffallenden Dessins, dem Talmischmuck bis zur roten Perücke.
Unheimlich, ja gespenstisch fürwahr, daß ein Wesen, das man erfunden hat, wahre Gestalt annimmt. Aber eigentlich ist dieses Selbständigmachen eine Frechheit.
Ich selbst habe Frau Veilchenfeld damals in Thale auf der Straße zwar nicht gesehen, weiß aber nicht, ob ich mit ihr so ganz einverstanden gewesen wäre.
So war ich also zum zweiten Male am Harzer Bergtheater und erzählte den Kollegen, daß ich anschließend nach Breslau ginge. Alle sagten, das sei ein großer Fehler, ich hätte trotz allem in Berlin bleiben sollen. Nach einigen Tagen kam auch schon der Beweis dafür, daß sie recht hatten. Ich erhielt per Post meine erste Breslauer Rolle, Aubespine in der *Maria Stuart*, den französischen Gesandten, eine unbedeutende kleine Rolle, von der meistens auch noch viel gestrichen wird. Die Kollegen sagten mit Recht, daß ich deswegen nicht nach Breslau hätte gehen müssen, das hätte ich sogar am Deutschen Theater gespielt.
Neue Verzweiflung, neue Reue, ich merkte, daß ich der geborene Pechvogel sein müsse nach so vielen Fehlschlägen.

So fuhr ich dann also am 1. September nach Breslau. Diese Stadt hatte, wie schon gesagt, zwei Schauspielbühnen. Das eigentliche Stadttheater war die Oper, dann gab es ein sehr hübsches Haus, das zwar Schauspielhaus hieß, aber das Operettenhaus war. Und das Schauspiel war im Lobe- und im Thalia-Theater untergebracht, wobei das Thalia-Theater ein früherer Zirkus war, die Manege war jetzt das Parkett. Es stank auch noch ein bißchen nach Pferden und Ratten und Sä-

gespänen, und es lag in einem Stadtteil, der *die Schipine* hieß und so war, wie er hieß.
Das Lobe-Theater war ein richtiges altes Theater aus den sechziger Jahren des vorigen Jahrhunderts, ein bißchen vergammelt, aber doch richtig ein schönes Theater. Da spielte man gerne. Es stand mit der Rückfront zur Straße, die Säulenfassade ging in einen Garten hinaus, niemand sah sie. Pallenberg, der sich gerade über einen Verriß in Breslau geärgert hatte, meinte dazu: »Was kann man schon von einem Theater verlangen, das mit dem Arsch nach vorne steht.«
Ich kam also nach beendeter Freiluftspielzeit in Breslau an, um im Thalia-Theater meine winzige Rolle in *Maria Stuart* zu spielen.
Als ich die nicht gerade repräsentative Fassade des Thalia-Theaters sah, sank meine Stimmung auf einen Tiefpunkt. Ich schritt durch dunkle Gänge und bemerkte auch gleich den Zirkusgeruch.
Plötzlich hörte ich aus dem Dunkel eine Stimme: »Da ist er ja.« Ich sagte: »Guten Morgen«, und dieselbe Stimme fragte mich: »Sind Sie der Hasse?«
Auf mein »Ja« fuhr er fort: »Können Sie jugendliche Bonvivants spielen?«
»Selbstverständlich«, antwortete ich.
Ich hatte für die damalige Zeit sehr schicke Knickerbockers an, das gab mir Mut.
»Dann kommen Sie mal mit ins Lobe-Theater.«
Es war Barnay, der Intendant höchstpersönlich, der parallel im Lobe-Theater das gerade erschienene Shaw-Stück *Mensch und Übermensch* inszenierte. Sein Wagen stand vor dem Theater, wir fuhren los, und er sagte mir, daß er in dem Stück eine Rolle nicht passend besetzt hätte, ich solle mir das einmal ansehen. Er setzte mich ins Parkett und bedeutete mir, daß er mich antippen würde, wenn der Schauspieler der besagten Rolle aufträte.
Vorher aber trat ein Schauspieler in einer anderen jugendlichen Rolle auf, doch nach einigen Sätzen von ihm war ich überzeugt, daß das meine Rolle sein müsse, und ich glaubte, Barnay hätte nur vergessen, mich anzutippen. Ich war ganz si-

cher, daß es so sein müsse, denn der Schauspieler sprach einen so starken böhmischen Akzent, daß ich die Umbesetzung durchaus begriff.

Ich verliebte mich auch gleich in die Rolle und fand sie wunderschön.

Endlich tippte mir Barnay auf die Schulter und sagte: »Jetzt kommt Ihre Rolle.« Ich war völlig verwirrt, wagte aber kein Wort zu sagen. Ich sah mir die Szene mit der mir zugedachten Rolle an (die lange nicht so gut war wie die andere vorher) und verstand die Welt nicht mehr, weil der Schauspieler, der sie spielte, mir bei weitem nicht so unmöglich erschien wie der andere mit dem böhmischen Akzent.

Das war übrigens Franz Lederer, der später eine große Karriere machte und dann nach Amerika ging. Er stammte aus Prag, war seit einem Jahr bei Barnay und schon damals ein Star in Breslau. Er vollbrachte es in 14 Tagen, so lange dauerte die Probenzeit, sich eine Art Privatakzent zusammenzubasteln, der sehr interessant klang und dem man nichts Tschechisches mehr anmerkte. Großartig. Lederer und ich freundeten uns übrigens bald an.

Barnay fragte mich, ob ich mir den Hector Malone (so hieß meine neue Rolle) zutraue. Ich versicherte ihm, daß ich das glaubte.

So blieb ich gleich da, probierte, und alle Schmach um *Maria Stuart* war vergessen. Die Premiere kam. Ich wurde als Neuerwerbung in der Presse mit netten Attributen bedacht und freundlich besprochen.

Es gab eine Zeitung, *Welt am Montag*, die wurde gemacht von einem Herrn Walter Kiehl. Ein skandalumwittertes Boulevardblatt, wie ich später erfuhr, aber Herrn Kiehls Kritiken las man, weil sie frech waren. Und der schrieb über mich eine Sensationskritik.

Den stärksten Gewinn fürs Ensemble der Vereinigten Theater bedeutet das Engagement des von Berlin kommenden Otto Eduard Hasse. Reden wir nicht davon, daß der Junge fabelhaft aussieht, seinen Dress mit zivilem Anstand zu tragen versteht und Benehmen in den Gliedern hat, das ihn berechtigt, nicht nur in den Salons der Boheme zu verkehren. Sein unge-

mein kultiviertes Darstellungsvermögen, sein modulationsfähiges Organ, seine Disziplin, in Blick, Wort und Geste rangieren ihn in die vorderste Feuerlinie.
Ich hatte viel nach dieser Kritik von den lieben Kollegen zu erleiden, von nicht bös gemeinten Frotzeleien, wieviel Exemplare der *Welt am Montag* ich wohl dafür habe abnehmen müssen, bis zu neidvollen, bösartigen Bestechungsverdächtigungen, denn der Nimbus des Knaben aus reichem Hause hing mir noch immer an, ich war ja noch ganz neu und unbekannt in der Stadt, und niemand konnte etwas von Vätchens Kneipe in Neukölln ahnen.
Und einige Monate später, nach der Premiere von *Ollapatrida*, einer Komödie von Lernet-Holenia, gab es eine neue Sensation.
Der Kritiker der *Breslauer Neuesten Nachrichten*, Paul Rilla, der als der Kerr von Breslau galt, schrieb über mich: »Eine Entdeckung . . .« Und dann erschien in der nächsten *Welt am Montag* ein Artikel, in dem *beide* Besprechungen, die Kiehlsche und die Rillasche untereinander abgedruckt waren mit dem Schlußsatz: »Geschätzter Otto Eduard Hasse! . . . Walter Kiehl *und* Paul Rilla –! Na also – warum nicht gleich so?! Wir gratulieren auf alle Fälle.«
Ollapatrida brachte mir auch eine Vertragsverlängerung zu Bedingungen, die manches von meiner Oldenburger Gageneinbuße wettmachte. Es gab höchst achtbare Aufführungen. Max Ophüls war da, als Regisseur, ich spielte bei ihm meinen ersten Riccault in der *Minna von Barnhelm* mit Käthe Gold als Franziska.
Ich erhielt gute Rollen, und die Presse war überaus freundlich, der Umgang mit den Kollegen sehr angenehm und kameradschaftlich.

Breslau hatte von allen Städten Deutschlands den höchsten Prozentsatz an jüdischer Bevölkerung; daher das gute Theaterpublikum. Auch im Ensemble gab es natürlich jüdische Kollegen, und wir verkehrten damals in den zwanziger Jahren arglos und harmlos miteinander. Man neckte sich, man zog sich auf, aber ohne Bosheit, quasi in paradiesischer Unschuld.

Eines Tages verkündete uns Barnay, der auch Jude war, daß der Vorsitzende des jüdischen Kulturbundes, ein Rabbiner, ein Theaterstück geschrieben hätte und er wohl nicht umhin könne, es aufzuführen. Es wurde also in Angriff genommen und für eine Nachtvorstellung angesetzt.

Barnay führte selbst Regie, und es ergab sich, daß ich der einzige nichtjüdische Mitwirkende war außer dem Bühnenbildner Harry Wilton.

Nach der Premiere waren wir alle vom jüdischen Kulturbund zu einem Essen ins *Savoy-Hotel* geladen, und als wir danach aufstanden, um noch einen Kaffee zu nehmen, rief Harry Wilton laut über die Tische: »Ottuard (so wurde ich damals genannt), vergessen Sie nicht, Messer und Gabel einzustecken, falls nachher eine Christenverfolgung ausbricht« – und alle lachten schallend. So war damals der Ton zwischen uns.

Natürlich verkehrte man auch außerhalb des Theaters in jüdischen Kreisen. Durch eine Kollegin war ich bei dem Besitzer der Hofapotheke (sie hieß aus königlichen Zeiten immer noch so), Herrn Levi, und dessen Familie eingeführt worden, und Levis luden mich eines Abends zum Essen ein. Ich kam mit meiner Kollegin Maja Sering, und es gab, wie es sich in jüdischen Häusern gehört, sehr gut zu essen, nur mit dem Alkohol haperte es ein wenig. Es gab eine Art Kinderfest-Bowle, und als selbst die nach dem dritten Glas nicht mehr nachgeschenkt wurde, sagte ich, an unseren lockeren Theaterumgangston gewöhnt: »Wenn es jetzt nicht bald etwas Anständiges zu trinken gibt, werde ich antisemitisch.«

Die Wirkung dieses Satzes war fürchterlich. Es entstand eine geradezu gefrorene Stille, die von einem kläglichen Lachversuch Maja Serings (die auch Jüdin war) und dem Satz »Es war nur ein Scherz« unterbrochen wurde. Es gelang ihr natürlich, die eisige Atmosphäre zu durchbrechen, ich tat, was ich konnte, meine Entschuldigungen und Erklärungen fanden Glauben, und schließlich stieg Herr Levi in die Apotheke hinab und braute einen Versöhnungsschnaps.

Ich wurde später wieder eingeladen, und als wir zu Tisch gin-

gen, sah ich meinen Platz mit einer Batterie von Alkoholika aller Sorten umgeben.
Auf meiner Tischkarte stand *Der Saufgoy*.

Drei Jahre hatte ich nun in Breslau verbracht und für das vierte bereits einen Vertrag abgeschlossen, aber immer noch keine Mittelpunktposition erreicht. Nie kam ein Stück mit einer wirklich zentralen Rolle für mich, obwohl ich in anderen oft den größten Erfolg des Abends hatte. Ich war, was man in der Theaterfachsprache früher als *Grand Utilité* bezeichnete. Der *Große Verwendbare*.
Und am Schluß der Spielzeit gab es im Juni immer eine Revue im Spolianski-Holländer-Stil, die *Saison-Ausverkauf* betitelt war, mit der jeweiligen Jahreszahl dahinter. In einer parodierte ich den damals berühmten *Flüsternden Bariton* Jack Smith in einem Couplet:

Es flüstern alle Damen
gefühlvoll meinen Namen
Du singst so schön,
Du bist mondän. Jack Smith –,

was mir viel Beifall eintrug.
Ein anderes Mal traten Rudolf Platte und ich zusammen singend und tanzend als *Dolly-Brothers* auf, sozusagen als Pendant der beiden Weltstars *Dolly-Sisters* mit dem Text:

Oh, so meschugge in this night we are,
but in the morning so allright we are.

Im Ablauf der Nummer vollführte Platte großartige akrobatische Clownskunststücke, von mir – so die Presse – *mit tänzerischer Eleganz* begleitet. Ich konferierte auch, das hat mir viel Spaß gemacht, aber so richtig glücklich war ich trotzdem nicht. Und das wurmte mich.
Einige meiner frühen Schauspielkollegen hatten schon Karriere gemacht: Renate Müller, Werner Fuetterer, Karin Evans

waren Filmstars, und ich saß in Breslau als *Grand Utilité*. Und sah mich schon als alten Mann dort sitzen. Der eintönige beamtenhafte Trott, alle vierzehn Tage eine Premiere, es wurde langweilig.

Natürlich lag das auch an meinem Typ. In die üblichen Fachgruppen: Jugendlicher Bonvivant, Komiker, Charakterspieler war ich nicht ad hoc einzureihen. Von jedem hatte ich etwas, bei allem blieb ich ein Experiment. Ich mußte mich immer wieder mit den *Abfallbrocken* begnügen, den Rollen, die fachmäßig nicht zu besetzen waren. Diese Brocken waren oft fett und üppig, aber kein Hauptgericht. Die Gefahr, als Chargenspieler eingereiht zu werden, drohte mir.

So blieb mir jeden Sommer das Harzer Bergtheater, wo ich mich künstlerisch wohler fühlte. Das Improvisierte, der Boheme-Ton dieser acht Wochen taten mir gut. Das frischte mich auf. Erich Pabst, der Leiter der Sommerspiele, hatte auch Mut zum Experiment. Ich spielte während der sechs Sommer, die ich dort verbrachte, den Figaro im *Tollen Tag* von Beaumarchais, den Caliban im *Sturm* von Shakespeare, den Porporino (ein Trufaldino-Typ) in Brentanos *Ponce de Leon* und den Peer Gynt. Und auch den Lanz in Shakespeares *Beiden Veronesern*, eine herrliche, poetische Clownsfigur, die ich 1929 – daraufhin – auch in Berlin spielte.

Endlich wieder in Berlin! Joachim von Ostau, ein junger Mann, der am Bergtheater engagiert war, baute den großen Saal im Berliner Landwehrkasino am Zoo als Theater prächtig aus und nannte ihn *Deutsches Volkstheater*. Es wurde im Herbst 1929 mit Gerhart Hauptmanns *Armer Heinrich* eröffnet, mit Eugen Klöpfer in der Titelrolle.

Als zweite Vorstellung folgte *Die beiden Veroneser*. Drei junge Schauspieler hatte Ostau, sozusagen als Nachwuchsförderung, vom Bergtheater übernommen: Franz Nicklisch, Eduard Mitulski und mich. Ich nahm mir in Breslau drei Monate Urlaub und reiste nach Berlin. Im übrigen waren damals prominente Namen im Ensemble, wie Erika von Thellmann, Erika Meingast (die Frau von Mathias Wiemann), Gustav von

1929, Deutsches Volkstheater, Berlin. Als Lanz in Shakespeares »Die beiden Veroneser«.

Wangenheim, H. H. von Twardowski und, als Kuriosum in einer kleinen Nebenrolle, Ewald von Demandowsky, der spätere Tobis-Chef. Regie führte Leo Mittler.
Dazu vermeldete die Presse: *Als echtes komisches Talent entpuppt sich O. E. Hasse, dem nicht nur die Chaplinhosen gut stehen. Er mag vielen noch als ein Gemisch von Grock und Wassmann erscheinen. Vermutlich entwickelt sich aus diesem Komiker ein Menschendarsteller. Es ist eine Freude, solche Entdeckungen und Überraschungen aus dem Berliner Theaterleben melden zu dürfen.*
Und weiter: *Ein für Berlin neuer Darsteller, O. E. Hasse, scheint die seltene Gabe wirklichen Bühnenhumors zu haben.*
Immerhin, das war nicht schlecht in jenen hochgestochenen zwanziger Jahren; aber ein Durchbruch war es nicht.

Ich wohnte wieder bei meinen Eltern. Vätchen hatte die Kneipe längst aufgegeben und war unter die Häusermakler gegangen. Ich war voller Spannung, wie mein neuer Anlauf auf Berlin enden würde.
Die Kritiker-Päpste Kerr und Ihering waren natürlich nicht in der Vorstellung. Nach allem konnte ich dennoch annehmen, daß sich irgend etwas tun würde, aber es tat sich nichts. Der Oktober verging, einen Monat lang war das Stück auf dem Spielplan angesetzt, und es ereignete sich nichts. Ich war doch recht deprimiert und spürte schon bei meiner Rückkehr nach Breslau die hämischen Blicke einiger lieber Kollegen.
Am Tage der letzten Vorstellung erhielt ich, wie in einem schlechten Schwank, einen Anruf aus dem Sekretariat einer Baronin Goldschmidt-Rothschild, ich möchte nach der Vorstellung in die Wohnung der Frau Ilka Grüning am Kaiserdamm kommen, wo die Damen mich erwarteten. Plumper geht's nicht, dachte ich. Natürlich werde ich hier von irgend jemandem hochgenommen.
Baronin Goldschmidt-Rothschild war ein Name, den man in Berlin kannte, selbst ihren Kosenamen: Baby. Sie besaß ein Palais am Pariser Platz neben der französischen Botschaft und

1929, Breslau. Als Friseurgehilfe in »Eros im Zuchthaus«.

spielte eine große Rolle in der Gesellschaft. Ich war ihr nie begegnet. Ilka Grüning war eine bekannte Schauspielerin, die ich persönlich aber auch nicht kannte.
Ich fürchtete so sehr, auf einen bösen Scherz hereinzufallen, daß ich nicht einmal wagte, mich durch einen Gegenanruf zu vergewissern. Nach der Vorstellung erst läutete ich bei Ilka Grüning an, sie bestätigte, daß die Baronin Rothschild und sie mich erwarteten. Ein Wunder war also geschehen. Ein Wunder am letzten Tag meines Berliner Engagements.
Ich eilte im Taxi an den Kaiserdamm und traf tatsächlich beide Damen an. Sie erzählten mir von dem Plan, Anfang des nächsten Jahres eine Revue herauszubringen, die nach einer Idee der Baronin von Friedrich Holländer und Marcellus Schiffer bereits in Arbeit sei, den Titel *Europitis* trage, die Erkrankung Europas durch Lärm zum Thema habe, und in der ich die Hauptrolle, die des Professor Europa-Nervus, spielen solle.

Schiffer und Holländer, die kürzlich in einer Aufführung von den *Beiden Veronesern* gewesen wären, hätten das vorgeschlagen.
Als ich erwähnte, daß ich in Breslau einen Jahresvertrag lösen müsse, sagte Baronin Baby, sie habe die Absicht, ein Studio für die ganze Spielzeit zu gründen, sie würde mich engagieren, ich solle mich nicht beunruhigen.
So war ich unverhofft und unversehens am Snob-Theater gelandet.
Am übernächsten Tag fuhr ich zurück nach Breslau, spielte noch einen Friseur in *Eros im Zuchthaus* – Friseure spielte ich öfter –, was mir den Abschied nicht schwerer machte, und kam zurück nach Berlin ans *Studio*, so nannte sich die Neugründung der Baronin Baby. Künstlerische Leitung: Ilka Grüning. Das war klein daruntergedruckt. Das Ganze fand im Grotrian-Steinweg-Saal statt, im selben Raum, in dem ein paar Jahre später der furchtbare Volksgerichtshof tagte.
Frau Baronin wollte Theater spielen, das war Zweck und Sinn des Unternehmens. Und das tat sie denn auch mit großem Aufwand. Sogar Max Reinhardt inszenierte mit ihr einen Einakter.
Wir spielten wöchentlich vor einem Publikum in Frack und Smoking und Nerz. In der Pause wurde Champagner serviert. Das Eintrittsgeld ging an wohltätige Zwecke. Die Revue *Europitis* wurde kein Ereignis, und ich hatte viele Telefonate mit Herrn Wahle wegen der nächsten Spielzeit.
Aber die Gage war nicht schlecht.

Noch einmal sollte es in dieser Zeit eine Vertragskollision mit Seelenqualen, diesmal sogar eine laute Explosion geben. Dr. Kronacher, der Intendant des Schauspielhauses Frankfurt/Main, kam zu meinem Agenten Wahle, ich sprach ihm vor und erhielt darauf vom Schauspielhaus einen *Vorvertrag*. Der nannte zwar schon die Gage (eine vierstellige Zahl, dreijährig, jährlich um 100 RM steigend!). Aber er sollte erst nach einem Vorsprechen vor einem Gremium im Theater nach dessen Zustimmung gültig werden.

Unterdessen kam Falckenberg, der Direktor der Münchner Kammerspiele, nach Berlin, und Wahle läutete mich an, damit er mich auf alle Fälle kennenlernen sollte. Doch Wahle machte mir auch klar, daß ich vorerst vertraglich an Frankfurt gebunden sei. Die Münchner Kammerspiele aber reizten mich sehr, ich hatte viel über sie gehört. Und Falckenberg kam und siegte auf den ersten Blick.
Der Zauber seiner Persönlichkeit war groß. Schon daß er das Wort *vorsprechen* verabscheute, fand ich herrlich. Am Tisch sitzend sollte ich ihm etwas vorspielen, als unterhielten wir uns. Der Reiz der Improvisation machte sich gleich bemerkbar, und ich glaube, ich war so gut wie nie zuvor. Ich schien ihm zu gefallen, er sagte es zumindest mit anerkennenden Lobesworten. Vertrag machen könne ich ja wegen Frankfurt noch nicht, fügte er hinzu. Auch wäre es besser, wenn ich dazu nach München käme, damit sein Mitdirektor Kauffmann und sein Oberspielleiter Gellner mich vorher kennenlernten.
Da saß ich also wieder einmal zwischen zwei Stühlen, nur wußte ich diesmal genau, auf welchen ich mich setzen wollte, und zitterte, daß ich es nicht schaffen könnte.
Wenige Tage später erhielt ich einen Brief vom Frankfurter Schauspielhaus mit einem Termin für das vorvertragliche Vorsprechen. Und am Tag darauf einen Anruf der Kammerspiele mit einem Termin, der einen Tag später lag.
Ich sagte erst mal in München zu.
Meine Seelennot war groß. Ich wagte auch nicht, mich Wahle anzuvertrauen, weil ich fürchtete, er würde kein Verständnis dafür haben, daß für mich nur die Kammerspiele in Frage kamen. Doch in Frankfurt abzusagen, wagte ich auch nicht, man hatte mich vor der Unzuverlässigkeit Falckenbergs gewarnt. Ich sagte mir, wenn München dann auch nichts wird, habe ich beides verloren.
So meldete ich mich in Frankfurt gar nicht, schickte erst am fälligen Tag ein Telegramm, daß ich erkältet sei, und fuhr den Tag darauf nach München. Man beäugte mich, und ich sprach vor. Die Atmosphäre war nicht so animierend wie damals in Berlin mit Falckenberg allein. Dann kam unser Gespräch auf die Gage, und Falckenberg ging hinaus (was er immer tat,

wenn bei Verhandlungen von Gage gesprochen wurde). Und obwohl das Frankfurter Angebot ihm ja bekannt war, handelte mir der Herr Direktor Kauffmann 200,– RM monatlich ab. Sicherlich hatte er meine Kammerspiel-Verfallenheit erkannt. Aber verblendet wie ich war, nahm ich alles hin und war glücklich, ein Mitglied der Münchner Kammerspiele geworden zu sein.

Nach kurzer Zeit wußte man natürlich in Frankfurt, daß ich mit den Kammerspielen abgeschlossen hatte. Man verklagte mich auf Vertragsbruch, und ich wurde zu einer 300-Mark-Spende an das Rote Kreuz verdonnert. Und zu den Gerichtskosten.

Auch das nahm ich hin. Im Sommer ging ich zum letzten Mal an mein geliebtes Harzer Bergtheater und spielte den *Peer Gynt*, der mir weiteren Erfolg brachte. Zum ersten September meldete ich mich vertragsgemäß in München.

Da war ich also an dem Theater gelandet, das das Traumziel vieler junger Schauspieler war, bei Falckenberg, dem großen Talentsammler. Es war das Theater, an dem man glaubte, Karriere machen zu können.

»Das Theater, wo die Kulissen immer ein bißchen wackeln«, sagte Jürgen Fehling zu mir, als ich zu Engagementsbeginn gerade angekommen war, »aber bleiben Sie dabei, das ist ein höchst interessantes Theater.« Wie so oft, hatte er auch hier den Nagel auf den Kopf getroffen. Es stimmte nie alles. Es blieb immer ein bißchen Boheme-Theater. Echtes künstlerisches Wollen wurde nie ganz realisiert, zur Perfektion kam es nie, die Improvisation überwog.

Gutgemeinte, aber oft verfehlte Intentionen brachten Mißerfolge. Aber Ungewöhnliches und Verspieltes wurde auch zum Außerordentlichen und brachte oft Wunder zustande, die man an vielen anderen Theatern gar nicht kennt.

Was könnte ich an Nuancen der Einzigartigkeit vieler Vorstellungen aufzählen. Unvergeßliche Aufführungen wie Ibsens *Nora*, Hauptmanns *Ratten*, Hamsuns *Vom Teufel geholt*, Billingers *Rauhnacht*, bis zu unverhofften Erfolgen eines

Links: 1932, Kammerspiele, München. Mit Therese Giehse in Kollos »Wie einst im Mai«. Rechts: 1932, Kammerspiele, München. Mit Will Dohm in Hamsuns »Vom Teufel geholt«.

Schwanks wie *Heimliche Brautfahrt*, wo mich, bei der Generalprobe noch, ein Kollege fragte, ob ich mich nicht schämte, wie er, weil ich so etwas spiele; und wie dann, nach Jubelstürmen des Publikums in der Premiere, am nächsten Tag in Pressehymnen über ein Theaterereignis von höchstem Rang berichtet wurde.

Es war eine Mischung aller Ingredienzen des Theaters, von der Schmiere bis zum Intellekt, angerührt mit Spiellust und Begabung.

Mein Engagement begann mit der Uraufführung von Bruno Franks *Sturm im Wasserglas*, in dem ich den jungen Journalisten spielte. Es wurde ein großer Erfolg, als Stück wie als Vorstellung; dann folgte bald eine sehr eindrucksvolle Falckenberg-Inszenierung von Ibsens *Nora* mit Ehmi Bessel, in der

ich Rank war. Zwischen beiden *Hamlet* mit Ewald Balser, in welchem ich einen selbst von der Presse bemitleideten Horatio im Konfirmandenkostüm spielen mußte.
Ab 1931 gehörte auch das Volkstheater dazu, dort spielten wir auch Operetten. Zum Beispiel *Wie einst im Mai* von Walter Kollo, wo ich der Methusalem, Therese Giehse meine Partnerin war.
Und dann ließ sich der Pleitegeier auf beide Häuser nieder. Unsere Gagen bekamen wir unregelmäßig, zuletzt abendlich ausgezahlt, oft nur fünf oder sechs Mark. Trotzdem gab es großartige Vorstellungen, wie Hamsuns *Vom Teufel geholt* in Falckenbergs Inszenierung, mit Hermine Körner als Frau Giehle. Ich spielte darin den Leutnant Lynum, der immer betrunken ist, als einziger wirklich zu ihr hält und der sich am Schluß erschießt. Eine tragische Figur, die ich sehr liebte.
Ich hatte den Lynum schon auf einer Tournee mit Lucie Höflich gespielt, die die Giehle in der Reinhardtschen Aufführung war, so daß ich die beiden wohl größten Protagonistinnen deutscher Sprache in dieser Rolle vergleichen konnte.
Ich bewundere beide sehr und möchte deshalb alle Wertmesser schauspielerischer Qualität beiseite lassen. An persönlicher, fast möchte ich sagen, privater Voraussetzung für die Figur war die Körner vielleicht die stimmendere. Die ehemalige Varieté-Sängerin, die im Hotelzimmer noch ein anzügliches Chanson von früher singt. Das Erlebnis, diesen Hamsun mit zwei so genialen Darstellerinnen spielen zu dürfen, ist unvergeßlich.
Die finanzielle Lage der Kammerspiele wurde immer bedrohlicher, und anläßlich einer Falckenberg-Premiere von Hauptmanns *Ratten*, in der Therese Giehse die Frau John war, Marianne Hoppe die Piperkarcka, Will Dohm der John, Kurt Horwitz der Bruno Mechelke und ich der junge Spitter, erhob sich auch die Presse zum Protest gegen eine eventuelle Schließung des Hauses. Es hieß:
Wenn die Kammerspiele je noch einen Beweis zu erbringen haben, daß es für München und das ganze deutsche Theaterleben ein schwerer, ja verhängnisvoller Verlust wäre, falls sie aufhören müßten, weiterzuspielen, so ist er gestern in einer ge-

radezu triumphalen Weise erbracht worden. Nämlich mit einer Neuinszenierung der ›Ratten‹ von Gerhart Hauptmann. Die phänomenale Qualität dieser Aufführung war offenkundig. Sie wirkt auch über die Mauern unserer Stadt hinaus und ging das ganze deutsche Schauspiel an.
Und eine weitere Pressestimme:
Und dieses Theater soll verschwinden? Das Theater, auf das Deutschland stolz sein muß? Soll verschwinden, damit man das Außerordentliche in München nur noch an den Wänden der Alten Pinakothek sehen kann?
Wenn die Kammerspiele in München kein Heim mehr haben sollten, so wollen wir den Laden gleich ganz zumachen, denn von diesem Augenblick an ist München Provinz.
Inzwischen hatten die Kammerspiele zu unkonventionellen, ja im Vergleich zu dieser *Ratten*-Inszenierung, niveauloseren zusätzlichen Hilfsmitteln gegriffen. Hans Fitz, ein unbekannter Autor, hatte nach den Filser-Briefen von Ludwig Thoma ein Theaterstück geschrieben, das er *Joseph Filser* nannte, und die Kammerspiele führten es auf. Falckenberg holte sich für den Filser einen Schauspieler vom Reichenhaller Bauerntheater, Joseph Meth, der großartig war. Und wir alle spielten mit, von Käthe Gold über Ferdinand Marian, und selbst ich mußte als geistlicher Kooperator auf bayerisch dran. Es wurde ein Riesenerfolg und half entscheidend mit, das Theater wieder auf die Beine zu bringen.

In Ibsens *Bund der Jugend* spielte ich dann zum erstenmal einen alten Mann, das wurde ein beträchtlicher Erfolg für mich. *Alte Männer waren immer s e h r gut für Otto Eduard Hasse,* schrieb später ein Kritiker, aber auch da war ich noch jung. In der schlimmsten Misere hatte ich ein verlockendes Angebot von der Bayerischen Landesbühne bekommen, mit einem alten Manöverschwank von Moser und Schönthan, *Krieg im Frieden*, in einer berühmten blöden Äh-Bäh-Leutnantsrolle durch die bayerischen Lande zu ziehen. Da stand ich zum ersten Mal rot gedruckt *als Gast* auf dem Theaterzettel, bekam 60 Mark Abendgage, dazu Hotel und Frühstück frei, und wurde von den Kammerspielkollegen heiß beneidet.

1933, Kammerspiele, München. Als Hejre in Ibsens »Bund der Jugend«.
Ich spielte jung schon alte Männer. Je älter ich wurde, um so jüngere Rollen erhielt ich. Ich wollte als junger Schauspieler aber gar nicht jung spielen. Ich spielte gerne alt. Es muß Instinkt gewesen sein: Weder war ich der Schöne, noch der Strahlende. Dazu hätte man Mut haben müssen, wenn man nicht mit beschenkten, äußeren Gaben versehen ist.

Daneben aber bereiteten sich politisch schicksalsschwere Ereignisse vor, der Reichstag brannte, das »Tausendjährige Reich« kündigte sich an. Und charakteristisch war für die Kammerspiele, daß wir bei der »Machtergreifung« gerade in den Proben für ein Stück waren, das für diesen Zeitpunkt wohl das ungeeignetste war, was man sich denken kann: *Der Lampenschirm. Kein Stück von Curt Goetz*, wie er es selbst nennt.

Es ist nur Drall und Allotria darin. Ich spielte die Goetz-Rolle, Therese Giehse die Frau Lokow, meine Zimmervermieterin. Plötzlich war sie zur Probe nicht mehr da und kam auch nie wieder. Sie war in die Schweiz gegangen; und dann war Kauffmann, der geschäftliche Leiter verschwunden, ebenso Gellner, der Oberspielleiter, und auch Falckenberg. Das war ein großer Schock für uns alle. Otto Falckenberg hatte Angst, verhaftet zu werden.

So schlitterten wir also ins Dritte Reich. Fast hätte man bei der Präzision des Fehlgriffs mit dem *Lampenschirm* annehmen können, daß es Absicht, ja Opposition gewesen sei, aber ich glaube, so heldenmütig waren die Kammerspiele nicht. Wir mußten ja viele Boulevardstücke spielen, um uns wieder einmal *Ratten, Vom Teufel geholt* oder *Nora* leisten zu können.

Falckenberg, der nicht jüdisch war, kam nach zwei Wochen zurück. Seine erste Inszenierung bei den neuen Herren war Shakespeares *Wie es euch gefällt* mit Käthe Gold als Rosalinde, ich spielte den Probstein.

Wir alle haben, glaube ich, die ungeheuerliche politische Zäsur nicht erkannt, die damals vor sich ging. Die Kammerspiele wurden von den Nazis beiseite geschoben, was sicherlich unser Glück war. Wahrscheinlich hätten sie das Theater am liebsten geschlossen und in ihrem Geiste dann neu eröffnet, aber dazu waren die Kammerspiele als Theater zu prominent. Man tat den Kammerspielen nichts, und so lebten wir quasi auf einer *Isola Bella*, wir grüßten im Theater nicht mit *Heil Hitler*, und Falckenberg in seinem verspielten, romantischen Boheme-Naturell tat unbewußt ein übriges, diese *Isola Bella* zu erhalten.

Als 1935 die Wehrmacht neugegründet wurde, setzte er zum

Beispiel *Troilus und Cressida* von Shakespeare an, und als ich vorsichtig zu warnen wagte, daß es wohl nicht der rechte Zeitpunkt für das Anti-Kriegsstück sei, antwortete er: »Warum nicht? Gerade jetzt! Sie reden doch immer davon, wie furchtbar der Krieg sei. Hier zeigen wir es ihnen halt?« Und wir spielten es mit allen Schrecknissen.
Ich erinnere mich an die Szene, in der Troilus und Cressida von Pandarus verkuppelt werden, ich hockte als Thersites daneben, hinter der Bühne schwelte und brodelte das Soldatenlager mit Musik, zotigem Gelächter, obszönen Schreien, Bechergeklirr und Feuerschein.
Und als ich allein bin, geht ein roter Scheinwerfer auf mich, ich hinke an die Rampe und schreie ins Publikum:
Unzucht, Unzucht! Krieg und Unzucht! Nichts bleibt in der Mode als Krieg und Unzucht! Hol sie alle der brennende Teufel!
Atemlose Stille! Und dann donnernder, nicht endender Applaus!

Nazis und die Kammerspiele, das paßte nicht recht zusammen. Und dennoch gab es ein paar PG, wie sich später herausstellte, die aber nicht in Erscheinung traten, geschweige denn öffentlich ein Parteiabzeichen trugen. Unser Bühnenportier, der Ortsgruppenleiter war, oder wie sonst der Parteiposten hieß, trug es wohl, aber wir sagten trotzdem jeden Morgen *Grüß Gott* anstatt *Heil Hitler*. Und dann gab es einen besonders netten, sehr sympathischen Beleuchter, von dem man mir später erzählte, daß er PG war. Ich hätte geschworen, daß er nie und nimmer . . .
Dann gab es einen dritten: Josef Eichberg, ein Schauspieler der Kammerspiele, der durch den Film bekannt wurde, der war tatsächlich auch PG, man hat es aber nie gemerkt. Es schien so, als ob sich die Parteigenossen genierten, Nazis zu sein, das war sehr merkwürdig. Und das, wohlverstanden, jahrelang!
Auch außerhalb des Theaters verkehrte ich nicht mit Nazis. Wir Kammerspieler waren viel unter uns und gingen Leuten, die den *Geruch* hatten, aus dem Wege. Ob das Bequemlichkeit

war, Ausweichen vor der Zeit oder Feigheit, ich weiß es nicht. Der Haß auf das Nazitum war groß, und natürlich spürte man das Regime. Nicht daß wir all das Schreckliche, was vorging, nicht erkannt hätten, die Kristallnacht, das SA-Rabaukentum, ich war erschüttert wie wohl alle. Aber die *Isola Bella* der Kammerspiele war ein gutes Refugium. Betriebsversammlungen gab es nicht. Teilnahme an Aufmärschen trug man uns gar nicht erst an. Mag sein, daß die *Goldfasane* dafür ein Gespür hatten.

Theaterstücke, die die Kammerspiele auf höheren Befehl hätten zelebrieren müssen, blieben uns erspart, sieht man ab von *Rothschild siegt bei Waterloo*. Nur leider, ach, so viele Stücke durften wir, wie andere Theater auch, nicht spielen, weil sie verboten waren.

Hitler. Ja, gesehen hab' ich ihn. Ich muß eine Geschichte erzählen, die sehr seltsam war. Zum ersten *Tag der Deutschen Kunst*, mit großem Umzug und Trara, wozu in Extra-Flugzeugen und -Zügen die Filmstars aus Berlin herangebracht wurden, um Lichter auf das zuschauende Publikum zu setzen und dem großen Empfang beizuwohnen, der am Königsplatz in den Neubauten, den beiden Palais, stattfand, wurde die gesamte Münchner Künstlerschaft vergessen. Alle, auch die Maler, selbst die Künstler, die den Zug entworfen hatten. Und man hörte, kaum zu glauben, Hitler soll *gerast* haben. Schier zerborsten soll er sein.

Und so geschah es, daß beim nächsten Mal die Einladungen zu Bergen bei uns anwuchsen. Man mußte wiedergutmachen – »der Führer würde sich freuen . . .« Alles in höchstem Maße, mächtig und prächtig, Dienerschaft nicht in SA-Uniform, nein, livriert à la Louis XV. Und Goebbels überbot und überschlug sich beim Empfang. Er kam zwar ein Weilchen zu spät. Aber der Herr Wagner, der Gauleiter und Innenminister von Bayern, stellte uns Goebbels vor – ich kam mit Maria Nicklisch, wir spielten gerade im *Idealen Gatten* zusammen –, und Goebbels stellte uns dann Hitler vor.

Keine Stehparty, keine Rede, wir saßen an Tischen, in verschiedenen Räumen; immerzu kamen Ordonnanzen in wei-

ßen Jacken und sagten: »Bitte das Rauchen einstellen, der Führer erscheint gleich . . .«
Das Ganze entbehrte nicht einer zwangsläufigen Komik. Aber bei anderer Gelegenheit sollte es noch besser kommen. Es war Samstag, und für Sonntag war der große Festumzug vorgesehen. In meiner Wohnung erreichte mich ein Anruf vom Innenministerium: »Hier spricht Staatssekretär Köglmayr. Ich möchte Sie bitten, morgen nach dem Umzug zu einem Empfang ins Kaulbachhaus zu kommen, zu einem Gartenempfang bei Herrn Minister Wagner.«
Das Kaulbachhaus hatte der Wagner gerade neu bezogen. Ich erwiderte: »Ach, ich habe doch gar keine Einladung, wie komm' ich denn dahin?«
»Sie brauchen nur zu sagen ›Zu Herrn Minister Wagner‹!«
»Ja, ja«, sagte ich, »das ist ja wunderbar. Und da komm' ich so einfach durch?«
»Jawohl, dann kommen Sie durch!«
»Vielen Dank. Das ist ja schön!«
»Sagen Sie, Sie scheinen mir nicht zu glauben!«
Ich: »Nee!«
Er: »Na, das ist ja spaßig. Dann bitte ich Sie, doch zurückzurufen, damit Sie sich überzeugen können.«
Und er gab mir eine Nummer.
Ich war fest überzeugt, daß mich Kollegen hochnehmen wollten. Ich läutete trotzdem an, und sofort:
»Ja, hier Köglmayr!«
»Ja, Hasse.«
»Na, Herr Hasse, glauben Sie's nun?«
Also gut, ich sagte zu.
Die ganze Ludwigstraße war für den Festzug geschmückt, es war ein toller Sommertag, und es waren wirklich Hunderttausende dort, Flaggen, Tribünen, Tribünen. Oben an der Universität bog ich ab in eine kleine Straße, da kam ein SA-Mann auf mich zu:
»Wo wollen Sie hin?«
»Zu Staatsminister Wagner!«
»Augenblick!«
Dann trat ein SS-Offizier auf, sehr höflich, und fragte:

»Bitte?«
»Ich heiße Hasse, ich möchte zu Herrn Staatsminister Wagner!«
»Bitte sehr!«
Und jetzt: die Kaulbachstraße war vollkommen menschenleer – gespenstisch! Dicht nebenan hörte man das Brausen von Hunderttausenden von Menschen, der Festzug war vorbei.
Ich ging also die Kaulbachstraße entlang, und aus jedem dritten Haus sprang ein Posten heraus: »Wo wollen Sie hin?«
»Zu Staatsminister Wagner.«
»Bitte schön!«
Das hätte doch nun jeder sagen können!
Und so kam ich an das Kaulbachhaus. Gleich am Eingang stand Herr Köglmayr und begrüßte mich: »Nun, Herr Hasse, Sie Ungläubiger?« Und dann: »Herr Gauleiter, darf ich Ihnen Herrn Hasse . . .«
»Ja, ja, hm, habe Sie ja schon auf der Bühne gesehen . . . Herr Köglmayr wird Sie in den Garten begleiten.«
Ein wunderschöner Garten. Als erste Bekannte sah ich Luise Willes, die Altistin von der Oper. Dann den Fotografen Heinrich Hoffmann, Walter Lansch.
Und dann sah ich an einem Baum, allein und abgewandt, in brauner Uniform, jemanden stehen und dachte: Den kenn' ich doch? – Das war Hitler.
Ich ging schnell zu dem Tisch der Kammerspiele. Wir spielten gerade die *Minna von Barnhelm* und diskutierten lebhaft darüber.
Und dann kam die *Wiedergutmachung*. Hitler ging von Tisch zu Tisch, kam also auch an unseren. Er war natürlich nie in der *Minna* gewesen. Aber wie er das überspielte, war gekonnt. Er küßte Paula Denk und den anderen Damen die Hand, setzte sich zu uns, wußte jeden Namen – auch meinen: »Na, Herr Hasse, Sie spielen ja den Riccault – wie geht's denn mit der französischen Sprache?« Und: »Es muß ja sehr interessant sein, ich hätte es gern angesehen, aber die Zeit erlaubt es nicht.«
Er sprach gedehnt mit Falckenberg über die *Minna*, immer in der Rolle eines Gentleman.

Ich saß da und war fassungslos.
Später bin ich ihm Gott sei Dank nicht mehr begegnet. Aber beim ersten Mussolini-Besuch in München wurde wieder die gesamte Filmprominenz per Flugzeug von Berlin geholt, und im Haus der Kunst – im Bahnhof von Pompeji – gab es einen großen Empfang für die Schauspieler vom Film und von den Bühnen – Kammerspiele natürlich ein bißchen beiseite –, die großen Stars vom Film hauptsächlich sollten wohl präsentiert werden.
Großer Auftritt – mit Haushofmeister und dreimaligem Stockaufschlagen: Mussolini – ungeheuer in seiner Bombastik gegenüber der schlechten Haltung Hitlers – wurde wie ein kleiner, auf Draht gezogener Popanz von Goebbels, hinkend, durch die Reihen der Prominenz geführt. Der machte seine Honneurs mit Handküssen bei den Damen, und Olga Tschechowa erzählte: *La bella Olga* hätte er sie vorgestellt. Barnabas von Gezy spielte leichte, lockere Weisen. An unseren Tisch kam er nicht. Kammerspiele.
Bald war es vorbei – es wurde dreimal mit dem Stock auf den Boden gestampft, alles erhob sich abermals, ein Gruß von Gast und Gastgeber rundum, und man schritt hinaus. Und während sie hinausschritten, kam eiligen Schrittes – hinkend, es war wirklich für ein Lustspiel reif – Goebbels den beiden nach und flüsterte aufgeregt in Hitlers Ohr, worauf sich beide umdrehten, um auf eine Dame zuzugehen. Mussolini beugte sich über ihre Hand, Hitler desgleichen.
Ich fragte mich, wenn die zwei Herren der Welt den Schritt anhalten, wer kann denn das bloß sein?
Ganz offensichtlich war es versäumt worden, sie in der Vorstellungsrunde, im Trubel der Stars dem Duce darzureichen. Die Dame war Winifred Wagner.

Im Gespräch mit Falckenberg hatte ich öfter erwähnt, daß es mich sehr interessieren würde, einmal Regie zu führen, und er stand diesem Wunsch nicht ablehnend gegenüber. Er sagte, er glaube, daß ich das Zeug dazu hätte. Und mein Wunsch ging früher in Erfüllung, als ich zu glauben wagte.

Ich hatte Anfang 1936 gerade hintereinander zwei große Rollen gespielt. In *So war Herr Brummel*, einer Komödie von Ernst Penzoldt, der lange verpönt war – einige Münchner Familien fühlten sich angegriffen, die, so erinnere ich mich, in der Partei großes Ansehen hatten –, spielte ich den Herrn Brummel, den englischen Dandy mit tragischem Ende im Wahnsinn, eine Rolle, die fast ein Monolog ist. Dann war ich der Lord Goring in *Ein idealer Gatte* von Oscar Wilde in einer Falckenberg-Inszenierung mit Elisabeth Flickenschildt als Mrs. Sheveley und Friedrich Domin als Chiltern. Und *Dr. med. Hiob Prätorius* von Curt Goetz war angesetzt. Wir hatten damals alle drei Wochen eine Premiere.

Falckenberg sagte: »Du kannst dich jetzt nicht gleich wieder in einer exponierten Rolle dem Publikum zeigen, die bekommen dich sonst über. Aber du hast mir doch gesagt, daß du gerne inszenieren möchtest. Übernimm doch die Regie von ›Prätorius‹.«

Der Vorschlag war ein wahrhaft zweischneidiges Schwert, denn einerseits reizte mich die Rolle des Prätorius unerhört. Andererseits war die Regieaufgabe natürlich auch interessant. Aber was er mit dem zuviel Spielen angedeutet hatte, gab Sinn. So führte ich also Regie.

Domin spielte den Prätorius, und es wurde ein großer Erfolg. So groß, daß ich von da ab ebenso viele Inszenierungen machte, wie ich Rollen spielte. Böse Mäuler behaupteten damals in München, es gäbe ja nur zwei, den Domin und den Hasse: entweder spielt Domin und Hasse hat Regie, oder Domin führt Regie und Hasse spielt.

Snobistisch und leichtfertig erwog ich sogar, die Schauspielerei überhaupt aufzugeben und mich ganz und gar der Regie zuzuwenden (obwohl ich bei den Proben von Prätorius viel gelitten hatte, weil ich ihn nicht spielte).

Aber manchmal ging es auch weniger gut. Eine meiner nächsten Inszenierungen war ein Lustspiel *Hier bin ich, hier bleib ich* mit einem schwachen dritten Akt. Voller dramaturgischer Ehrgeize, konzipierte ich ihn neu und fing zu dichten an. Derlei Sorgen hatte ich im *Prätorius* nicht gehabt, weil das ein großartig gebautes Stück ist. Sogar eine Sekretärin hatten wir

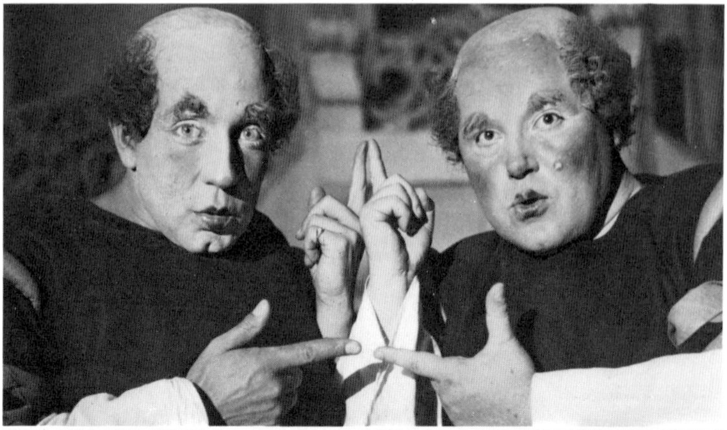

jetzt auf der Bühne, aber es ging nicht recht voran. Einen ganzen Akt neu zu schreiben, ist ganz so einfach doch nicht. Bei der Generalprobe, zu der Falckenberg kam, waren wir immer noch nicht fertig. So dichteten wir, inklusive dem Herrn Direktor, erst mal weiter und verlegten die Generalprobe auf den Premierentag. Aber auch da war der dritte Akt immer noch nicht ganz geboren.

Es war inzwischen fünf Uhr nachmittags geworden, die Schauspieler in Kostüm und Maske seit zehn Uhr früh auf der Bühne und Falckenberg im Parkett. Wir dichteten, leicht vom Alkohol beschwingt, immer noch, als Falckenberg plötzlich lachend rief: »Kinder, es ist wundervoll, in drei Stunden beginnt die Vorstellung, und wir wissen immer noch nicht, was wir spielen.«

Die Premiere fand trotzdem ohne Katastrophe statt.

Nach der zweiten Vorstellung strich ich den dritten Akt, hängte nur ein paar Sätze daraus für das Happy-End an den zweiten, und es wurde beinahe sogar ein Erfolg, trotz aller verunglückten, dichterischen Ambitionen.

Diese verspielte, unseriöse, unkonventionelle, aber oft doch künstlerisch fundierte Komponente war ein integrer Bestandteil der Kammerspiele (mit ihren wackelnden Kulissen), die Falckenberg formte und leitete mit seinem bekannten Talentriecher, seiner begabten Improvisation, seinen unüblichen Besetzungen. Und manchmal auch mit seinen Launen.

So hat zum Beispiel eine Schauspielerin, die er eigens für die Nathalie im *Prinzen von Homburg* engagiert hatte, in der Premiere die Kurfürstin gespielt.

Eines Tages erzählte er mir, daß er für mich ein Stück angenommen hätte, Hans Rehbergs *Friedrich I.*, weil ich für die

---

Linke Seite oben: 1935, Kammerspiele, München. Mit Will Dohm in »Amphitryon«. Mitte: 1936, Kammerspiele, München. Mit Axel v. Ambesser in Grabbes »Scherz, Satire, Ironie und tiefere Bedeutung«. Unten: 1935, Kammerspiele, München. Mit Elisabeth Flickenschildt in Wildes »Ein idealer Gatte«.

Titelrolle seiner Ansicht nach die Idealbesetzung sei. Domin sollte die andere Hauptrolle, den Narren Olifant spielen, unser Duett sei unschlagbar. Das Stück käme bald an die Reihe.
Die Saison näherte sich dem Ende, aber von *Friedrich I.* war nie mehr die Rede. Als ich ihn darauf ansprach, sagte er, daß es nun bald soweit sei, nur hätte er die Besetzung geändert. Er sei zu der Auffassung gekommen, daß es umgekehrt besser wäre: Domin müssen den Friedrich und ich den Olifant spielen. Und so geschah es dann auch.
Gottlob war der Olifant eine sehr gute Rolle, so habe ich wenigstens unter seiner künstlerischen Sinnesänderung nicht leiden müssen. Und vielleicht war es wirklich richtiger so.
Über zu wenig Beschäftigung konnte ich mich nicht beklagen, als die Regiearbeit dazugekommen war; spielte ich nicht, inszenierte ich, und umgekehrt. Meine Regietätigkeit lag im Unterhaltungssektor des Repertoires. Literarischer Höhepunkt: *Caesar und Cleopatra* mit Friedrich Domin und Maria Nicklisch. Das wurde auch mein größter Regie-Erfolg.
Schauspielerisch gab es da keine Grenzen, ich spielte den Chlestakoff im *Revisor* und den Thersites in *Troilus und Cressida*, den Figaro im *Tollen Tag* und den St. Just in *Dantons Tod*, den Kalb in *Kabale und Liebe* und den *Towarisch* – eine fette Weide für einen Mimen von meinem Naturell.
Und was für ein Ensemble war hier unter Falckenbergs Führung stets beisammen! Ich möchte als Beispiel die Besetzung einer Aufführung von Molières *Amphitryon* in Falckenbergs Inszenierung aufzählen, die nur aus Ensemblemitgliedern bestand, die alle damals notabene noch keinen (großen) Namen hatten.

Jupiter: Ferdinand Marian
Merkur: O. E. Hasse
Amphitryon: Richard Haeussler
Alkmene: Maria Nicklisch
Charis: Elisabeth Flickenschildt
Sosias: Will Dohm
Argatiphontidas: Axel von Ambesser

 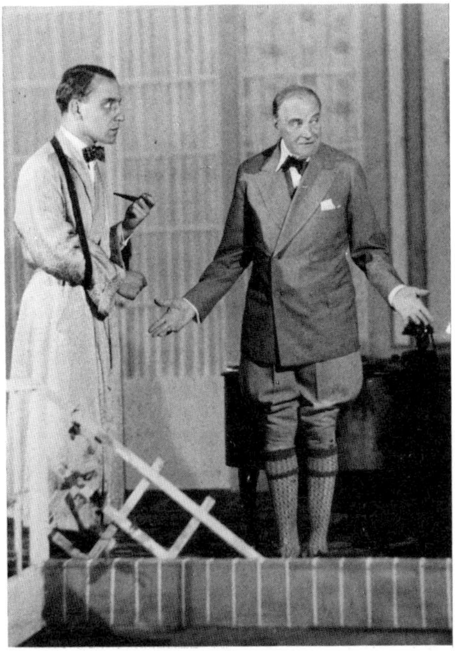

Links: 1933, Kammerspiele, München. Als Chlestakow in Gogols »Revisor«. Rechts: Mit Albert Bassermann in »Große Woche in Baden-Baden«.

An der Münchner Reichstheaterwoche im Mai 1936 wurden zum erstenmal auch die Kammerspiele beteiligt und dazu auch gleich das Stück kommandiert *Rothschild siegt bei Waterloo* von Wolfgang Eberhard Möller, einem Hitlerjugend-Führer. Wir Schauspieler bekamen unsere Rollen erst einen Tag vor der Stellprobe und wußten daher vom Inhalt nicht viel. Außer daß es um jene Rothschild-Geschichte ging, in der es ihm gelang, die gefälschte Nachricht von Napoleons Sieg bei Waterloo vor der Tatsache seiner Niederlage an die Londoner Börse zu bringen und so das größte Vermögen Europas zu verdienen.

Die beiden einzigen durchgehenden Figuren waren Rothschild und sein Sekretär O'Pinnel. Den Rothschild spielte Friedrich Domin, ich den O'Pinnel.

Domin legte seine Rolle als eine golemartige, stampfende, alles beherrschende Figur an, wozu ich einen etwas klagenden weinerlichen Gegensatz zu formen suchte, den Jeier-Juden, wie wir ihn nannten. Falckenberg, der Regisseur des Stückes, war davon höchst angetan, und es vergingen in recht positiver Probenarbeit einige Tage. Unterdessen drang ich jedoch etwas tiefer in das Stück ein und entdeckte an der Figur meines O'Pinnel durchaus positive Charakterzüge, so daß mir in Anbetracht des Nazi-Autors Zweifel an dem Judentum meines Helden kamen. Zwar war er als ängstlicher Mensch, als Hasenfuß mit fast komischen Zügen gezeichnet, dessen wiederholte Ermahnungen: *Herr Bankier, was machen Sie da*, oder *Das geht doch nicht* sogar lächerlich in ihrer Schwäche wirkten gegenüber dem Moloch Rothschild, was wiederum gegen das Arische sprach. Ich äußerte Falckenberg meine leisen Bedenken. Der jedoch beruhigte mich ganz überlegen und beschwor mich, bei meiner anfänglichen Auffassung zu bleiben.
Aber meine Zweifel wuchsen, und ich ging heimlich zum Dramaturgen Dr. Petzet und bat ihn, einen diplomatischen Brief an den Autor zu schreiben, wie er sich die Figur des O'Pinnel gedacht habe. Nach einigen Tagen kam die Anwort, O'Pinnel sei die Inkarnation des Ariertums, das mahnende Gewissen Rothschilds.
Nicht auszudenken, was passiert wäre, wenn wir ihn als Juden gespielt hätten! KZ und Theaterschließung wären die Folgen gewesen.
Als Falckenberg von dem Brief erfuhr, ließ er alle Mitwirkenden auf die Bühne holen, ihm brachte der Requisiteur ein zweihändiges Ritterschwert, ich mußte niederknien und wurde von ihm zum *Retter der Kammerspiele* geschlagen.
So verspielten sich auch die bedrohlichsten Gefahren, *das* waren die Kammerspiele.

Auch bei einer rumänischen Komödie *Mamsell Sewastiza* hätte es den Kammerspielen politisch an den Kragen gehen können, wenn Jon San Giorgiu, der Autor, nicht ein so netter Mann gewesen wäre. Ich inszenierte und konnte es immer

Otto Falckenberg. Direktor der Kammerspiele, München, von 1917 bis 1944.
Falckenberg schrieb über seine Theaterarbeit: »Wir wollen keineswegs den vom Naturalismus eroberten festen Boden unter den Füßen verlieren. Ich habe immer versucht, durch das Medium des Realen hindurch zum Visionären durchzudringen.«

noch nicht lassen, Änderungen vorzunehmen, kleine Szenen einzufügen. So auch hier, aber es schien alles organisch ineinanderzugehen, die Arbeit machte Spaß. Paula Denk war die Sewastiza, eine durchtriebene, reizende Wirtschafterin auf dem Gutshof eines alten reichen Bojaren, den Carl Wery spielte.

Es war vieles in dem Stück anders geworden und während der Probenzeit auch vieles dazugekommen. Und da lese ich eines Tages im *Völkischen Beobachter* die Überschrift:

Wissenschaftler, Dichter und Politiker. Und dann den Text: *Im Rahmen der Hauptversammlung 1938 der Deutschen Akademie in München bringt das Schauspielhaus in O. E. Hasses Inszenierung die rumänische Charakterkomödie Mamsell Sewastiza von Jon San Giorgiu als Erstaufführung.* Und weiter: *Ein Schauspiel muß einen weltanschaulichen Standpunkt haben, darum ist es für ihn auch politisch, weil Kultur und Politik nicht zu trennen sind.*

Giorgius Besuch zur Premiere wurde angekündigt. Von Politik war in der harmlosen Komödie zwar nichts zu spüren, aber in dem Artikel stand auch, daß San Giorgiu Professor der Germanistik an der Bukarester Universität sei und den *Faust* ins Rumänische übersetzt habe.

Wenn er sich als Dichter verletzt fühlte durch meine Änderungen, hätte es für einen Skandal schon genügt und für das Theater schlimm ausgehen können.

Was tun? Ich ging zu Falckenberg und sagte ihm, er solle mir die Regie unter irgendeinem Vorwand abnehmen, um sich und das Theater von der Aufführung zu distanzieren. Aber Traumtänzer Falckenberg dachte gar nicht daran. Er hatte eine Probe gesehen, und die hatte ihm gefallen.

Zur Hauptprobe erschien Professor San Giorgiu mit einem Sekretär inmitten einer Schar von *Goldfasanen*, jenen braununiformierten Nazi-Kulturträgern. Mir wurde leicht schwindelig, und ich bat, daß die Herren auf keinen Fall in die Probe kommen möchten. Doch er beruhigte mich, überreichte mir eine Flasche rumänischen Wein als Geschenk, nannte mich *Herr Oberreschässär* und bat, daß ich wenigstens seinem Sekretär gestatten möge, mit hineinzukommen.

Die *Goldfasanen* verschwanden, Gott sei Dank! Ich deutete mit ein paar vorsichtigen Bemerkungen an, daß ich einiges geändert hätte, er möge aber während des Aktes nicht unterbrechen, wir könnten ja hinterher darüber sprechen. Aber er reagierte gar nicht. Ich bat die beiden Herren, in der hinteren Hälfte des Zuschauerraumes Platz zu nehmen, und ging noch einmal auf die Bühne zu den Schauspielern. Wir waren alle in Kampfesstimmung wie vor einer Entscheidungsschlacht.
Der erste Akt ging ohne Unterbrechung zu Ende. Der Vorhang fiel, ich saß an meinem Regiepult und wartete auf des Autors Reaktion. Nichts! – nur ein leises Getuschel hinten im Parkett. Ich tat, als wären sie gar nicht da, und ließ den zweiten Akt beginnen. Es gab in dem Stück keinen Umbau. Nach dem zweiten Akt dasselbe Getuschel, nichts weiter. Hatte das etwas Schlimmes zu bedeuten? Die Spannung wuchs.
Ich hatte den Kollegen vor der Probe gesagt, daß ich die Vorstellung durchlaufen lassen wolle, also ließ ich auch den dritten Akt beginnen. Und als er vorüber war und der Vorhang gefallen war und das Licht im Zuschauerraum anging, wandte ich mich um zum Autor. Er sagte: »Sie haben wirklich viel geändert, Herr Oberreschässär, ist ganz anderes Stück geworden. Gefällt mir aber gut, wann kann ich Buch haben.«
Unterdessen hatte sich der Vorhang wieder gehoben, die Darsteller waren auf die Bühne gekommen, die Stimmung aller war trotz der Erklärung des Autors noch immer feindselig. Er schien es zu merken und fügte hinzu: »Nur für Athen, da ist nächstes Premiere.« Außerdem bestand er darauf, daß mein Name als deutscher Bearbeiter der Komödie im Programm genannt würde, und ich verdiente auf diese Weise meine ersten Tantiemen.
Dazu wurde die Vorstellung ein richtiger Erfolg, und ich konnte mich Hand in Hand mit dem strahlenden Autor verbeugen.
So schnell verschwanden manchmal die düsteren Wolken.

Der Fachmann ist der geschworene Feind des Schauspielers. Ob als Arzt, als Militär, Schneider oder Schuhmacher, in wel-

1937, in dem Film »So weit geht die Liebe nicht«, mit Lucie Hag.

chem Metier sich der Schauspieler auch auf der Bühne betätigen mag, fast immer ist alles falsch, was er macht. Es können bei den Proben noch so viele Experten als Kontrolleure dabeigewesen sein, immer wieder kommen Beschwerden und Proteste von berufener Seite, ob es sich nun um die Uniform, das Betragen oder die Berufsausübung handelt.
Ich spielte in dem Lustspiel *Heimliche Brautfahrt* den Hoffriseur Augusts des Starken, Treupel, den Erfinder der Treupelschen Tabletten, Intrigant und Hansdampf in allen Gassen. Nach einer Lever-Szene des Königs sang ich sogar ein Couplet, das ich mir selbst gedichtet hatte:

Locken, Frisuren,
Kabale, Amouren,
Perücken und Tücken,
das ist mein Metier.
Ich bin der Vertraute
aller Gebrechen,
zu mir kann man sprechen
wie zu einem Abbé.
Ich bedecke die Glatze,
ich enthüll' die Ranküne.
Für mich ist das ganze
Leben nur Bühne.
Eine einzige große
liaison dangereuse.
C'est la vie!
Au revoir, Messieurs!

In der Lever-Szene hatte ich vorher mit Brennscheren, Lokkennadeln, Allongeperücken und Kämmen herumgefuchtelt, um den Friseur in Aktion zu zeigen.
Eines Tages kam ich zu meinem Stammfriseur am Isartorplatz, der Abonnent in den Kammerspielen war, und er konnte sich nicht genugtun, mir Komplimente zu machen: »Ja, Herr Hasse, da haben's aber einen pfundigen Berufskollegen auf die Bühne g'stellt. Ich hab' zu meinen Gehilfen g'sagt, dös müßt's euch ansehen, da könnt ihr noch was lernen, wie ein Friseur sein muß.«

Agnes Straub

Und als ich darauf erwiderte, daß ich mit dem Handwerkszeug doch wohl nicht alles ganz richtig gemacht habe, sagte er: »Ganz falsch haben Sie's gemacht, aber *wie* Sie es gemacht haben, *das* war halt großartig.«
Einmal war es mir gelungen, den Fachmann zu überwinden.

Die große Agnes Straub war an die Kammerspiele gekommen, um außer Shaws *Millionärin* ein recht oberflächliches Lustspiel von Philipp Johnson, *Blitze aus heiterem Himmel*, zu spielen, das ich inszenieren sollte. Mir war dabei nicht wohl zumute. Nicht aus Inferiorität, weil sie die große Straub war. Aber was würde eine Schauspielerin, die mir als Volumnia in *Coriolan*, als Hedda Gabler, als Medea, als Penthesilea unvergeßlich geblieben war, mit einem Lustspiel anfangen, in dem sie aus Angst vorm Gewitter sich im Kleiderschrank verkrie-

chen müßte? Wie würde ich ihr, die für das Außerordentliche geschaffen war, begreiflich machen können, daß sie eine Frau, nichts weiter als eine Frau in einem Lustspiel sein sollte.
Die Proben begannen – und mit ihnen Überraschungen ohne Ende. Nach kurzer Zeit hatte ich das Gefühl, eine Anfängerin als Protagonistin zu haben. Sie fand all das, von dem ich glaubte, sie würde nie Zugang dazu finden, herrlich und bat mich, nur Geduld zu haben, weil es Neuland für sie sei.
Auf einer Probe hatte sie mir erzählt, daß sie einmal nur durch eine energische Armbewegung einen Bluterguß im Handgelenk bekommen habe, so dramatisch konnte sie sein.
Aber jetzt wurde sie wirklich komisch, ich prophezeite ihr scherzend eine neue Karriere, und sie wurde immer heiterer und gelöster.
Und ich war glücklich.
So kam die Premiere, die Generalprobe war gut vorübergegangen. Ich saß in der Loge und traute erst meinem Ohr, dann meinem Auge nicht. Sie war plötzlich Medea hoch zehn. Alle Probenarbeit war vergessen. Der Bluterguß hätte jäh wieder kommen können.
In der Pause suchte ich sie und versuchte ihr klarzumachen, was geschehen war. Sie verstand nichts, erkannte nichts, war fassungslos.
Das war die einzige Regiepremiere, in der ich mich während der Vorstellung besoff.
Natürlich blieb bei einer solchen schauspielerischen Persönlichkeit immer noch genug, was Bewunderung verdiente. Ein Jammer nur, daß die für sie neuen Probennuancen nicht haftengeblieben waren.
Bei den folgenden Vorstellungen wurde es besser, einen gedämpften Erfolg gab es trotzdem für sie; wie auch für mich.
Anschließend spielte ich mit ihr in der *Millionärin* den ägyptischen Arzt, und meiner großen Bewunderung für sie haben die *Blitze aus heiterem Himmel* kaum Abbruch getan.

In der Faschingszeit kam dann eine musikalische Komödie von Helmut Käutner heraus, die zur Frühviktorianischen Zeit in einem Londoner Modesalon spielte: *Juchten und Lavendel*, mit der Musik von Bernhard Eichhorn. Die Besitzer des Modesalons hießen Keep and Smiling, und mir hatte man den Mister Keep, eine zwielichtige Figur, zugedacht. Den Mister Smiling spielte der Autor.

Nun hatte ich gerade für diese Zeit ein Angebot für einen Film, der in Berlin gedreht wurde, und ich versuchte, den Mister Keep loszuwerden. Aber Falckenberg sagte, das ginge auf keinen Fall, ich spiele ja schließlich eine der beiden Hauptrollen. Darauf konterte ich, daß das nicht stimme, weil es sich um ein musikalisches Lustspiel handle, ich aber kein Gesangssolo hätte. Worauf Käutner und Eichhorn auf Falckenbergs Veranlassung ein Auftritts-Couplet schrieben, das übrigens sehr gut war und mir meine Filmabsage ein wenig erleichterte.

Aber das Couplet wurde erst vier Tage vor der Premiere fertig. Ich probte es zweimal mit Eichhorn am Klavier, es ging auch schon einigermaßen, doch das Theater hatte sich in Unkosten gestürzt und für *Juchten und Lavendel* ein Orchester von fünf Mann engagiert. Und als ich auf der Hauptprobe zum ersten Mal mit ihnen probierte, hatten die schon genug mit sich zu tun, von mir ganz zu schweigen. Es war furchtbar. Bei der Generalprobe ging es nicht besser, für Proben mit dem Orchester war keine Zeit mehr, ich bekam einen Tobsuchtsanfall. Danach nahm mich Eichhorn, der am Flügel saß und dirigierte, beiseite und sagte mir mit seinem Katergesicht recht beruhigende Dinge.

Ich hatte die unheimliche Note, die meinem Mister Keep anhaftete, noch ein wenig unterstrichen, und war bei meinem Auftritt durch eine Windfangtür, in der Mitte der Bühne, ganz und gar von einem weiten schwarzen Radmantel verdeckt, aus dem der ebenfalls schwarze Zylinder nur oben herausragte. Dann sollte ich raschen Schrittes zur Rampe vorgehen, dort den Mantel vom Gesicht nehmen und ins Publikum singen:

> Ich nütze den Augenblick, da wir allein sind,
> ein Wort mit Ihnen beiseite zu sprechen.
> Sie haben von jetzt ab Gelegenheit,
> sich den Kopf über mich zu zerbrechen.

Er sagte mir: »Du kommst nach vorn. Im Augenblick, da du den Mantel vom Gesicht nimmst, setzt du ein und ich mit der Musik auch. Singen kannst du sowieso nicht, du sprichst also. Und ich richte mich ganz und gar nach dir, selbst im Rhythmus. Ich weiß nicht, warum du so nervös bist?«
Das leuchtete mir ein, ich beruhigte mich. Die Premiere kam, mein Auftritt lag im letzten Drittel des ersten Akts, die Stimmung im Publikum war nicht gerade enthusiastisch. Das merkte ich.
Ich trat auf, ging an die Rampe vor, nahm meinen Mantel vom Gesicht, und da geschah etwas, womit ich niemals in diesem Stück gerechnet hätte: ich bekam einen Auftrittsapplaus. Eichhorn hatte auf das Abnehmen des Mantels hin mit der Musik eingesetzt, ich aber nicht. Ich wollte den schönen Applaus nicht zerstören. Ich sah Eichhorns entsetztes Gesicht, die Katerruhe war daraus entwichen, ich merkte, daß wir nicht mehr zusammenkommen würden, ich sah mein Couplet versungen und vertan. Und um zu retten, was noch möglich, durch die Gunst des Publikums auch ermutigt, sagte ich, als der Applaus abebbte:
»Moment, ich komme noch mal.« Und ging ab. Der Applaus schwoll zum Orkan an.
Nach einer Weile trat ich zum zweitenmal mit dem Radmantel vorm Gesicht auf, nahm ihn ab, sie klatschten wieder, aber ich brach den Applaus mit einer Handbewegung ab, Eichhorn hatte gewartet, und ich sang mein Couplet.
Viele waren überzeugt, daß das Ganze eine abgesprochene Sache war. Für eine Improvisation war es zu perfekt gewesen, ich nahm es als Kompliment, aber ich schwöre noch heute, es stimmt nicht.
Übrigens hat sich der Applaus bei keiner der folgenden Vorstellungen wiederholt.

Gustl Waldau

In meinen ersten Kammerspieljahren hatte ich auch mit Gustl Waldau in einer Rundfunksendung zu tun. Wir hatten Pause, setzten uns auf eine Bank im Treppenhaus und plauderten. Es kamen viele Kollegen die Treppe hinauf und hinunter, die alle den berühmten Waldau ehrfürchtig grüßten. Er reichte ihnen die Hand, sprach ein paar Worte mit ihnen sehr persönlich und souverän, danach begrüßten sie auch mich. Aber ich wußte von keinem den Namen, wußte überhaupt nicht, ob ich ihnen je begegnet war, und stammelte verlegen.
Als sich das einige Male wiederholt hatte, begann ich unter meinem Verlegenheitsgestammel zu leiden und bewunderte, beneidete den großen Waldau sehr. Da sitzt der alte Herr, dachte ich mir, der sich bestimmt die zehnfache Anzahl von Namen merken muß wie ich, der weiß um alle Bescheid, und ich sitze da, habe keine Ahnung, wer die sind, und stammele.
Nachdem vielleicht ein Dutzend passiert waren, sagte

Waldau: »Wissen Sie, Herr Hasse, ich bewundere Sie.« Und auf meine Frage: »Weshalb?« antwortete er: »Daß Sie die alle kennen.«
Als ich ihm gestand, daß das nicht stimme, sagte er, »aber wie Sie das machen, ist einfach großartig«. Und als er mir verriet, daß er auch keine Ahnung habe, wer die alle seien, gab ich ihm aus ehrlichstem Herzen das Kompliment zurück, gestand ihm, daß meine Bewunderung für seine Souveränität, mit der er die Situation meistere, unüberbietbar sei, und das wäre vielleicht noch länger so hin und her gegangen, wenn uns nicht der nächste Passant gezwungen hätte, aufs neue so zu tun als ob ...

Hedwig Wangel war bei Reinhardt eine anerkannte Schauspielerin, eine Mütter-Spielerin von Jugend an. Dann hörte sie auf mit der Schauspielerei und gründete in den zwanziger Jahren das *Tor der Hoffnung*, ein Heim für gefallene, strafentlassene Mädchen irgendwo in Schleswig-Holstein, ich glaube in Rendsburg.
Aber das hielt sich nicht lange, weil die Gelder ausgingen, und so fing sie wieder an, Theater zu spielen, und kam Anfang der dreißiger Jahre an die Münchener Kammerspiele. Ich führte damals viel Regie und hatte mit ihr in einem Kriminalstück zu tun, das hieß *Weißer Flieder*. Darin spielte sie eine Blumenverkäuferin, die den weißen Fliederstrauß verkauft hat, um den sich alles dreht in dem Mordfall, und die als Zeugin vernommen wird. Nach der ersten oder zweiten Probe kam sie zu mir und sagte: »Ich habe einen Vorschlag.« Man zitterte schon bei ihren Vorschlägen. Es fiel ihr immer so viel ein, und nicht alles war gut. Also erzählte sie, daß sie eine Bekannte hätte, die, wenn sie aufgeregt sei, zu schielen anfinge, und sagte zu mir: »Ich kann so gut schielen, soll ich dir mal was vorschielen?« Sie schielte mir also gleich etwas vor und fragte mich, ob sie das bei schwierigen Fragen in der Zeugenvernehmung machen dürfe. Wir probierten es, und es war grandios. Nicht nur komisch, es war auch erschreckend und mitleiderregend, wenn sie in der Vernehmung nach einer irritierenden

Hedwig Wangel

Frage des Kommissars mit einem leisen Wimmerlaut vor Aufregung langsam zu schielen begann.
Nicht ausdenkbar, wie peinlich es sein müßte, wenn eine Schauspielerin ohne psychologische Einfühlsamkeit, nur des Effektes wegen, versuchen würde, so etwas zu kopieren.
Und eine zweite Geschichte. Sie passierte bei *Dr. med. Hiob Prätorius*, als ich auch Regie führte. Sie spielte eine Großmutter, die in der Klinik liegt und nur eine Szene hat. Und wieder mal sagte sie bei den Proben: »Du, ich habe eine Überraschung für dich, ich zeig' sie dir aber erst bei der Generalprobe.«
Bei der Generalprobe kam sie zunächst einmal zu spät. Ich mußte unterbrechen, weil sie noch nicht da war, und ich war darüber natürlich sehr verärgert. Als sie endlich erschien, mit Paketen beladen, sprach ich sie aus Wut mit »Sie« und »Frau Wangel« an anstatt mit »Klein Hedwig«, was sie tief verletzte. Ich ließ sie, im Mantel, wie sie kam, von Bühnenarbeitern in

das hohe Anstaltsbett heben, was sie unter Schmerz- und Wimmerlauten geschehen ließ. Sie fing ob meiner Heftigkeit zu weinen an:
»Daß du mir das antust, wo ich doch heute die Überraschung für dich habe.«
Gustl Helminger, das jahrzehntelange Souffleusen-Faktotum der Kammerspiele, weinte aus Sympathie mit.
Die Szene begann. Das Weinen verstummte, und die Überraschung kam. Sie hatte ihr Gebiß aus dem Mund genommen und sprach die Großmutter völlig zahnlos, rührend und wundervoll. Unvergeßlich ihre Frage an Prätorius-Domin: »Ist Sterben schwer, Herr Doktor?«
Die Versöhnung danach war unvermeidlich und herzlich.
Eine wahre Vollblutkomödiantin, einzigartig, großartig!

Max Halbe, neben Gerhart Hauptmann einer der ersten Autoren des Naturalismus auf der deutschen Bühne und mit seinen Dramen *Jugend* und *Der Strom* sehr erfolgreich, lebte damals auch in München und hatte mir nach Regiepremieren öfter liebenswürdige schriftliche Zustimmungen geschickt, obwohl ich ihn nicht persönlich kannte. Eines Tages bekam ich eine Karte: *Lieber Herr Hasse, der Stammtisch ›Das junge Krokodil‹ würde sich freuen, wenn Sie am Montag abend in die Torggelstuben kämen.* Unterschrift *Max Halbe*.
Ich erkundigte mich und erfuhr, daß es einen berühmten Stammtisch gegeben habe, der sich das *Krokodil* nannte, und an dem Frank Wedekind und Max Halbe präsidierten. So wie sie literarisch Gegensätze waren, lebten sie auch in streitbarer Freundschaft.
Eine Begebenheit, die man erzählte, mag den Fehdezustand der beiden erhellen. Halbe wurde krank, als sie gerade wieder verzankt waren. Sein Zustand war ernst, und man riet Wedekind, ihn doch im Krankenhaus zu besuchen und sich mit ihm zu versöhnen. Wedekind tat es schließlich auf wiederholtes Bitten der Freunde. Man reichte sich die Hände und söhnte sich aus.
Halbe wurde trotz aller düsteren Prognosen wieder gesund,

und nach Wochen traf man sich auf der Straße. Halbe ging auf Wedekind zu, streckte ihm die Hand hin, aber Wedekind übersah sie und ging weiter. »Aber Frank«, sagte Halbe, »was hast du? Wir haben uns doch an meinem Krankenlager versöhnt.« Da wandte Wedekind sich um und sagte mit seiner schnarrenden pastoral-näselnden Stimme: »Jawohl, aber das galt nur für den Fall Ihres Todes.«
Diesen Stammtisch versuchte Max Halbe mit Professor Arthur Kutscher zusammen, dem legendären Begründer der Theaterwissenschaftlichen Institute, unter dem Namen *Das junge Krokodil* zu erneuern. Ich wurde also – eine hohe Ehre – dazu gebeten und war der Benjamin des Tisches. Denn die anderen, auch Gustl Waldau war öfter dabei, und viele, deren Namen ich vergessen habe, hätten sich wohl noch an Lola Montez erinnern können.
Halbe war sehr beleidigt, wenn ich nicht kam, selbst nach der Vorstellung mußte ich noch erscheinen.
Kutscher war schwerhörig, es wurde deshalb sehr laut gesprochen, immer wieder von Kutschers: »Wie?« unterbrochen. Er tat sich auf seine nahe Bekanntschaft und Duzbruderschaft mit Wedekind und Hauptmann viel zugute und erzählte laut von ihnen, sie immer nur mit ihren Vornamen benennend.
Und wenn von Berühmtheiten jüngerer Zeit oder jüngerer Generation die Rede war, unterbrach er mit der Frage »Wer?«, um dann nach der Wiederholung des Namens recht beiläufig zu sagen: »Übrigens, ein Schüler von mir.«
Als er einmal ausgiebig von Gerhart berichtete (gemeint war Hauptmann), fragte ihn Halbe, der auf Hauptmann nicht gut zu sprechen war:
»Vom wem sprichst du eigentlich?«
»Von Hauptmann natürlich«, antwortete Kutscher.
Halbe trocken: »So? Auch ein Schüler von dir?«
Max Halbe hatte einen Kursbuch-Fimmel, er gestand mir, daß er Kursbücher läse wie andere Menschen Kriminalromane. Er kannte sich mit Zugverbindungen erstaunlich gut aus.
Eines Abends erzählte Kutscher von einer Eisenbahnfahrt Genua–Venedig, als seine Tochter aufgeregt ins Abteil gekommen wäre und berichtet hätte, Gerhart Hauptmann säße

im Speisewagen. Er wäre natürlich sofort hingeeilt und hätte ihn tatsächlich dort angetroffen.
»Wir hatten interessante Gespräche über seine ›Iphigenie in Delphi‹. Die Zeit verging wie im Fluge. Es war eine hochinteressante Fahrt.«
Darauf Halbe: »Bis Venedig?«
Kutscher: »Jawohl.«
Darauf Halbe: »Arthur, du lügst.«
»Wie kannst du das behaupten«, entgegnete Kutscher.
»Ihr habt im Speisewagen von Genua bis Venedig hochinteressante Gespräche gehabt?«
»Jawohl.«
»Ich sage dir nochmals, daß du lügst! Der Speisewagen des Rapido Genua–Venedig wird in Mailand abgehängt.«
Es war ein Vergnügen, Max Halbe mit seinem stichelhaarigen, bebrillten Danziger Dickschädel vor seinem Schoppenglas sitzen zu sehen, kampflustig bereit, eine Bosheit nach der anderen von sich zu geben. Er war ein kluger, humorvoller, geistvoller Mann, mit dem man sich großartig unterhalten konnte.
Im Krieg feierte er seinen 75. Geburtstag. Das Schiller-Theater in Berlin brachte ihm zu Ehren eine Festvorstellung seines Dramas *Der Strom* in einer Fehling-Inszenierung heraus. In großer Besetzung, mit Lucie Höflich, Paul Wegener, Horst Caspar und anderen. Fehling hatte das Stück in seinen Griff genommen, und seine Intensivierungen und Konzentrate hatten dem Original etwas von seinem naturalistischen Charakter genommen und es in Atmosphäre und Tiefgang eher den Dramen von Ernst Barlach genähert.
Ich lebte damals schon in Berlin und war in der Premiere. Es war ein großer Erfolg. Am Schluß verbeugte sich auch Halbe, er wurde stürmisch gefeiert.
Paul Wegener, auch kein Knabe mehr, murmelte beim Schlußapplaus zu den Kollegen: »Das wird sich der alte Halbe auch nicht haben träumen lassen, daß er zu seinem 75. Geburtstag von Fehling als Barlach umgefickt wird.«

Auch große Lieben verblassen mit den Jahren. Auch die Münchener Kammerspiele nutzten sich ab, und ein Wechsel hätte mir gutgetan. Das fühlte ich. Ich hatte das erreicht, was möglich war, und für gefürchtete Seßhaftigkeit war ich noch zu jung. So begrüßte ich sich anbahnende Verhandlungen mit Oskar Wallek, dem früheren Generalintendanten der Bayerischen Staatsoper, für die Neueröffnung des Deutschen Theaters in Prag. Das Angebot war verlockend, künstlerisch wie finanziell. Ich schloß ab und ging im Herbst 1939 nach Prag, ins goldene Prag, der Stadt der hundert Türme.
Die neue Ära begann mit einem großen Eröffnungszyklus im Ständetheater, für den ich *Minna von Barnhelm* inszenierte. Den Riccaut spielte ich gleich mit. Daran schloß sich die Uraufführung von Gerhard Menzels *Appassionata* mit Maria Schanda als Eleonora Duse und mir als Gabriele D'Annunzio. Die Arbeit machte Freude, die Stadt faszinierte mich. Aber der Zweite Weltkrieg hatte begonnen, und der Boden in Prag schien nicht allzu gemütlich zu werden. Trotzdem waren meine Beziehungen zu tschechischen Bekannten gut und blieben es auch.
Einer dieser neuen Bekannten war Dr. Karel Schoeffler, ein Rechtsanwalt. Eine verwegene Erscheinung, dunkelhaarig, mit schwarzen Augen, kühnem Schnurrbart und einer sonoren Baßstimme; wenn er »Ö. Ä.« durch die Bar rief, übertönte sie jede Kapelle und jeden Lärm.
Einmal kehrten wir zu später Nachtstunde und nicht mehr ganz nüchtern in ein Lokal ein. Es war schon leer, nur eine übriggebliebene Dame saß müde an der Bar, dahinter Madame. Karel begrüßte sie herzlich auf tschechisch, ich wurde ihr vorgestellt, wir sprachen deutsch. Plötzlich setzte Musik ein, die Kapelle spielte das *Engelland-Lied*. Ich rief verärgert: »Hören Sie mit dem Lied auf!« Die Kapelle verstummte.
Nach einer Weile tippte jemand auf meinen Rücken, hinter mir stand der Geiger der Kapelle und sagte drohend: »Sie sind doch wie ich Deutscher, nicht wahr?« Und auf mein ärgerliches »Ja« – »Darf ich Sie fragen, was Sie dann gegen das Engelland-Lied haben?«
Ich sah die ängstlich verstörte Miene von Madame und wie

Karel hinter seinem Schnurrbart erbleichte. Mir wurde etwas mulmig zumute. Aber Verzweiflung macht anscheinend schlagfertig: »Das fragen Sie noch?« schrie ich ihn an. »Wir befinden uns in einem Hurenlokal, und Sie wollen hier das Engelland-Lied spielen? Schämen Sie sich!« Der Rückentipper zog sich wortlos zurück.
Draußen auf der Straße kniete Karel wortlos vor mir nieder.

Neben den neuen tschechischen Bekanntschaften gab es aber auch andere Begegnungen von Bedeutung, wie die mit Edith Heerdegen, die eine reizende Franziska in meiner *Minna von Barnhelm*-Inszenierung war, mit Maria Schanda, Eva Eras, Elisabeth von Lüdinghausen, Stuckenschmidt, dem Kritiker, und seiner Frau Mörgelchen und Erich Ponto, der öfter aus Dresden herüberkam, um Edith zu besuchen. Es gab viele beschwingte, heitere Abende. Im Theater hatte ich eine Menge zu tun, inszenierte Lustspiele und *Maria Stuart*, spielte eine große Skala von Rollen vom Jura im Bahrschen *Konzert* über Bonvivants bis zu Goertz', *Kanzler von Schweden.*
Ein kleines Haus war hinzugekommen, und nicht alles, was in beiden gemacht wurde, war mit Superlativen zu bewerten. In Goertz', *Kanzler von Schweden*, einem Drama um den Stellvertreter Karls des XII., hatte Oskar Wallek, der Intendant, Regie. Auf der ersten Stückprobe hatte ich meine erste Szene gerade einmal durchgespielt, als er schon weitergehen wollte. Ich bat ihn, die Szene zu wiederholen, aber er schien zufrieden zu sein mit dem, was ich gezeigt hatte, und befahl den Umbau für das nächste Bild. Ich bestand auf meiner Bitte, er blieb bei seiner Weigerung. Er begründete sie damit, daß ich die Szene genau so gespielt hätte, wie er sie sich gedacht habe. Ich erwiderte, ich glaube sie besser spielen zu können, worauf er fast befehlend antwortete: »Gewöhnen Sie sich endlich die Unzufriedenheit mit sich selbst ab.«
Diese Geschichte erzähle ich seither prophylaktisch jedem Regisseur, mit dem ich das erstemal zu tun habe, und jeder lacht. Doch nach einiger Zeit entstand fast noch immer eine Situation, in der ich sagen konnte: »Erinnern Sie sich an den Satz von Wallek in Prag? Jetzt sind wir soweit.«

Es gab in Prag damals noch keine Bezugsscheine für Stoffe, und außerdem war hier das Stammhaus von *Knize*, dem damals prominentesten Schneider Europas. Ich bestellte sofort zwei Anzüge. Einen davon aus reinem englischen Flanell, in Deutschland schon lange vor dem Kriege eine Seltenheit. Den hatte ich zum erstenmal an, als ich mich mit Edith Heerdegen und Eva Eras in einer kleinen tschechischen Bar traf. Es war sehr kalt.
Der Anzug war todschick und wurde von den Damen höchlich bewundert.
Wir tranken Glühwein. Eva hatte den Schluckauf, und als ich versuchte, ihn durch Schreck zu vertreiben, goß sie mir, als Reaktion, ihr volles Glas Glühwein über das Prachtstück, von den Revers bis zu den Knien. Es war schlimm! Aber das schlimmste war Evas Verzweiflung.
Glühweindurchnäßt mußte ich sie zunächst einmal seelisch aufrichten, bevor wir zu Trockenlegungs- und Rettungsaktionen der Flanellkostbarkeit schritten. Ich wurde sitzend mit zirka drei Kilogramm Kochsalz bepackt und durfte mich nicht bewegen. Nur ein Arm, der Gott sei Dank nichts abbekommen hatte, blieb frei zum Weitertrinken. Ich kam mir vor wie der Golem, und so warteten wir denn bei neuen Glühweinen das Abklingen von Evas Verzweiflung und meine Austrocknung ab. Das dauerte lange, und als ich beschwingt nach Hause eilte, war es wohl vier Uhr.
Am nächsten Morgen hatte ich Probe, abends Vorstellung, Gedanken an die Anzugkatastrophe verdrängte ich, und erst am übernächsten Morgen sah ich mir das Opfer an und traute meinen Augen nicht. Es war nichts mehr zu sehen, kein rätselhafter roter Schimmer. Ein Wunder.
Ich glaubte zuerst, Eva Eras hätte sich den Anzug von meinem Aufräume-Unikum, Frau Kubesiakowa, inzwischen zum Reinigen geben lassen, aber als ich meinen Verdacht äußerte, sagte sie, sie sei im Gegenteil ganz sicher, daß ich ihn habe heimlich reinigen lassen, um sie ihrer Schuld zu entheben.
So beschuldigten wir uns gegenseitig der Anzug-Wiederherstellung, weil wir einfach nicht an die Wundersaugkraft des Salzes glauben wollten. Lachend lagen wir uns in den Armen.

1940, Prag. Spaziergang mit Margot Stuckenschmidt.

Das gedruckte oder geschriebene ist bekanntlich etwas ganz anderes als das gesprochene Wort. Als Schauspieler weiß ich, daß wir beim papierenen Wort, das zum Leben zu erwecken wir ja berufen oder verdammt sind, wahre Täuschungswunder vollbringen können. Vor allen Dingen, wenn man ein Stück, das nicht viel Gehalt hat, öfters spielt, wird einem offenbar, wie Plattestes auf der Bühne durch Licht, Kostüme, Personen oft unerhört interessant klingen kann, auch für verwöhnte Ohren im Parkett.

So richtig, so ganz und gar klar wurde mir das aber erst bei Hitler-Reden. Im Kriege wurden wir gezwungen, uns im Theater zu versammeln, wenn der Führer sprach. Alles wurde unterbrochen, auch die Probenarbeit. Wir mußten im Zuschauerraum sitzen, dort waren Lautsprecher aufgestellt, und uns die Reden anhören.

Und wie man da reinfiel auf ihn und seine Weltpolitik! Er verstand es eben, die große Politik auf einen Nenner zu bringen, den auch Lieschen Müller und Herr Piefke kapierten.

Man dachte: Ja, der trifft den Nagel auf den Kopf. Und durch die Emphase seines Temperamentes und seines – wie man auch dazu stehen mag – ungeheuren Redetalentes ließ man sich gefangennehmen. Ich bin manches Mal auf seine teuflische rhetorische Demagogie hereingefallen.

Und wenn man die Rede dann am nächsten Tag in der Presse las, begriff man erst, was für ein Blödsinn das war, welchem Bla-Bla man erlegen war.

Nach einer solchen Rede saßen wir in Prag zusammen: Edith Heerdegen, Maria Schanda und Elisabeth von Lüdinghausen. Wir waren in einer kleinen Bar in der Herrengasse, wo man wußte, daß man ganz sicher ist. Der Wirt war Tscheche.

Aus Wut und Ärger, daß ich mich wieder einmal hatte dazu verführen lassen, dem Hitler positive Seiten abzugewinnen, sagte ich, ich wäre in der Lage, über jedes beliebige Thema eine ähnlich fanatische Rede zu halten.

Schon früher hatte ich mir eine Hitler-Nummer zurechtgelegt: *Hitler im Radio.*

Ich sprach im Hitler-Duktus in ein leeres Glas, im abrupten Wechsel von gebrüllten und pianissimo hervorgestoßenen

Oben: 1934, in dem Film »Der Täter ist unter uns«, mit Paul Dahlke. Unten: 1941, in dem Film »Der weiße Klang«, mit Olga Tschechowa.

Worten. Durch das Glas und legato hatte das Ganze den Klang eines Radioapparates der dreißiger Jahre.
Jetzt also sagte ich zu meinen Damen: »Gebt mir irgendein Thema, irgendeines, ich werde euch 'ne Hitler-Rede halten.« Auf dem Tisch stand ein Aschenbecher, auf den sollte ich die Rede halten.
Ich begann: »Deutsche Volksgenossen und -genossinnen: Wenn wir uns heute am 10. Jahrestag, dem Gründungstag der Deutschen NS-Aschenbecherschaft, in diesem Saal versammelt haben, so geschieht das nicht nur, weil ein Jubiläum einer hochgewichtigen kulturellen nationalsozialistischen Errungenschaft zu feiern ist, sondern weil der Inbegriff des Ur-Germanentums sich wieder einmal Bahn brechen soll in einer Zeit, die sonst das Kunstgewerbe mit jüdischen ... Heil! Heil! Heil! ... Um mit der Entwicklung des deutschen Aschenbechers zu beginnen: Bei Gründung der deutschen NS-Aschenbecherschaft, die unter meinem Vorsitz am 24. Februar 1930 in Gotha stattfand, hatte das Deutsche Reich 24 Millionen 374 Tausend 418 Aschenbecher, davon waren 22 Millionen 640 Tausend 312 jüdischen Ursprungs. Jüdisches Gedankengut hatte sich in unsere deutschen Aschenbecher eingeschlichen ... Pfui! Pfui! ... Heute, nach der letzten Zählung des Jahres 1940, befinden sich im Deutschen Reiche 32 Millionen 800 Tausend 517 Aschenbecher. Nicht ein einziger mehr, der jüdisches Gedankengut ... Heil! Heil! Heil! ...«
Diese Rede hielt ich nur diesen drei Kolleginnen, aber es war erschreckend für mich, wie sie mir dann vor- oder nachlief, ähnlich wie der Hund von Sikes in Dickens' Oliver Twist. So, wie dieser Hund ihm überallhin nachläuft und er sich nicht verbergen kann, so geschah es mit dieser Rede.
Ich kam nach Berlin, und schon hieß es: »O. E., die Aschenbecher-Rede.« Ich leugnete sie ab, gab vor, noch nie davon gehört zu haben. Aber schließlich brachte man mich irgendwie doch immer wieder dazu, sie noch *ein einziges Mal* zu halten.
Es war furchtbar mit dieser Aschenbecher-Rede – ständig hatte ich Angst, daß es einmal bei mir klingeln würde und nicht der Milchmann vor der Tür stehen würde.
Aber Gott sei Dank geschah das nicht.

Im letzten Kriegsjahr war ich Soldat. So kurz es war, so lang war es: ein großes Kapitel in meinem Leben. Doch weiß ich nur noch wenig Präzises, vieles habe ich vergessen, sicherlich verdrängt.
Jedenfalls war eines Tages – im Februar 1944 – ein Stellungsbefehl in meiner Post. Ich mußte mich in Eger melden, jener Stadt, in welcher Wallenstein ermordet wurde. Dort begann meine Ausbildung als Flieger, als Muschko sozusagen, mit Knobelbechern, diesen gräßlichen Dingern, und Schnürschuhen mit Nägeln unter den Sohlen.
Von dort wurde ich zur weiterführenden Ausbildung nach Toul versetzt. Aber von Ausbildung war kaum die Rede. Der harte Krieg stand plötzlich vor der Tür.
Es kam Befehl, eine Höhe zu erstürmen, die Amerikaner besetzt hatten. Wir marschierten eine Strecke und machten dann auf einem Feldweg halt. Es war Oktoberwetter, es hatte lange geregnet, und auf dem Weg standen große Regenpfützen. Wir trugen wattierte Tarnanzüge, und ich legte mich, so wie ich war, in eine Pfütze, die sicher zwanzig Zentimeter tief war. Ich wollte krank werden, am liebsten Lungenentzündung bekommen. Wir mußten lange warten, ich habe mit Sicherheit zwei Stunden so gelegen und schlief sogar ein, aber nicht mal einen Schnupfen habe ich bekommen, obwohl ich das Zeug hinterher mindestens drei Wochen nicht vom Leib bekam.
Und dann kam der Befehl zum Stürmen. Es war bisher ganz ruhig, es war kein Schuß gefallen, aber nun ging's los. Maschinengewehrfeuer und Granatwerfer – ich sah die ersten fallen, schreiend manche, andere stumm. Von uns war noch kein Schuß abgegeben worden, man sah kein Ziel. Und Artillerieunterstützung hatten wir auch nicht. Das Pfeifen der Kugeln war gräßlich. Der Feldwebel schrie: »Hinlegen!«, und jetzt kamen die Granatwerfer, die ich noch nicht kannte. Die werden geworfen oder geschleudert, nicht abgefeuert, so daß man nur ein dumpfes *Blupp* hört, und erst nach einiger Zeit, wenn sie aufschlagen, explodieren sie, und das ist furchtbar.
Es müssen fünf gewesen sein, man hörte fünfmal das *Blupp*, ehe die erste Granate einschlug. Es ging von links nach rechts, die erste war nicht weit entfernt, und dann schlugen sie immer

näher ein, und ich dachte, die nächste erwischt dich, aber die krepierte dann schon rechts von mir. Und dann glaubst du, der Krieg ist vorbei. Alles ist vorüber, Gott sei Dank!
Und dann beginnt's wieder von links. *Blupp, blupp, blupp*, die Hand stirbt ab, und wenn du sie bewegst, merkst du, daß man auf dich schießt. Die Schmerzen werden unerträglich.
Jetzt läßt das Feuer endlich nach.
Sicherlich glauben die, wir sind schon tot. Und es war auch fast so. Denn als sie abgezogen waren, standen außer dem Unteroffizier von unserem Zug – ein Zug hat 24 Mann – neben mir zwei Mann noch auf.
Während wir noch lagen, in dickem, fettem Lehm, war das Furchtbarste das Schreien der Verwundeten, meistens unartikuliert, und wenn man es verstand, hieß es immer »Mama«. Und dieses Schreien, das sich anhörte wie das Schreien von Tieren – ich habe mal ungemolkene Kühe gehört, auch im Kriege, auch das ist ein erschütterndes Gebrüll –, aber dieses Schreien von Menschen, nur unterbrochen von dem *Blupp-blupp-blupp* und dem *Biiiij-biiiij* ... die meiste Zeit war ja Ruhe, so daß dazwischen immer dieses Schreien der Verwundeten zu hören war, das war fürchterlich.
Da war ein Oberschlesier in unserer Kompanie, von einem anderen Zug, und der sagte in seinem breiten Dialekt: »Hier, guck mal her.« Er hatte seine Uniform aufgemacht, ich guckte durch die Rippen wirklich in die Eingeweide. Daß solcher Mensch noch stehen kann.
Ich versuchte, ihn huckepack zu nehmen, aber er schrie vor Schmerzen. Es ging nicht.
Eine Stunde später ist er dann gestorben.
Und wie immer bei solch dramatischen Situationen kommt die Groteske durch: Es wurde von einem unserer Panzer, der sich verirrt hatte, ein Amerikaner gefangengenommen, und ich, der gerade vorbeikam, sollte den blutjungen GI nach hinten bringen, als Gefangenen. Als ich vorher den tödlich verwundeten Kameraden tragen wollte, hatte ich mein Gewehr abgelegt und liegengelassen, so daß ich jetzt mit Schrecken mein Seitengewehr zog. Doch der Junge hatte viel mehr Angst als ich.

Per Seitengewehr führte ich ihn ab. Aber jetzt waren die Tiefflieger über uns, sehr tief. Ich hoffte, man würde ihn als Amerikaner erkennen, aber er hatte den Helm nicht auf, der ja ein Unterscheidungsmerkmal zu unserem Stahlhelm gewesen wäre. Aber nein! Wir wurden beschossen, und ich brüllte: »Lie down!« Der aber lag schon. – Ich habe ihn dann irgendwohin gebracht.

Immer, wenn ich aufstand, ließen mich die Verwundeten nicht los. Sie klammerten sich an meinen Hosenbeinen fest; und als ich mich zu einem, den ich kannte, runterbeugte – er hatte ein über und über blutverkrustetes Gesicht und zog sich hoch an mir –, schlug ganz nahe eine Granate ein, ich hatte das *Blupp-blupp-blupp* nicht gehört. Der, der sich emporgezogen hatte, war von dem Einschlag vielleicht fünf Meter entfernt, dem hat es ein Bein weggerissen. Ich habe nur hier und da einen Splitter abbekommen und einen, der noch drinsitzt im Arm.

Und da habe ich etwas erfahren, was in der Grausigkeit zu erleben ungeheuer war. Wir lagen in schwerem Lehmboden – ich sagte es schon –, ein Glück für uns, weil er viele von den Splittern schluckte und das Geschoß keine Breitenwirkung mehr hatte. Mir flog eine Ladung Lehm ins Gesicht, mit solcher Wucht, daß ich glaubte, es wären Granatsplitter. Und ich war sicher, daß ich mein Augenlicht verloren hätte.

Mich ergriff eine ungeheure Verzweiflung. Ich kniete noch vor dem Verwundeten und hatte, wohl als Reflexbewegung, die Arme vors Gesicht gehoben, ließ sie jetzt fallen – blutrote, mit Dreck verkrustete Hände – und war erschrocken: über das Blut. Und glücklich: weil ich sehen konnte. Ich konnte sehen!!

Ein Granatsplitter hatte mich knapp über dem rechten Auge erwischt, und ich blutete stark.

Ich werde es nie vergessen, dies Ineinander von Schrecken und Glück.

Während wir diese endlose Zeit im Feuer lagen, weit über eine Stunde, mit meinen unerträglichen Schmerzen im kleinen Finger der abgestorbenen rechten Hand, mit dem Schreien der Verwundeten, den platzenden Granaten und dem Pfeifen der MG-Geschosse, habe ich mir Gedichte aufgesagt, halblaut. Ich

hatte mit der Feldpost ein Bändchen »Deutsche Lyrik« zugeschickt bekommen, an dem ich mit großer Liebe hing. Gedichte sind – für mich – wirklich ein großer Trost. Und da sagte ich mir Gedichte auf wie Gebete. Mörike, weiß ich, Eichendorff und was mir gerade einfiel.
Ich glaubte, alles dies würde mich in Nächten verfolgen, auch wenn ich hundert Jahre alt würde.
Aber, Gott sei Dank, das stimmt nicht. Ich weiß es noch genau, fast registrierend: Ich mußte verbunden werden, dann kam ich in eine andere Stellung, immerzu mußten wir weiter, woandershin.
Man hatte vollauf mit kleinen Drückebergereien zu tun, war damit beschäftigt, sich auszudenken, wie man die Verwundung am geschicktesten ausnützen könnte.
Wir gingen wieder in Feldstellung, zogen wieder weiter. Das Wetter war schlecht, es regnete ohne Pause.
Eines Sonntags hatten wir in einem zerschossenen Dorf für eine Nacht Quartier gemacht. Es regnete immer noch. Durch das Fenster sah ich einen Planwagen, aus dem hinten vier Beine hingen, angetan noch mit Kommißstiefeln. Es waren zwei tote, unterwegs aufgelesene Soldaten. Nach Stunden stand der Wagen immer noch da, und die Kommißstiefel ragten immer noch in den Regen hinaus.
Meine Wunde wurde schlimmer, und ich landete auf einem Frontverbandsplatz. Dort abermals verbunden und versorgt, wurde ich weitergeschickt zur Frontleitstelle nach Saarbrükken, wo ich eine Zeitlang in halber Lazarettbehandlung war. Dort erlebte ich einen furchtbaren Fliegerangriff mit.
Ich war ein Übriggebliebener meines Flieger-Regiments, das völlig aufgerieben war. Eines baldigen Tages kam ein etwas untersetzter, pummeliger Oberleutnant der Reserve auf mich zu. Der stammte aus der Großindustrie. »Ich kenne Sie, Sie sind doch Filmschauspieler? Ich habe, oder irre ich, Sie doch schon im Film gesehen? Was machen Sie hier?«
Da erzählte ich ihm, daß ich verwundet gewesen sei und jetzt auf der Frontleitstelle auf ein neues Kommando warte.
»Ja, das Flieger-Regiment 92 existiert nicht mehr. Was machen wir denn jetzt mit Ihnen?«

»Keine Ahnung, Herr Oberleutnant!«
Er meinte es sehr wohl mit mir.
»Es gibt zwei Möglichkeiten. Die eine kommt für Sie eigentlich überhaupt nicht in Frage wegen Ihres Alters, Sie sind zu alt dafür. Das sind die Fallschirmjäger.
Und die andere wäre eine Infanterie-Division.
Sie wissen wohl, was die Fallschirmjäger für ein Haufen sind – daß Sie da nicht gerade Lebensgarantie haben. Andererseits: Bei der Infanterie sind Sie Schütze Arsch. Ich habe das Gefühl, daß man bei den Fallschirmjägern ein bißchen mehr Verständnis für Ihre Individualität haben könnte.«
So fuhr ich denn mit zwei anderen los. Unser Oberleutnant hatte uns einen Marschbefehl ausgestellt. Aber niemand wollte uns, mich schon gar nicht: »Sie sind doch viel zu alt.«
Ich war es tatsächlich. Vor mir machten die Offiziere die Türen auf, der Kommandeur verbeugte sich. Aber wie es so ist: Ich kam *von* der Feuerwehr *zur* Feuerwehr, nämlich in die Aufklärungsabteilung einer Fallschirmjäger-Einheit. Das war wie eine kleine Armee in sich – zwölfhundert Mann.
Wir lagen in Holland, vor Heinsberg, wo es kurz nach unserem Eintreffen noch einmal eine riesige Offensive gab. Und, um es vorwegzunehmen, wie gut es der liebe Gott mit dem Unkraut meint: Unser Kommandeur – er hieß Mathern – wurde strafversetzt, weil er ein paar Mann schwarz geführt, nicht gemeldet hatte, und das war natürlich verboten.
Er war freundlich zu mir, aber vor dem Einsatz hätte er mich auch nicht bewahren können.
Sein Nachfolger war ein Österreicher, ein Innsbrucker, und der war verrückt. Der schlug mit den Füßen immer an die Türen und schrie: »Verheizen, das müssen wir alles verheizen.«
»Komm' Sie, wir gehen jetzt nachdenken«, sagte er zu mir, »wie man die Kompanie noch ganz anders, bedenkenloser verheizen kann.« Ich bekam einen großen Schrecken.
Und der hatte einen Unteroffizier, seine rechte Hand, der wirklich ein Diavolo war, ein hinterhältiger, schlimmer Intrigant.
Ich war sogenannter ZBV (zur besonderen Verfügung) in diesem Trupp und tat eigentlich nichts. Ich hatte ein wunderbares

Leben, solange Mathern der Chef war. Doch dann wurde alles anders:
»Was machen Sie?« – »Was, gar nichts!« – »Das wollen wir gleich mal ändern. – Zur besonderen Verfügung? Das kennen wir nicht. Sie sind von jetzt ab Melder!«
Das war drei Tage vor dem neuen Einsatz bei Heinsberg. Ein Melder war am Tag zuvor gefallen. Also Melder beim Abteilungsstab, der jetzt schon sehr weit vorne lag. Nachts sollte ich mich dorthin bewegen.
Gütiger Himmel! Ich raste zum Kommandeur, diesem Verrückten.
»Jawohl, Sie sind abkommandiert. Das ist ein Todeskommando, das Sie da haben. Abkommandiert zur Filmstelle der Luftwaffe nach Dresden. Packen Sie Ihre Klamotten und machen Sie, daß Sie wegkommen.«

Ich hatte also einen Marschbefehl nach Dresden – zum Film. *Der Diamant* war ein Lehrfilm über Fliegerabwehr bei Tagesangriffen.
So wurde ich Mitfahrer auf dem Soziussitz eines Melders, der nicht nach vorn, sondern rückwärts, nach hinten fuhr.
Es hatte sich in Windeseile herumgesprochen, von welcher Art der Befehl war, der mich nach Dresden bringen sollte.
Und alle kamen, gaben mir noch mal die Hand, jung, ganz jung, kaum einer über 22, und sagten: »Auf Wiedersehen, wir wünschen dir alles Glück, mach's gut.«
Sie kamen, sie lächelten, sie wußten, daß die große Offensive unmittelbar bevorstand.
Und in jedem Gesicht von diesen Jungs sah ich schon den Tod, ich sah sie alle als Tote – und sie sagten »Mach's gut.« Und nicht bei einem habe ich Neid gespürt.
Am Tage des Angriffs waren es zwölfhundert. Sechs sind wiedergekommen.
Wie weit ich mit dem Melder bis an die deutsche Grenze fuhr, weiß ich nicht mehr. Er war plötzlich weg.
Irgendwie kam ich per Bahn bis Essen. Dort gab es Tagesangriffe auf Tagesangriffe, und ich kam nicht weiter. Nun, wenn man einen Marschbefehl in der Tasche hat, beeilt man sich als

Soldat nicht unbedingt, man weiß ja, daß man nirgendwo was versäumt, und wenn man etwas versäumt, dann wird es nicht wichtig und vielleicht zum besten sein.
Also, saß ich tagelang auf dem Bahnhof herum, dort konnte man auch schlafen, und man wurde verpflegt. Während ich immer noch auf eine Verbindung nach Norden wartete, hörte ich eines Tages von den großen Angriffen auf Dresden. Wieder hatte mich ein gütiger Himmel bewahrt, denn daß es mich dort erwischt hätte, wäre ja so ausgeschlossen nicht gewesen.
Nun aber begann für mich die schwierige Odyssee mit meinem Marschbefehl in der Tasche – ich überlegte, ob ich nicht doch nach Dresden gehen sollte. Aber Kameraden, die aus der Gegend kamen, redeten auf mich ein und rieten mir ab.
»Du wirst sofort zu Aufräumarbeiten eingesetzt und kommst da überhaupt nicht wieder weg.«
Angestrengte Überlegung, und ich reiste – tage- und nächtelang – nach Berlin zur Hauptfilmstelle der Reichsluftwaffe, die in Lankwitz war.
Der Leiter der Hauptfilmstelle meinte, sie müßten mich eigentlich wieder zu meiner Einheit zurückschicken.
Aber ich durfte bleiben. Und machte einen Film mit Wolfgang Kiepenheuer, einem Sohn des berühmten Verlegers, der Feldwebel war und ein Regisseur bereits von hohen Graden.
Unser Film hieß: *Rettet den deutschen Wald.*
Bevor ich weitererzähle, vom Ende des Krieges und der nachfolgenden Zeit, sei es erlaubt, in Gedanken noch einmal zurückzutauchen in ein besonderes Erlebnis. Ich erinnere mich an ein Gefecht nicht weit entfernt von Nancy.
Wir wurden tagelang an einen Waldrand geschickt, um einen amerikanischen Panzerangriff aufzuhalten. Wir sollten Gräben ausheben, kamen aber nie weit damit, weil immer wieder einzelne Panzer auftauchten. Und dann kam eines Tages der ernstgemeinte große Angriff. Wir waren wieder am Waldrand, sollten weiter Gräben ausbauen und befestigen, was natürlich Unsinn war, denn jeder mußte einsehen, daß wir, die nur Gewehre und Seitengewehrbajonette hatten, gegen die Panzer nichts ausrichten konnten. Zwei Panzerfäuste hatte unsere Gruppe, das war alles.

Wir wichen in den Wald zurück. Es war ein hoher Laubwald. Es war furchtbar, was uns entgegenschlug, das muß ich sagen. Die Amerikaner schossen jetzt mit ihren Granaten aus den Panzern. Und das Krepieren der Geschosse zwischen den Stämmen hat ein Geräusch gemacht, wie man sich einen Weltuntergang ausdenken könnte. Dieses Kreischen, dieses Krachen im Wald war ungeheuer, viel toller, als wenn Häuser auseinanderbersten. Ich habe Vergleichbares, vor- und hinterher, niemals erlebt.
Endlich zogen die Panzer ab, und wir sammelten uns wieder. Von einer Nebengruppe hatte es den Leutnant erwischt, ziemlich schlimm, wir packten ihn auf eine Zeltplane und trugen ihn. Wir wechselten uns ab im Tragen. Der Leutnant stöhnte sehr, es ging ihm miserabel.
Dann kamen wir in ein Dorf.
Und hier sah ich das Ungeheuerlichste an Atmosphäre, an Diskrepanz, was ich im ganzen Krieg erlebt habe.
Gewaltiger Trubel, geschminkte Mädchen flanierten, man lachte, man sang. Man sah uns – wir sahen aus – blutig und mit Dreck bespritzt von den berstenden Panzergranaten, mit diesem sterbenden Leutnant – und dann diese Blicke von den Franzosen, von den Mädchen, in denen schon der Siegestaumel glänzte. Die wußten längst durch ihre Sender, wie die Sache stand.
Am Abend zogen wir ab, durch dieses Dorf, vorbei an diesen lachenden, alkoholberauschten, flanierenden, poussierenden Menschen – das war ungeheuerlich, erschreckend.
Und so entsetzlich es war, es war auch faszinierend, das anzusehen. Wir kamen aus der Hölle – die machten bereits Frieden.
Und sie hatten recht.

Am 1. Januar 1947 spielte ich im Hebbel-Theater den Mr. Antrobus in *Wir sind noch einmal davongekommen* von Thornton Wilder. In der Pause meldete sich ein alter Bekannter aus Posen, ein Apotheker namens Krüger, Pan Krüger genannt. Wir hatten uns seit Jahren nicht gesehen, und ich war wieder

amüsiert über seine leicht kostümhafte Aufmachung: Er trug wie immer auf seiner Glatze ein buntes Tatarenkäppchen, eine recht bunte Krawattenschleife und dazu ein Monokel.
Ich hatte des öfteren von seiner Sammlung antiker Ausgrabungsstücke gehört, die recht beachtlich sein sollte. Natürlich wollten wir uns nach der Vorstellung noch sehen, und er schlug vor, zu ihm in die Wohnung zu gehen, die in der Solmsstraße in Kreuzberg lag. Dort könne ich ja auch gleich seine Sammlung besichtigen.
Als ich ihm sagte, daß ich noch nicht zu Abend gegessen hätte (was damals, 1947, noch ein Problem war), sagte er mir, daß er einen dienstbaren Geist im Hause hätte, der mir schon etwas herrichten werde.
Er erwartete mich also nach der Vorstellung vor dem Theater, und wir gingen in die Solmsstraße. Es war bitter kalt an diesem Neujahrsabend, und der Weg war weit. Verkehrsmittel in dieser Gegend gab es nicht.
Als wir bei ihm ankamen, war Stromsperre, so daß ich seine antiken Schätze nur beim Schein einer Kerze besichtigen konnte, was in der dunklen Wohnung mit dem leicht kostümierten Hausherrn recht spukhaft wirkte.
Nach einer Weile bekam ich eine dürftige Suppe, für meinen hungrigen Magen so gar nicht das richtige. Die Wohnung war kalt, ich fing auch an, müde zu werden, die durchfeierte Silvesternacht meldete sich, und die Vorstellung hatte ja auch angestrengt. Dazu kam die plötzliche Besorgnis, wie ich nach Hause, nach Grunewald kommen würde.
Pan Krüger beruhigte mich zwar, daß ich vom Bahnhof Yorkstraße bestimmt noch die S-Bahn bekäme, ich machte mich aber trotzdem sehr bald auf den Weg, wieder zu Fuß, es war noch kälter geworden. Menschen begegnete man kaum noch, es war auch unterdessen zwölf Uhr. Am Bahnhof Yorkstraße hörte ich einen Zug einfahren, ich lief zum Bahnsteig hinauf (Fahrkartenschalter waren geschlossen), ich fragte den Stationsvorsteher noch schnell: »Halensee?«, er winkte, und ich stieg ein.
Noch nie war ich diese Strecke mit der S-Bahn gefahren, lauter unbekannte Stationen. Dann rief eine Stimme: »Papestraße,

alles aussteigen!« Ich fragte den Stationsvorsteher, ob noch ein Zug nach Halensee ginge.
»Nein, erst morgen früh.«
Ob es auf der Straße ein Verkehrsmittel nach dem Westen gebe. Das wisse er nicht.
Ich ging durch die leere Sperre auf die Straße. Es war gespenstisch. Alles war buchstäblich wie ausgestorben. Kein Mensch weit und breit, kein Laut, nicht einmal ein Fenster war noch erleuchtet. Ich ging ein Stück die Straße entlang und merkte immer deutlicher, daß das sinnlos war. Ich wußte ja auch gar nicht, wo ich war. Ich kam mir vor wie auf einem abgestorbenen Planeten mitten in Berlin. Mir wurde unheimlich zumute. Außerdem hatte die Kälte noch mehr zugenommen.
Zurück. Mir blieb nichts anderes übrig, als auf den Bahnhof Papestraße zurückzukehren und um Asyl zu bitten. Die Müdigkeit wurde immer größer. Mit Schrecken dachte ich daran, was ich wohl machen würde, wenn der Bahnhof geschlossen wäre.
Ich ging also zurück, die Tür war offen, ich erreichte den Bahnsteig, im Stationshaus war Licht, ich sah den Vorsteher mit seiner roten Mütze am Tisch sitzen. Klopfte an, sagte ihm, daß ich keine Möglichkeit hätte weiterzukommen, und fragte, ob ich bei ihm auf den ersten Zug warten dürfe.
Es war mollig warm in dem Häuschen, und auf einem Stuhl saß ein weibliches Wesen, das wohl in ähnlicher Situation war, und schlief. Er erlaubte es mir, und damit er wußte, wen er aufgenommen hatte, stellte ich mich vor und sagte, ich sei Schauspieler und spiele am Hebbel-Theater.
»Ach, Sie sind Schauspieler?« fragte er, und ich merkte, daß er einen oberschlesischen oder tschechischen Akzent hatte. Ich zog meinen Mantel aus und setzte mich auf einen Stuhl. Die Wärme begann zu wirken, und ich wurde plötzlich todmüde, der Hunger tat wohl ein übriges. Ich döste ein, hin und wieder von gurgelnden Schnarchlauten meiner Nachtgenossin geweckt und vom Gemurmel des Stationsvorstehers, der lesend vor sich hin sprach, immer noch mit seiner roten Mütze auf dem Kopf. Ab und an sah er zu mir herüber, auch dabei murmelnd.

Plötzlich glaubte ich Worte zu verstehen und hörte Verse, Hölderlin ... *Nur einen Sommer gönnt ihr Gewaltigen!* ... und das mit dem Akzent! Auf Bahnhof Papestraße!
»Sie lesen Hölderlin?« fragte ich ihn.
»Ja, haben Sie das gleich erkannt?« fragte er zurück. »Aber ich habe auch Goethe und Eichendorff!! Gedichte sind meine große Liebe, auch Mörike und Novalis.«
Und dann wollte er wissen, wer größer sei, Goethe oder Hölderlin. Er sah mich wohl als Sendboten vom Olymp, der Ordnung schaffen könnte in seiner poetischen Wirrnis, der seine lyrischen Passionen, sein Leben regeln könnte.
Meine Müdigkeit war überwältigend, ich nickte immer wieder ein und kam mir schandbar dabei vor. Er war noch ein junger Mann, Flüchtling, wie er erzählte, hatte hier erst richtig Deutsch gelernt, Volkshochschulkurse in Literatur belegt, seine Zimmerwirtin geheiratet, aber zu Hause sei er sehr wenig, seiner Frau könne er mit diesen Dingen nicht kommen. Und ich merkte, wie unglücklich er war.
Dazwischen die gurgelnden Laute der Nachtgenossin, dann wieder Brocken aus den schönsten Gedichten, gesprochen mit tschechischem Akzent, fast wie eine Travestie anmutend. Die rote Stationsvorstehermütze – es war grotesk!
Wie ich die Zeit bis zur Abfahrt des ersten Zuges durchhielt, weiß ich nicht mehr so recht.
Ich lud ihn jedenfalls ein, sich in den nächsten Tagen eine Vorstellung im Theater anzusehen und nachher auf mich zu warten, damit wir weitersprechen könnten.
Er erwartete mich schon am Bühneneingang, mit einem Freund, nahm die Karten in Empfang, wir verabredeten uns nach der Vorstellung im Kellerlokal neben dem Theater.
Aber er kam nicht.
Ich habe ihn niemals wiedergesehen.

1945, Jürgen-Fehling-Theater, Berlin. Als Mephisto in Johann Wolfgang von Goethes »Urfaust« mit Gabriele Heßmann. Regie: Jürgen Fehling.

Hans Knudsen, der Berliner Theaterwissenschaftler, hat im Jahre 1960 ein Bändchen über O. E. Hasse veröffentlicht, das mit den folgenden Worten beginnt:
Wenn man einen Schauspieler durch Wort und Darstellung erkennbar machen will, so sind für Absicht und Weg zwei Grundmomente wichtig: Einmal muß die Persönlichkeit gezeigt werden und dann die künstlerische Leistung. Wollte jemand einwenden: Aber es geht doch beim Schauspieler immer nur um das, was er auf der Bühne oder im Film gespielt, gezeigt hat, alles andere ist ein privater Bezirk, so müßte ihm entgegnet werden: Nein, denn mehr und mehr hat sich die Auffassung durchgesetzt, daß die schauspielerische Leistung sehr von dem abhängig ist, was der Künstler als Persönlichkeit mitbringt.
Von dem, was O. E. Hasse als Persönlichkeit mitbrachte, sei nun die Rede. Von dem, wie er lebte, was er empfand, wie er sich nach außen gab, wie er von Freunden, Kollegen, Kritikern gesehen wurde.
Wie es zu O.E. kam, diesem Kürzel, das zum Begriff wurde, hat er erzählt. Aber nur die Leute vom *Bau*, seine Kollegen, durften ihn so nennen, und seine Freunde. Sonst bestand er eisern und kühl darauf, *Herr Hasse* angesprochen zu werden. Er war von aufrechter Männlichkeit und Grandezza, er war ein ostelbischer Herr und hielt auf Distanz.
Gegen Ende seines Lebens konnte er feststellen: *Alles in allem hat alles geklappt, im Leben wie im Beruf. Gelangweilt habe ich mich nie.*
Er war zufrieden.
Zeit seines Lebens war er ein einsamer Mann, trotz zahlloser

Bekanntschaften, aus denen selten Freundschaft wurde. Er war gesellig, liebte das Leben nach dem Theater, war ein Nachtmensch. Im Freundeskreis, an Stammtischen, da beherrschte er die Runde, trinkfest und gesprächig. Er plauderte geistreich und witzig, niemand mochte aufhören, ihm zuzuhören, wenn er pointiert von Erlebnissen und Begegnungen besonderer Art erzählte oder selbstgereimte Rätsel aufgab.
In Debatten mit ihm durfte man sich allerdings nur einlassen, wenn man in etwa über dasselbe Wissen, über ähnliche Dialektik wie er selbst verfügte, sonst wurde man nicht ernst genommen. Und Verachtung für Schwätzer drückte er sehr drastisch aus. Geistige Unregsamkeit war ihm ein Greuel.
Er lebte, in späteren Jahren, mehr und mehr zurückgezogen, in einer Fünf-Zimmer-Wohnung im Grunewald, betreut von Haushälterinnen mit Verstand. Meta Günzel war die letzte, die er schätzte. Sie durfte ihn – berlinerisch-vertraut – *Meister* nennen. Von ihr ließ er sich's gefallen – sonst gegen jede Art von plumper Vertraulichkeit allergisch.
Nach spätem, vormittäglichem Lever, wie Könige es hielten, rief er, wenn die Glocke läutete: »Bredow, sind Sie es?« Der Name hatte es ihm angetan, er war so herrlich preußisch.
Dann kam ein blonder, massiger Briefträger herein und durfte ihm selbst die Post überbringen. Dafür gab es einen Schnaps.
Seine Wohnung war ganz und gar unkonventionell eingerichtet, aller Moderne und jedem Luxus abhold, bürgerliche Behaglichkeit ausstrahlend. Von Bücherwänden umzingelt, las er wie ein Süchtiger.
Und seine zweite Liebe war Musik.
So blieb er gern allein, um nächtelang diesem *Laster zu huldigen*, wie er es nannte. Er besaß eine ungewöhnliche Plattensammlung mit vielen seltenen und ausgefallenen Aufzeichnungen.
Wie er ja selbst berichtet hat, wäre er auch gerne Dirigent geworden. So lief er, ließ es seine Zeit nur zu, in jedes erreichbare Konzert von einigem Niveau. Sein Lieblingskomponist war Beethoven, der hatte für ihn alle Empfindsamkeiten, gemischt mit Pathos, das er liebte.
Im Musiktheater galten für ihn vor allem die italienischen Bel-

1947, in dem Film »Philharmoniker«, mit Will Quadflieg.

canto-Opern von Donizetti über Verdi bis Puccini. Bizet, Weber und Offenbach schätzte er sehr. Ein Leben lang blieb es aber bei dem Versuch, Wagner zu lieben, es gelang ihm nicht. Selbst in Salzburg nicht, wohin ihn die Hoffnung auf Karajans Interpretation hatte reisen lassen. Und Karajan war ein Genie in seinen Ohren, übertroffen nur von Furtwängler, dem langjährigen Chef der Berliner Philharmoniker, vor Karajans Berufung nach dessen Tod.
Karajan schätzte er sehr, trotz seines *Commerz-Gehabes und seines Star-Kults,* Furtwängler aber liebte er über alles. Das kann man wörtlich nehmen: Er liebte ihn und betete ihn an.
O.E.s Lieblingsinstrument war das Klavier. Und als junger Mensch, in Posen bei einer Klavierlehrerin in Pension, hat er mit Passion auch *klimpern* gelernt. So nannte er es, und er war kein schlechter Interpret.

In Salzburg hörte er zum erstenmal Swjatoslav Richter, und er weinte vor Ergriffenheit. *Unsägliches Glück,* daß er ihn kennenlernen, ihm begegnen durfte, um ihm selbst seine tiefe Gemütsbewegung zu bekennen. Richter wiederum erlebte in O. E. einen Musikkenner ersten Ranges. Und für die Kenntnis der Musik, für das wirkliche Erkennen, war O. E., wie er immer wieder sagte, seinem Freund Stuckenschmidt zeit seines Lebens dankbar.

Das Verdi-Requiem ist ja eher eine Oper – aber in der Wirkung reine Religiosität.

Er war nicht religiös im Sinne eines Dogmas, aber, wie so viele große Geister, ein Mann von Glauben, voll von Gott.

Als sein Vater, der im Osten von Berlin lebte, 1954 starb, bat O.E. den Pastor:

»Bitte, ganz schlicht, keine salbungsvollen Worte.«

So wurden denn auch Trauerfeier und Begräbnis wie vom Sohn gewünscht.

Anschließend hatte O. E. einige Freunde, die Vätchen alle kannten, zu sich in den Grunewald eingeladen. Und auch der Pastor kam mit.

Es wurde getafelt, es wurden Anekdoten über Vätchen erzählt, es wurde ihm zugeprostet, es wurde auch gelacht.

Noch nie, sagte der Pastor beim Abschied, habe er eine so tief ergreifende Gedenkstunde für einen Toten erlebt.

Bei aller »Handfestigkeit« war Hasse ein sensibler, manchmal auch ein wenig sentimentaler Mann. Während eines Zeitungsinterviews hatte er auf die Frage: »Wann haben Sie zum letztenmal geweint?«, geantwortet: »Beim Tode meiner Mutter.«

Das galt für außen. Es stimmte nicht.

Die Weihnachtsabende während der letzten zehn Jahre verbrachte er mit seinem Freund Max Wiener. Und – beinahe Ritual – las er jedesmal aus Felix Timmermans *Triptychon von den Heiligen Drei Königen.* Es ist die Geschichte von Schrobberbeeck, dem Bettler, dem Fischer Pitjevogel und Suskewiet, dem Hirten. Kam er an eine bestimmte, ergreifende Stelle, konnte er oft den Lauf der Tränen nicht dämmen und ent-

schuldigte sich bei seinem Freunde: »Jetzt heule ich schon wieder!«
Und dieses Jahr für Jahr. So war er *auch*.
Lesen, rezitieren, das war für ihn das Schönste. Er zog es allem vor. Und so gab es Matineen und abendliche Lesestunden in Theatern, Vortragssälen, in der Aula dieser und jener Universität, in Goethe-Instituten vieler Herren Ländern und in Kirchen. Er war ein herrlicher, einfühlsamer Sprecher und Vorleser von Thomas Mann, von Goethe, Storm und Rückert, Geibel, Klopstock, Freiligrath. Sein liebster Autor aber war Fontane. Den las er, *wann und wo ich konnte*.
Aber auch Wedekind trug er unvergeßlich amüsant vor. Und Erich Kästner – *ein Moralist, wie es ja nicht so viele gab im Laufe der Jahrzehnte, wenn man bei Heine anfängt.*
Moralisten von bittersüßer Wehmut – und voll Aufruhr! – standen seinem Herzen und seinem Geiste nahe.
Sprache war ihm wichtiger als jede Geste. *Sie ist das wichtigste Handwerkszeug des Schauspielers.* Er wußte, was in den Texten steckte, die er sprach.
Es gibt ein paar Schallplatten, die seine Sprach-Intelligenz festgehalten haben. Zu den schönsten gehört zum Beispiel jene, auf der er *Felix Krull* virtuos vorliest, auf der Gegenseite liest Thomas Mann *Die Schwere Stunde*.
Heine, Morgenstern, Fontane, Wedekind – alle sind sie noch zu hören. Auch Ausschnitte aus *Geliebter Lügner* und aus *Wallenstein*.
Die Krone aber ist das gesprochene *Tagebuch* von Goethe. Ein Meisterstück, dargebracht von einem meisterhaften Interpreten.
Natürlich war er bei den Synchron-Regisseuren französischer und amerikanischer Filme ein begehrter Sprecher. Sie ließen O. E. Hasse nicht nur seine eigenen, fremdsprachigen Rollen selbst synchronisieren, sie liehen seine Stimme aus für so große ausländische Darsteller wie Humphrey Bogart, Spencer Tracy und Charles Laughton, für die O. E. seine eigene Dialog-Intelligenz und seinen eigenen Witz einsetzte.
Auf der Bühne konnte er fast alles spielen, was ihn lockte. Er war ein intelligenter Kammerspieler (wie Dr. Jura in Bahrs

Konzert), ein präziser Charakterspieler (wie Harras in *Des Teufels General* oder Churchill in Hochhuths *Soldaten*), ein bohemehafter Komödiant (wie Lanz in Shakespeares *Veronesern*). Aber immer blieb er Hasse. Das wollte er so, er konnte gar nicht anders: *Ein Versteller bin ich nicht.*
Friedrich Luft, kompetenter Kenner und Kritiker aller seiner Rollen nach dem Krieg, sagte dazu: *Hochintelligent, aber seine Intelligenz steht dem natürlichen Spiel- und Verwandlungstrieb nicht entgegen. Diese Mischung ist selten.*
Von *modernem* Theater hielt er nicht viel, weder von Autoren noch von Regisseuren:
Auf der Bühne hat sich alles verändert. Das Theater ist flacher geworden, es ist ideologisch ausgerichtet, politisch eingerichtet, ja sogar parteipolitisch: zum Kommunismus aufrufend, zum Sozialismus, zum Antikapitalismus. Man macht Belehrungstheater. Und das will erziehen, zum Besseren, zum Höheren, aber auf eine Weise, die ich für ganz untheatralisch halte. Das ist nicht Sache des Theaters, solange es nicht unterhaltsam ist, und das hat man vergessen.
Demjenigen, der mich fragt, warum junge Leute heute noch zum Theater gehen, um Schauspieler zu werden, dem sage ich: Der Hauptanziehungspunkt ist der Ur-Mimus, der ›homo ludens‹, der einfache Trieb zu spielen, der seinerseits wieder Geschlechtstrieb ist wie irgendwelche anderen von der Natur gegebenen Dinge. Aber der ›homo ludens‹, der Spiel-Mensch, wird heute so verachtet, und das ist völlig falsch.
Als Schiller über die Moralische Anstalt schrieb, nach der Zeit des Pickelherings und des Hanswursts, als die Neuberin ›das Theater‹ war, da hatte der Anspruch eine Berechtigung. Aber es ist zu bedenken, von welcher Warte des Theaters er seine Proteste, seine Anschuldigungen, seine Aufrüttelungen schrieb.
Ich denke oft an den schönen Satz von der alten Queen Victoria, die, wenn sie ins Theater ging und es ihr nicht gefallen hatte, sagte: ›We are not amused!‹ ›Wir sind nicht amüsiert!‹ Und dieses Gegenteil von ›we are not amused‹, ist ja immerhin eine Grundlage des Theaters, die wir nicht vergessen wollen und die so oft vergessen wird: die Unterhaltung.

Unterhalten kann man ja auch mit Tränen, mit Erschütterung. Aber nicht mit Belehrung!
Der ›homo ludens‹ hat augenblicklich keine Bühne. Ich bin der Ansicht, daß nicht nur die Zeitbezogenheit eines Stückes für den Bestand des Theaters maßgebend ist, sondern auch die Qualität.

Dazu als Ergänzung, was Joachim Kaiser unter der Überschrift *Der Typus O. E. Hasse* als Laudatio zum 75. Geburtstag in der *Süddeutschen Zeitung* schrieb:

O. E. Hasse, das ist sicherlich kein Mensch, kein Künstler, über den so leicht jemand verbittert oder neidbeklommen oder haßverzerrt sprechen würde. Falls vom ›O. E.‹ die Rede ist, dann breitet sich in Deutschlands traditioneller Theaterwelt Vergnügen aus. Man lächelt (nicht schadenfroh, nicht überheblich, sondern vergnügt), wenn man seiner gedenkt.
Und das hat er sich wahrlich selbst zuzuschreiben: Seinem Temperament, seiner sanguinischen Intelligenz, seiner schwungvollen Präsenz. Natürlich auch seiner Stimme. Wenn irgendwo im Restaurant der Hasse leise spricht, zurückhaltend wie nur irgendein großer Schauspieler, dann dringt diese wohltimbrierte, fabelhaft gestützte, männliche-überzeugende Stimme auch im Pianissimo durch.
Es ist mir nur zu klar, und zumindest die zur Schadenfreude neigenden Leser dieses Geburtstagsgrußes werden es so empfunden haben, daß sich diese Würdigung auch negativ lesen läßt. Der Hasse, so dürften manche strengen Theater-Intellektuellen denken, ist eben doch ein altmodischer Schauspieler,

---

Nächste Seiten: 1948, Schloßpark-Theater, Berlin. Als General Harras in Zuckmayers »Des Teufels General«.
Linke Seite oben: Mit Sebastian Fischer. Mit Camilla Spira. Unten: Mit Ute Sielisch. Rechte Seite oben: Mit Herbert Wilk und Sebastian Fischer. Unten: Mit Antje Weisgerber und Herbert Wilk.

gar nicht unverwandt dem von Thomas Mann so herrlich charakterisierten Mimen Müller-Rosé (aus dem ›Felix Krull‹). Er ist halt jemand, der ein Leben lang mit Brillanz, Selbstsicherheit und viel Können, vielleicht auch einem Schuß Schmiere und so manchen anderen parkett-verzaubernden Eigenschaften Theater spielte und spielt. Aber heute macht man das anders. Gewiß, der Typus O. E. Hasse (mittelschwerer Held, aber mit Charme) ist seltener geworden. Ins Regisseur-Theater paßt er vielleicht nicht mehr so gut.
Heute, da wir Charaktertypen wie den Hasse suchen müssen, haben wir uns bänglich zu fragen, ob dem Schauspielleben nicht viel Blut entzogen wird, wenn die bezwingende Vitalität keine Rolle mehr spielen darf.

Er beherrschte die Kunst des Unterspielens, großartige Gesten waren ihm fremd, aber vollblut-komödiantisch zugreifen konnte er auch.
Hier denkt man mit Begeisterung zurück an seinen Harras im Zuckmayer'schen *Teufels General.* Hier traf das alles zu, in Reinkultur.
Und noch eines ist zu bewundern: seine unirritierbare Disziplin. In der letzten Vorstellung der monatelang laufenden Aufführung – der längsten Serie des Barlog-Theaters überhaupt – war er ebenso gut wie in der ersten.
Das war in der Spielzeit nach der Währungsreform, das Geld war knapp. Er rettete mit ausverkauften Vorstellungen das Steglitzer Schloßpark-Theater über die Saison, wie Barlog ihm mit Dankbarkeit bestätigte.
Später, während der Berliner Festwochen, spielte er viermal in der Woche *Teufels General*, in den Tagen dazwischen, im Hebbel-Theater, eine seiner alten Lieblingsrollen: den Dr. Jura in Hermann Bahrs *Konzert.* Zwei *sehr* verschiedene Rollen, was ihn sehr entzückte.
Eine schöne volle Zeit, wie ich sie selten wieder erlebte, denn obendrein schloß sich endlich wieder eine Regieaufgabe an: Im Renaissance-Theater inszenierte ich die ›Schmutzigen Hände‹ von Jean-Paul Sartre. Mit der großartigen Tilly Lauenstein.

1948, Hebbel-Theater, Berlin. Als Dr. Jura in Bahrs »Das Konzert«.

In den Münchener Jahren bereits so etwas wie ein Star, hat er sein überragendes schauspielerisches Können nach dem Kriege in Berlin in vielen großen Rollen gezeigt. Nach dem Fehlingschen *Urfaust* folgte in einer Felsenstein-Inszenierung am Hebbel-Theater *Pariser Leben* von Offenbach.
Dann bekam Berlin das erste Zeitstück nach dem Krieg zu sehen: *Die Illegalen* von Günther Weisenborn, Hasse in der Rolle des ›Bullen‹. Dies war ein Stück, das ihm schmeckte. Hier war die Zeitbezogenheit gegeben, von der er sprach. Dies war *Belehrungstheater* in seinem Sinne, nach seinem Geschmack.
Bald darauf, wieder im Hebbel-Theater, Osborn: *On Borrowed Time*. Es gab heftigen Streit um den deutschen Titel *Galgenfrist*.
Es war die Zeit der Nürnberger Prozesse, und es stand fest für

O. E. Hasse, daß niemand mehr – und sei es noch so übertragen – an Galgen erinnert werden wollte.
Denkt doch an die schrecklichen Bilder aus den letzten Kriegsmonaten, denkt an den 20. Juli, jetzt dieses Nürnberg dazu, da sträuben sich die Haare. Unterschätzt das Unterbewußtsein des Publikums nicht.
Paul Wegener spielte in der Hauptrolle den Großvater, den mit der Galgenfrist, Hasse den Tod. Er saß im Apfelbaum. Niemand wollte Hasse folgen, auch der alte, erfahrene Wegener nicht. Aber O. E. Hasse setzte sich durch.
Das Stück erhielt den Titel: *Der Tod im Apfelbaum.*
Und die Leute kamen. Der Regisseur bedankte sich.
Bald durfte er das erstemal wieder Regie führen und gleichzeitig eine Rolle spielen. Er spielte den Odysseus in Giraudoux' *Der Trojanische Krieg findet nicht statt*, mit Kurt Meisel als Hektor, Antje Weisgerber als Andromache und Joana Maria Gorvin als Helena. Er konnte Schauspieler führen, indem er ihnen nicht seine eigene Auffassung aufzwang, vielmehr aus deren Möglichkeiten erkannte, was sie *vermochten.*
Im ›Trojanischen Krieg‹, als Odysseus, überstand er als witziger Weltmann das Getümmel, wie Wolfgang Drews es sah.
Und sein Erfolg war wieder mal in aller Munde – als Schauspieler, als Regisseur.
Als Wallenstein unter Willi Schmidt am Schiller-Theater war er unglücklich und lustlos. Alle drei Teile in einen Abend zusammengequetscht, das paßte ihm nicht. Doch lockte ihn das Experiment, und deshalb gab er nach.
Zwanzig Jahre später, in Düsseldorf und auf Tournee durch Deutschland, Österreich und die Schweiz, spielte er den Feldherrn, wie er ihn sich wünschte.
Der Lumpensammler in Giraudoux' *Die Irre von Chaillot*, Hermine Körner an der Seite, wird denen, die die beiden sahen, unvergessen bleiben.

Links: 1954, Schauspielhaus, Zürich. Mit Therese Giehse in Wedekinds »Liebestrank«.

Links oben: 1953, Schloßpark-Theater, Berlin. In »Philomena Marturano«, mit Käthe Dorsch. Unten: 1952, Theater am Kurfürstendamm. Mit Joachim Teege in Shakespeares »Ein Wintermärchen«.

1952, Schloßpark-Theater, Berlin. Mit dem Autor Peter Ustinov nach der Premiere von »Die Liebe der vier Obersten«. Linke Seite, oben rechts: Mit Hannelore Schroth und Peter Mosbacher in diesem Stück.

1948, Hebbel-Theater, Berlin. Als Jupiter in Sartres »Fliegen«, mit Joana Maria Gorvin und Kurt Meisel.

Höhepunkte gab es ohne Zahl.
Käutner inszenierte mit ihm als Bolingbroke das Scribesche *Glas Wasser* und als ›böse Fee‹ die *Liebe der vier Obersten* von Peter Ustinov; Ludwig Berger *Das Wintermärchen* mit dem amüsantesten Spitzbuben Autolycus, den es nach dem Krieg zu sehen gab.
Thornton Wilders Mr. Antrobus in *Wir sind noch einmal davongekommen* spielte er im Winter nach dem Kriege mit Joana Maria Gorvin, Kurt Meisel, Käthe Haack und Gundel Thormann. Wilder nach der Premiere: »Ich habe eine Komödie geschrieben und sehe nun eine Tragödie. Ich bin erschüttert. Dieses ist im zerstörten Berlin die absolut authentische Fassung. Und ich wußte es nicht. Meine Bewunderung und mein Beifall allen, die dem Stück zur Wirklichkeit verhalfen.«
Zwanzig Jahre später spielte O.E. im Hamburger Thalia-Theater die gleiche Rolle.

Die Fehlingsche *Fliegen*-Inszenierung – Hasse als Jupiter – wurde zur Legende.
Käthe Dorsch als Partnerin und Boleslaw Barlog als Regisseur wünschten sich ihn als Domenico in Filippos *Philomena Marturano*! Wieder rauschender Erfolg.
1954 spielte er während der Salzburger Festspiele in Hofmannsthals *Jedermann* den Teufel, nach eigenem Wunsche nackt, nur in ein zottiges Fell gehüllt, trotz drohenden Protestes des Fürstbischofs. Er blieb bei seiner mageren Kostümierung – so oder gar nicht –, und natürlich ging alles gut.
Gastspiele machten Hasses Bühnenfiguren auch außerhalb von Berlin und Hamburg bekannt: Mit Rehfischs *Oberst Chabert* reiste er durch Deutschland und die Schweiz; *Der Kaiser von Amerika*, zunächst im Renaissance-Theater ein Serienerfolg, ging durch ganz Deutschland, endlich an die Burg nach Wien.
Die Aufführung wurde später auch im Fernsehen gezeigt, dem er eigentlich abhold war.
Im *Geliebten Lügner* (dem szenisch arrangierten Briefwechsel zwischen Bernard Shaw und dessen jahrzehntelanger Brieffreundin Stella Patrick-Campbell) stand er über Jahre an der Seite der großen Elisabeth Bergner, die er von früher Jugend an verehrte.
Bergner und Hasse – es waren Sternstunden des deutschen Theaters. Und als Ereignis sind sie längst in die Theatergeschichte eingeschrieben.
Bei den Ruhrfestspielen in Recklinghausen hatten Anouilhs *Majestäten* viel umjubelte Premiere. Es folgte Berlin, eine Deutschland-Tournee, ein Gastspiel in Wien und eine Einladung zu den Festwochen in Luzern.
Das Stück, das die Herrschaft der Hundert Tage in Paris auf-

Nächste Seiten: 1966, Thalia-Theater, Hamburg. In Shaws »Der Kaiser von Amerika«.
Links: Mit Elisabeth Flickenschildt. Rechts oben: Mit Charlotte Schellenberg. Rechts unten: Mit Ingrid Andree.

greift, gibt dem Schauspieler Gelegenheit, sowohl Napoleon I. sowie Ludwig XVIII. zu pointieren. Eine Meisterleistung Hasses in einer Doppelrolle, in der er eine Einheit in zweifacher Spiegelung bleibt, beide Figuren durch sich hindurchfiltert. Er steht in und neben der Rolle, gibt sie und bezieht Stellungnahme zu ihr. Dies macht ihm keiner nach.

Sacha Guitry, ein Favorit unter Hasses ausländischen Kollegen, hat die Komödie *Mein Vater hatte recht* geschrieben. O. E. hat das Stück selbst übersetzt, bevor er es seinem Kollegen Peter Mosbacher zur Regie überließ. Er selbst spielte natürlich die Titelrolle. Und nach der Premiere war in der *Berliner Morgenpost* zu lesen:

Wenn O. E. Hasse in dieser echt französischen Komödie die Szene betritt, hat er den ganzen Raum sofort mit seiner persönlichen Atmosphäre erfüllt. Sein gedrungener Körper durchschreitet geschmeidig, mit einer geradezu tänzerischen Leichtigkeit den von Jan Schlubach eingerichteten Salon.

Hasse spielt con brio, mit Tönen der Lebhaftigkeit und der Wärme. Sein Organ hat etwas von einer angenehmen Orgel. Und dabei ist das Ganze vor allem ein Sieg des Hasseschen Humors.

Mit Diderots *Rameaus Neffe* hatte er an 360 Abenden Erfolg, und wieder einmal *war dem Publikum eine Sternstunde der Bühnenkunst* geschenkt worden.

Dazu muß man wissen, daß er das Stück auf Drängen seines Freundes und Mentors Professor Raeck, des Prinzipals vom Renaissance-Theater in Berlin, zunächst einmal in Paris angesehen hatte.

Er wollte es nicht spielen.

Ich hatte die Nacht über, aus Amerika kommend, den Atlantik überquert und war todmüde. Am Abend ging ich in die Vorstellung, hatte mich auch vorher schon mit der goetheschen Übersetzung befaßt und wußte hinterher: Das kann ich nicht.

So elegant wie dieser Pierre Fresnay das kann, einer der allerersten französischen Schauspieler, das bringe ich nicht fertig. Ich ließ mich absolut von ihm gefangennehmen. Und außerdem schien mir das Ganze nur in der Sprache legitim, in der es geschrieben war. Der doch sehr andere, härtere goethesche Rhythmus hielt dem nicht stand. Selbst wenn ich etwas ändern würde. Ich sagte also zu Raeck: ›Nein, das mache ich nicht.‹ Er beschwor mich, in Paris zu bleiben, zwei Nächte auszuschlafen, um dann das Stück noch einmal anzusehen. Das tat ich. Zwischendurch las ich die Striche der Fresnayschen Bearbeitung. Es blieb dabei: Unspielbar!

Ich ging wieder in die Vorstellung, war wieder hingerissen von Fresnay. Und wußte doch: Das zu kopieren ist unmöglich, das kann ich und das will ich nicht.

Ich ging in mein Hotel, lag lange wach, fand manches doch sehr reizvoll, und plötzlich mußte ich an Luther denken: an den Wurf nach dem Teufel mit dem Tintenfaß. So kämpfte ich mit dem Text, mit der Erinnerung an Fresnay, und überlegte, ob ich überhaupt berechtigt wäre; ob und wie ich was Neues arrangieren könnte, und wenn, ob etwas daraus würde.

Im Morgengrauen wußte ich: Ich mach' es doch.

Nächste Seiten: In schier endloser Serie spielte ich das Zweipersonenstück »Rameaus Neffe«, zunächst mit Alfred Schieske, dann mit Heinz Klevenow, noch später mit Peter Mosbacher. Dann auch noch in Hamburg. In der ersten Reihe des Thalia-Theaters saß, anscheinend fest schlafend und schnarchend, mit gesenktem Kopf, ein älterer Herr. Und das eine halbe Stunde lang. Ich dachte: Jetzt wird er doch allmählich aufwachen. Nein! Eine Stunde verging. Und eine weitere Viertelstunde. Fünfundsiebzig Minuten! Ich war verwirrt. Ohne meine Stellung zu verändern, stand ich unmittelbar vor diesem Mann, da ritt mich der Geigenbogenschlageteufel. Ich ließ den Fidelbogen auf sein Haupt sausen und fragte: »Was haben Sie geträumt?« Da sah er mit einmal ganz erstaunt zu mir auf, wortlos. Ich war voller Ungeduld, Grimm saß in meiner Brust, und ich sagte: »Es mußte sein.« Nach dem Schlußvorhang gab es großen Applaus mit Trampeln und Bravo-Rufen, wie immer bei diesem Stück. Auf dem Weg in

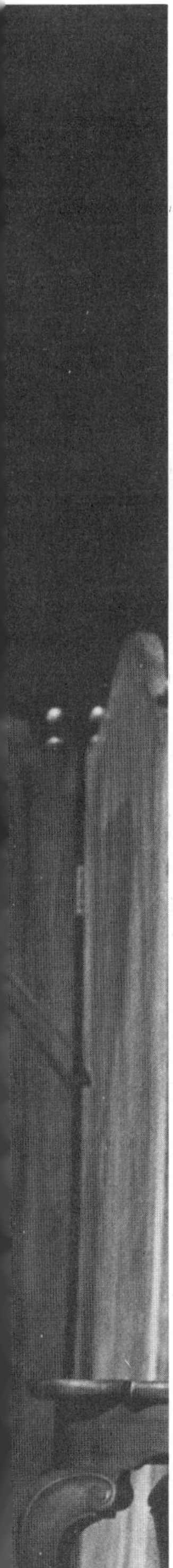
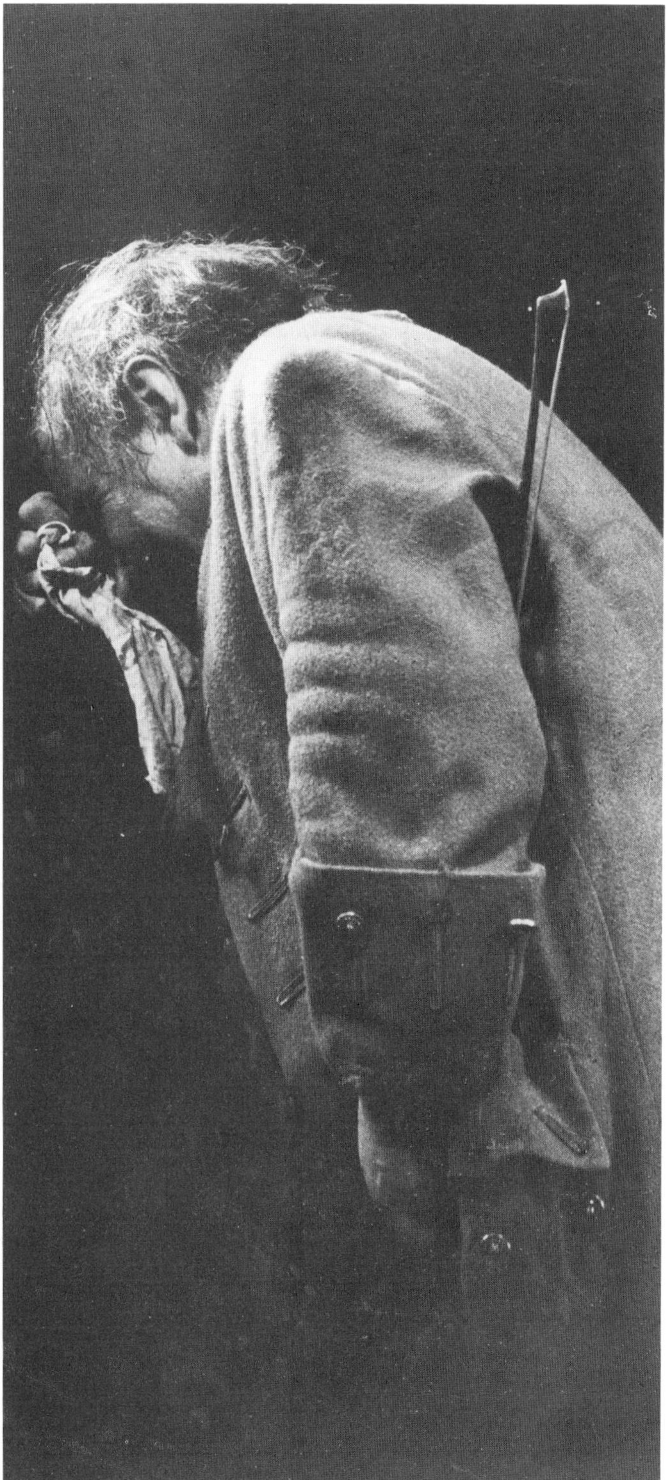

meine Garderobe begegnete mir ein junger Mann und sagte, es sei Polizei da. Wegen des Schlages. »Wegen des Schlages?« Ich hatte das längst vergessen. Und hatte auch nicht bemerkt, daß der Schläfer aufgestanden und fortgegangen war. Nun erfuhr ich, daß er die Polizei und auch einen Arzt aufgesucht hatte. Der attestierte »eine zwei mal drei Zentimeter große erhabene Schwellung in der Mitte des behaarten Kopfes mit erbsengroßer oberflächlicher Hautabschürfung.« Ich genierte mich sehr. Ich wagte mich nicht auf die Straße. Es ging durch alle Zeitungen. Ich litt sehr. Ich mußte zum Staatsanwalt: Anzeige wegen Körperverletzung. Ob ich aussagen wolle, wurde ich gefragt. Ich konnte mich nur entschuldigen. Professor Raeck arrangierte einen Versöhnungskaffee. Wir haben miteinander geplaudert, und der alte Herr war reizend. Er hätte nicht geschlafen, vielmehr leide er seit einigen Tagen an einer starken Erkältung, die sich vor allem in einem steifen Genick bemerkbar gemacht hätte. In der FAZ war zu lesen: »Man muß froh sein, daß Hasse nicht gerade eine Rolle in einem der Shakespeare'schen Königsdramen spielte. Dort haben die Schauspieler gelegentlich große Schwerter zu bedienen, die man nur mit zwei Händen schafft.«
1963, Renaissance-Theater, Berlin. Als »Er« in Diderots »Rameaus Neffe«.

Nächste Seiten: 1966, Thalia-Theater, Hamburg. In Thornton Wilders »Wir sind noch einmal davongekommen«.
Mit dem Autor Thornton Wilder.
Szenenfoto.
Mit Heidemarie Hatheyer.

Übernächste Seiten: 1959, mit Elisabeth Bergner in Jerome Kiltys »Geliebter Lügner«.

Danach: 1966, Renaissance-Theater, Berlin. In Dürrenmatts »Der Meteor«, mit Grete Weiser.

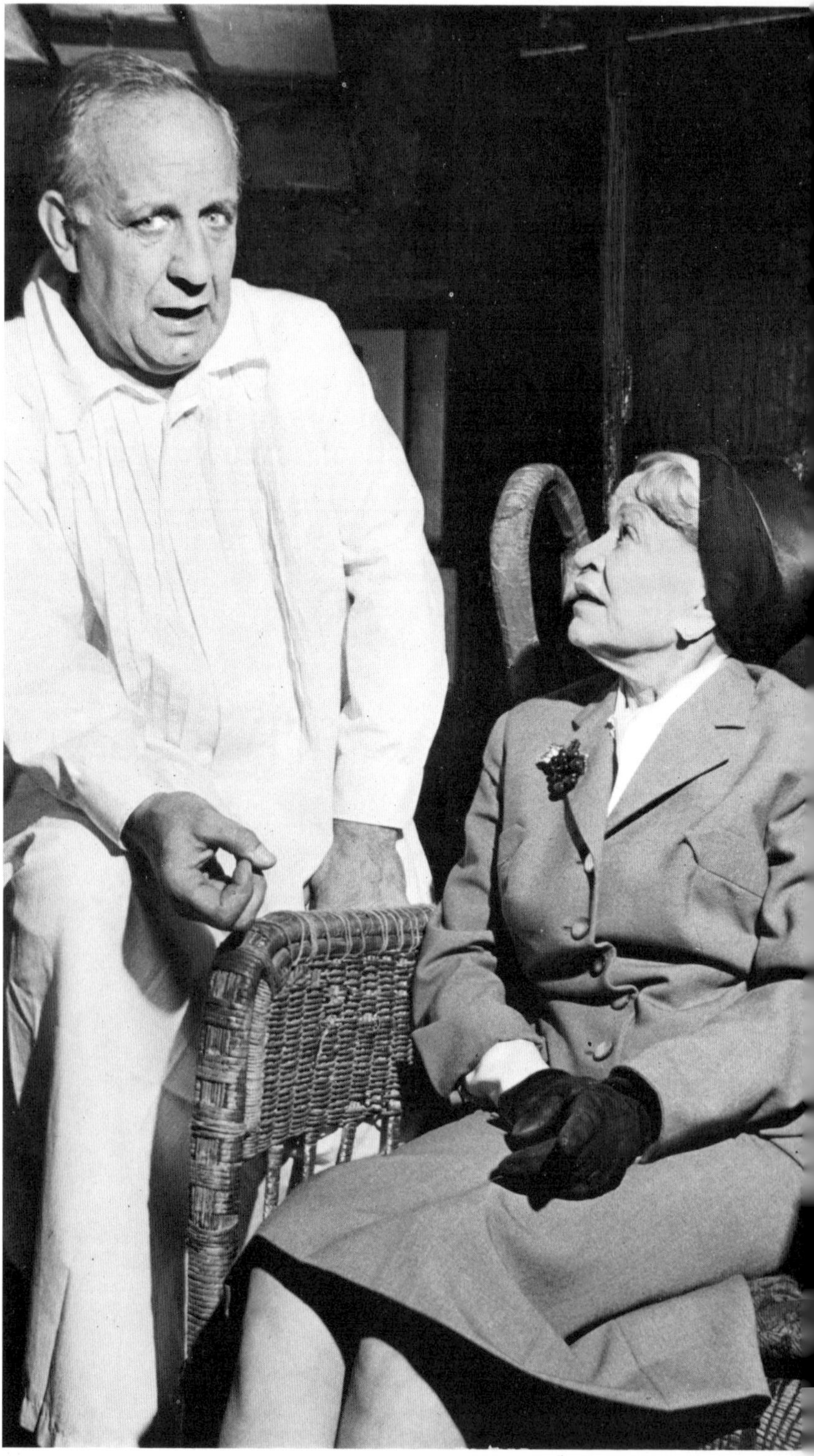

In Düsseldorf unter Stroux und später auf Tournee spielte er *Caesar und Cleopatra* von Shaw. Von Februar bis Juni 1971, in Wien am Burgtheater, war er dann der andere, der Shakespearesche Caesar. Mit Erinnerungen an seine Jünglingszeit, als ihn Werner Krauß in der Rolle so übermäßig hingerissen hatte.
Dürrenmatt war seit Jahren sein Freund, und so war es für ihn *ein Glückslos aus der Trommel*, im Februar 1966 in Deutschland den *Meteor* aus der Taufe zu heben. Er spielte unter Lietzau den Nobelpreisträger Schwitter im Thalia-Theater Hamburg, bevor das Stück im Oktober des gleichen Jahres in Berlin erfolgreich herauskam.

»O. E. Hasse als Riccaut: Er ist geradezu unverschämt gut. Abgerissener, schmuddeliger könnte der Hasardeur nicht sein. Und Trotzdem: Er ist elegant. Jedes Wort, das er sagt, ist ein Betrug. Und dennoch: Riccaut spielt mit offenen Karten. Wer auf ihn hereinfällt, ist selber schuld.« (Die Welt)

Nächste Seiten: 1969, Thalia-Theater, Hamburg. Als Riccaut de la Marlinière in Lessings »Minna von Barnhelm«.

Mit Gisela Peltzer und Ingrid Andree.

Hochhuth schrieb seine umstrittenen *Soldaten*, die Churchill-Tragödie. Er wünschte sich von Anfang an, noch während er schrieb, Hasse als britischen Premier. Wie früher zuweilen zwischen Bühnenschriftstellern und den Protagonisten ihrer Rollen auf der Bühne, gab es eine ausgedehnte Korrespondenz zwischen Hochhuth und Hasse. Nach unverbindlichem Frage-und-Antwort-Geplänkel schrieb Hochhuth am 4. August 1965 den folgenden Brief:

Verehrter Herr Hasse!
Da ich leider hörte, Sie hätten bereits zugesagt, im Winter Shaws Caesar zu spielen, so ist es sehr unbescheiden, Sie zu fragen, ob Sie nicht doch lieber den Churchill spielen wollen.
Andererseits bin ich dreist genug, mir zu sagen: Shaw wäre der letzte gewesen, der nicht verstanden hätte, daß ein hilfebedürftiger Anfänger einem nicht mehr umzubringenden Klassiker einen großen Mimen abzuwerben versucht.
Was mich weiterhin entschuldigt: daß ich noch heute, nach zehn oder zwölf Jahren, einen so gegenwärtigen Eindruck von

Ihrem Canaris habe, ja mich vieler Einzelheiten Ihrer eindringlichen Verkörperung dieses Mannes scharf erinnere. Jetzt denke ich zum Beispiel an den erleichternden Zynismus, mit dem Sie als Admiral die Nachricht von der Ermordung Heydrichs aufnahmen – und an Ihre lapidare Anordnung, Kranzschleifen mit der Aufschrift zu bestellen: »Ich habe einen Freund verloren – Canaris.«

Als ich einem Berater sagte, es ist schon lange her, ich könnte mir nicht vorstellen, daß jemand den Churchill so präzise zeichnen könne wie O. E. Hasse, da bekam ich zur Antwort: »Aber Hasse ist doch nicht der dicke Mann.«

»Eben deshalb«, sagte ich. Denn genau dies, verehrter Herr Hasse, ist meine größte Sorge: daß eine *deutsche* Bühne (natürlich nicht Piscator) Churchill zum John Bull machen könnte! Gucken Sie mal Churchills Hände an – fast schon zu fein für einen Maler, der er doch auch war, unter vielem, ja fast allem andern, was er noch war. Natürlich war er auch ein Schläger, sogar ein zeitweise total erbarmungsloser Krieger, der in der Wutlust des Endkampfes – um so beschämender für ihn, da er schon gesiegt hatte – Dresdens Einäscherung ausdrücklich deshalb anordnete, weil er sich davon versprach, den Flüchtlingen aus Schlesien auf den vereisten Rückzugsstraßen »das Fell zu gerben« (wörtlich und schriftlich).

Nun sehen Sie meine Sorge, für diese faszinierende Jahrhundertfigur den adäquaten Darsteller zu finden, der mit mir das kühne Wagnis teilt, diesen vielleicht vielschichtigsten aller Briten und halben Amerikaner zu zeichnen. Es muß ein geistiger Schauspieler sein, ein intellektueller – auch Churchill war nämlich genau das: ein intellektueller Akteur.

Ob er dick ist und ein rotes Gesicht hat – das ist so gleichgültig wie die Tatsache, daß Sie sich keinen Vollbart umgebunden haben, als Sie den vollbärtigen Briefschreiber und Liebhaber Bernard Shaw spielten. Natürlich steckte *auch* Falstaff in Churchill. Zuerst aber doch der geniale, gefährliche und alle überragende Regisseur des »Londoner Großen Welttheaters« in der ersten Hälfte unseres Jahrhunderts, der Mann, ohne den auch der Kreml Hitlers Wehrmacht nicht verschlissen hätte. Natürlich beherrscht er auch in meinem Stück die Bühne

derart, daß es mich allergrößte Anstrengung kostet, diesem argumente- wie vokabelreichsten Redner der Epoche Gegenfiguren »vor den Bug« zu stellen – ich wähle dieses Bild, weil der machtvolle Premier ständig an einen Eisbrecher erinnert oder an ein Kriegsschiff, das ein anderes in den Grund rammt. Für sein victorianisch barockes Englisch schien ihm zum Beispiel das Wort London viel zu nüchtern, er sagte lieber: »Unsere gewaltige Achtmillionen-Gemeinde im Themsetal«, oder er nannte London im Hinblick auf Hitlers Luftangriffe: »ein riesiges prähistorisches Tier, niemals zu töten oder auch nur ernstlich zu verletzen, mag es selbst bluten aus ungezählten Wunden«. Noch 1942 konnte er in einem amtlichen Schriftstück sagen, Rommel habe »General Wavell den frischen Lorbeer von der Stirn gerissen und in den heißen Sand der Wüste geworfen«. Von Hitler sprach er aber immer nur verächtlich als »von dem Mann da drüben«.
Churchill hat im Stück drei bedeutende Partner, die er als Widersacher überwältigen muß: erstens seinen britischen Chef des Generalstabs, der übrigens äußerlich Ähnlichkeit mit Willi Birgel hatte – ohne dessen Eleganz. Zweitens General Sikorski, den unglücklichen Ministerpräsidenten der polnischen Exilregierung in London, der am 5. Juli 1943 in Gibraltar tödlich »abstürzte«: er mußte nach der Katyn-Affäre der Eintracht zwischen Downing Street und Kreml geopfert werden. Ein politisch ahnungsloser Reiteroffizier, äußerst sympathisch, tapfer, chevaleresk – buchstäblich zu anständig, um sich im Dickicht der Weltpolitik halten zu können. Er mußte verschwinden, bevor das Recht aus der Welt verschwinden konnte, das er vertrat. Ich würde sehr wünschen, Dieter Borsche spielte diesen Polen, die eigentlich tragische Figur des Stücks, so tragisch wie die Situation seines Vaterlandes, zwischen den zwei Tigern Hitler und Stalin. Churchills dritter Gegner ist George Kennedy Allen Bell, der anglikanische Bischof von Chichester, der als Mitglied des Oberhauses die Regierung Seiner Majestät öffentlich immer wieder verurteilte, im Bombenkrieg auf das Niveau Hitlers herabgefallen zu sein und in einer Stadt wie Hamburg unter dem Stichwort Gomorra fünfzigtausend Zivilisten ermordet zu haben.

Bell traf sich in Sigtuna 1942 mit Männern des Canaris-Kreises, so Bonhoeffer, und unterrichtete den britischen Außenminister über die deutsche Widerstandsbewegung – vergebens, Eden war ganz uninteressiert.
Ernst Deutsch will diesen Bischof spielen – ein sehr großes Glück für mich. Der Bell-Akt wird hoffentlich zu einer Illustration von Max Webers Abhandlung über Verantwortungs- und Gesinnungsethik werden. Auch aus der Psychologie der Weltanschauung von Jaspers habe ich viel für diesen Akt gestohlen.
Eine weitere Figur von Rang: Churchill steht, was den Luftkrieg betrifft, bis zur Hörigkeit unter dem Einfluß des vermutlich einzigen Freundes, den er gehabt hat: des deutschstämmigen Professors Frederik Lindemann. Rudolf Forster hat zugesagt, diese graue Eminenz zu spielen, die am 18. Februar 1942 als der einzige wissenschaftliche Berater der Regierung, der Kabinettsrang hatte, das sogenannte »unterschiedlose Flächenbombardement« deutscher Städte durchsetzte, wie es dann in Dresden – zweihundertvierzigtausend Tote – seine schrillste Orgie feierte (Vergleichszahl: Coventry dreihundertachtzig Tote).
Das Churchill-Stück hat drei Akte oder Bilder: das Schiff, das Bett, den Garten.
Das Schiff: Achterdeck des Schlachtschiffs Duke of York.
Das Bett: ein Vormittag in der Downing Street 10, wo der Premier im Schlafzimmer und Schlafrock seine vitalste Produktivität zu entwickeln pflegte.
Der Garten: die Nachricht von Sikorskis Tod und das erbarmungslose Streitgespräch mit dem Bischof von Chichester – vor der ironisch gemeinten Szenerie des friedlichen Obstgartens von Chequers, dem Landsitz der englischen Regierungschefs.
Verehrter Herr Hasse, länger will ich Sie nicht behelligen. Ich habe ohnehin nichts zu hoffen, wenn Sie meinen Caesar neben den von Shaw halten. Ich kann nur wünschen, etwas Neues werde Sie verlocken. Zum 15. September habe ich Herrn Deutsch die Auseinandersetzung zwischen Churchill und dem Bischof und einem Piloten und einem weiblichen Or-

donnanzoffizier zur ersten Lektüre versprochen: darf ich mir erlauben, Ihnen gleichzeitig ein Exemplar zu senden?
Im übrigen stehe ich Ihnen zu ausführlichen Gesprächen bereit. Nur darf ich die Arbeit jetzt nicht liegenlassen, um nach Berlin zu fahren. Ich zähle jeden Tag, um meine Zusage an Herrn Deutsch zu halten, den ich neulich in Zürich aufgesucht habe. Sollten auch Sie zufällig einmal in Zürich sein, komme ich gern hinüber.
Herzlichen Dank für Ihre Aufmerksamkeit und eine letzte dringende Bitte: kein Mensch darf jetzt schon erfahren, daß überhaupt Churchill in meinem Stück auftreten soll!
Bitte verschweigen Sie es.
Und helfen Sie, die Presse zu überraschen. Sie hat bis jetzt keine Ahnung, sondern denkt – in der Presse denken ja immer die meisten das gleiche –, ich schriebe an einem allgemeinen Palaver über Dresden.
Mit freundlichen Grüßen
Ihr
(Rolf Hochhuth)

Hasse war sogleich interessiert, äußerte aber Zweifel an der Skizzierung Churchills. Hochhuth reagierte prompt.

Riehen, den 23. August 1965

Verehrter Herr Hasse,
die lebhafte Skepsis, die ich Ihrem Brief entnehme, kann ich gut verstehen, aber seien Sie versichert, Mister Churchill wird eher idealisiert bei mir, als vom Sockel gestoßen – wozu ich mich schon deshalb nie verstehen könnte, um nicht bei der deutschen National- und Soldatenzeitung etwa Freunde zu finden. Nein, der Premier wächst mit jeder neuen Rede oder Seite Prosa, die man von ihm liest – und es bereitet mir die größte Mühe, wie ich Ihnen schon sagte, seiner Eloquenz nicht selber derart zu erliegen, daß ich die Fähigkeit verliere, Gegenspieler vor ihm aufzubauen. Immerhin freut mich, daß Sie dem Telefongespräch mit Maisky etwas abgewinnen konnten. Aber es wäre gut für mich, wenn Sie einen halben Tag in Zürich für ein Gespräch mit mir Zeit hätten. Sie brauchen nur zu

telegrafieren, wann ich mich wo melden soll – am liebsten in der zweiten Hälfte eines Nachmittags, da ich möglichst keinen Vormittag zum Schreiben verlieren will. Der 16. September ist als Termin mir verdammt auf den Fersen. Nun vergessen Sie, obwohl schwer vorstellbar ist, daß Sie das können, das Theater und erholen Sie sich gut in dem kurzen Urlaub.
Herzlichen Dank und Gruß
Ihr
(Rolf Hochhuth)

Erwin Piscator, damals Intendant der Freien Volksbühne in Berlin, wollte das brisante Stück selbst inszenieren; er sah, wie alle Beteiligten, ein riesiges Spektakel voraus. Auch er beschwor den noch immer zögernden Hasse per Brief: *Bitte bleiben Sie uns und dem Projekt Hochhuth treu.*
Hochhuth schrieb wie ein Besessener, die Zeit lief ihm davon: Immer neue Einwände, Ergänzungen, freiwillige und erzwungene Striche. Die Uraufführung mußte mehrmals verschoben werden.
Dann starb Piscator.
Hektische Suche nach einem geeigneten neuen Regisseur fraß abermals Zeit. Aus England kam Protest, auch in Deutschland gab es viel Geschrei, lange, ehe das Stück fertig und zu lesen war. Hochhuth, Autor des *Stellvertreters*, seines wenige Jahre vorher aufgeführten Papst-Dramas, das heftige Kontroversen ausgelöst hatte, blieb Zielscheibe wütender Proteste. An Hasse schrieb er immer wieder: *Kritisieren Sie mich rücksichtslos.*
Das tat O. E. Hasse, intelligent und deutlich, doch stets voller Respekt und mit der ihm eigenen Liebenswürdigkeit.

Nächste Seiten: 1967, Freie Volksbühne, Berlin. Als Premierminister in Hochhuths »Soldaten«.
Linke Seite oben: Nach der Premiere mit Wolfgang Wahl, Rolf Hochhuth und Maria Emo. Unten: Mit Peter Lühr.
Rechte Seite: Mit Dieter Borsche.

Dann schrieb Hochhuth:
»Verehrter Herr Hasse,
Piscators Tod, diese neue Konstellation, soll – nach Wunsch einiger sehr namhafter Regisseure, die jetzt um die Uraufführung einkommen – keine Verzögerung verursachen: Mir ein ganz schrecklicher Gedanke, denn Piscator ist natürlich als homo politicus ganz unersetzlich. Die Frage: Haben Sie noch Lust? Meine Anrufe waren stets vergeblich. Schreiben Sie doch mal drei Zeilen, Ihrem neugierigen Hochhuth.«
Hasse hatte Lust.
Hans Schweikart, langjähriger Kollege von O.E. und Freund aus Münchner Kammerspielzeiten – nach dem Krieg auch Direktor der Bavaria-Filmgesellschaft – hatte die Regie übernommen.
Und nochmals schrieb Hochhuth, diesmal auf einer Bildpostkarte, immer wieder neu besorgt:

Riehen, 27. Mai 1967

Lieber verehrter Herr Hasse,
dies soll wohl eine Stierkampf-Arena sein – geb's Gott, daß nicht die Volksbühne zu etwas derartigem entartet, wenn Sie am Ende dem armen Polen kondolieren müssen! Wer immer dann Stier sein wird und wer Torero: auf der Strecke bleibe ich. Wie beruhigend, Sie und Olivier und Schweikart und auch Golo Mann und Jaspers auf unserer Seite zu wissen. Bomberharris droht bereits mit Klage, da Lord Chamberlain ihm das Manuskript zeigte – ich muß ihn nun Clark nennen und zu einem Obersten degradieren.
Ihr dankbarer
(Hochhuth)

Dann war es soweit: Im Oktober 1967 kamen die *Soldaten* zur Uraufführung.

ES WAR DER MISSERFOLG DES JAHRES

Die Publicity-Maschinerie überschlug sich zuletzt hysterisch. Essays, Interviews, Mutmaßungen, Schlagzeilen – Hochhuth allerorten. Das Ergebnis konnte nur Enttäuschung sein ... Die Abkühlung war total ... *Hasse zeichnete zurückhaltend*

und jovial den englischen Premier, den Hochhuth so gerne von den alten Römern reden läßt und dessen Sehnsucht nach klassischer Haltung wenigstens einmal befriedigt wird: als Hasse in der Toga des schwarzen Badetuchs auftritt . . .
(Berliner Morgenpost)
O.E. Hasse machte der Mißerfolg des Stückes, für das er sich so sehr engagiert hatte, noch lange danach zu schaffen.

1951, in dem Film »Der ewige Klang«, mit Rudolf Prack.
Ich muß sagen, daß ich im allgemeinen in deutschen Filmen das Glück hatte, einen Ton anzutreffen, der höflich, unhysterisch und künstlerisch war. Es kommt im wesentlichen auf den Regisseur an, wieweit er Herr der Situation ist. Meistens wählt er schon einen Kameramann, der ihm gefällt. Unsere großen Kameraleute waren richtige Künstler und hatten in ihrem Wesen nichts mit Angeberei zu tun. Und Atelierbrüllerei ergibt sich meistens aus Zeitnot oder mangelhafter Planung.

1953, in dem Film »Der letzte Walzer«, mit Eva Bartok und Curd Jürgens.

1953, in dem Film »Betrayed« (»Verraten«), mit Clark Gable. Das Wort »Weltstar« kann ich nicht ausstehen, aber Clark Gable – wenn man den Titel überhaupt gebrauchen wollte – hätte wohl Anspruch drauf. Er war ein Gentleman vom Scheitel bis zur Sohle. Wir drehten einen Film in Holland mit Gottfried Reinhardt als Regisseur: »Betrayed«.

Die meisten seiner Bewunderer haben Hasse häufiger im Film als auf der Bühne gesehen. Trotz der Erfolge im Film mochte er aber auf die Bühne nie verzichten, er liebte und er brauchte sie.
Schon in frühen Münchener Jahren war er dem damals neuen Medium begegnet. Da gab es *Wimmel*-Rollen, weniger zu frühem Ruhm geeignet als zur Erhöhung der Theatergagen. Immerhin war er bis zum Kriegsende in achtundzwanzig Rollen zu sehen, darunter in *Dr. Crippen an Bord, Rembrandt, Stukas, Philharmoniker.* Und, zu Stummfilmzeiten noch, in einem Episödchen als Theaterdirektor in *Der verflixte Scheinwerfer*, seinem einzigen Film mit Karl Valentin.

Sein erster Nachkriegsfilm war die berühmte *Berliner Ballade*, in dem er vier verschiedene Rollen spielte, besonders amüsant, wie er als Biertisch-Stratege, doppelt am Tische sitzend, mit sich selbst stritt.
Und dann hörte der *Krieg im Frieden* nicht mehr auf.
Obwohl ich für Soldaten und Krieg nichts übrig habe, selbst höchst ungern nur Soldat war, scheinen Soldaten-Rollen ja wohl mein Schicksal zu sein. Seit der Krieg zu Ende ist, komme ich beim Film aus der Uniform nicht mehr heraus.
The Big Lift, Entscheidung vor Morgengrauen unter Anatol Litvaks Regie, *Der große Zapfenstreich, Betrayed, Verraten* mit Clark Gable, dann der große Durchbruch zum Weltruhm mit *Canaris, 08/15*, Zweiter und Dritter Teil, als Kommandant der »Tirpitz« in *Above us the Waves* mit Trevor Howard, *Der Arzt von Stalingrad*, für den er in Vichy den Preis des besten Darstellers und den »Prix Femina du Cinema« für die *beste menschliche Darstellung* in Brüssel zur Weltausstellung erhielt; *Arsène Lupin* mit seinem deutschen Kaiser Wilhelm.
Canaris bis Kaiser Wilhelm: Stets war es der Zauber der Montur, der faszinierte. So sahen es seine Regisseure, so sah er es schließlich, ein wenig verdrossen, selbst. Doch, er gestand auch seine Eitelkeit, er wußte, wie kleidsam die Uniform war.

Mit Hitchcock drehten wir den Film »I confess«. Als deutscher Emigrant bin ich Bediensteter in einer katholischen Pfarrei. Eines Nachts versuche ich ein paar Dollars zu stehlen, werde von jemandem überrascht, einem Anwalt, wie ich bald erfahre, und erschlage ihn mit einem Briefbeschwerer. Ich wollt ihn natürlich gar nicht töten. Völlig verstört, suche ich noch in der gleichen Nacht einen jungen Pfarrer auf, Montgomery Clift. Der geht in den Beichtstuhl, und ich gestehe ihm den Mord. Am nächsten Morgen komme ich zu meinem täglichen Dienst als Gärtner und melde jetzt der Polizei, hier sei ein Mensch ermordet worden. Es kommt die Mordkommission, Karl Malden, als Kommissar, der mich vernimmt. Und plötzlich, während meiner Aussage, sehe ich den jungen Vikar und denke: »Um Gottes willen, wie kann er ...« Die erste Probe begann, und ich sah, wie jeder Bühnenarbeiter, alle Beleuchter und alle, die überhaupt im Atelier waren, voller Neugier guckten: That's a German actor, was wird uns der German zeigen. Es war atemlose Stille. Ich spürte, wie jeder, aber auch jeder interessiert auf mich guckte, und dann kam Hitchcocks: »Action«. Die Kamera lief. Als die Einstellung vorüber war – das machte er übrigens nach jeder durchlaufenen Einstellung, es war eine Eigenart von ihm –, da sagte er: »Okay for me, or do you want another shot?« Und ich antwortete: »Yes, please, Mr. Hitchcock, I would like it.« Sagt er: »Okay, but it was o. k.« Die Szene wurde noch mal gedreht. Hitchcock war leicht amüsiert, aber auch höchst interessiert, wie mir berichtet wurde. Und dann: »You were right. This one was better!« Und jetzt die ganze Crew mit ihren Zustimmungsrufen ... Hier muß ich das Hohelied der amerikanischen Filmproduktion singen, der Atmosphäre, des Tons, der Leidenschaft, des Teams. Und besonders das des Regisseurs von Weltruf: Alfred Hitchcock.

Links oben: 1952, mit Regisseur Alfred Hitchcock. Unten: 1952, in dem Film »I confess« (»Zum Schweigen verurteilt«), mit Montgomery Clift.

Daß ich für französische Filme engagiert wurde, erschien mir wie ein Wunder. Denn Französisch hatte ich nur in der Schule gelernt. Mich jetzt noch mal hinzusetzen, um zu büffeln, hatte ich weder Lust noch Zeit. Andererseits reizte es mich natürlich, mich auch in einer anderen Sprache zu versuchen. Hier kommt mir auch meine etwas »ostische« Aussprache – das rollende R – der »accent slavique« wie die Franzosen sagen, sehr zustatten. In München kam der Regisseur Jacques Becker auf mich zu, der einen Wilhelm II. – »le Kaiser« – für seine Gaunerkomödie »Arsène Lupin« suchte.
Das Reizvolle an diesem Film war, daß ich richtig deutsch sprach, zwischendurch aber immer gezwungen wurde, ins Französische zu wechseln. Liselotte Pulver war eine Agentin des deutschen Kaisers. Sprach ich deutsch mit ihr, antwortete sie auf französisch. Kam plötzlich ein Bediensteter dazu, mußte auch ich französisch sprechen, um uns nicht zu verraten. Ein verrückter Film mit all den Hin und Hers in den Sprachen. Es war trotz der Plage mit einer fremden Sprache eine reine Wonne für mich, mit Jacques Becker, dem begeisterungsfähigen Südfranzosen, zu arbeiten.
Bald darauf drehte ich zusammen mit Françoise Arnoul und Robert Hossein unter der Regie von Roger Vadim »Sait-on jamais?« Ein amüsanter Film, aber als er in Berlin zu den Filmfestspielen Premiere hatte, gab es Zwischenrufe und Gelächter. Ich war recht verzweifelt darüber. Trotzdem war der Schlußapplaus beachtlich, die Presse war glänzend.
In Frankreich war alles anders als im amerikanischem Film. Dort die Arbeitsdisziplin, die Präzision, die Höflichkeit, die Pünktlichkeit. Hier wackelten immer die Kulissen ein bißchen, wie damals bei Falckenberg an den Münchner Kammerspielen. Es funktionierte nie alles ganz, es gab immer ein bißchen geniale Schlamperei.

Links oben: 1957, in dem Film »Arsène Lupin – der Millionendieb«, mit Liselotte Pulver. Unten: 1957, bei Proben zu dem Film »Sait-on jamais«, mit Françoise Arnoul und Roger Vadim.

Aber es gab natürlich auch andere Filme: *I confess – Ich beichte* unter Alfred Hitchcock, *Alibi*, *Solange das Herz schlägt* und *Kitty und die große Welt* mit seinem Freund und Regisseur Alfred Weidenmann, *Der gläserne Turm* mit Lilli Palmer, *Der Maulkorb* unter Wolfgang Staudtes Regie, *Frau Warrens Gewerbe*, wiederum mit Lilli Palmer.

In welche Menschenhäute ist dieser O. E. Hasse nicht schon geschlüpft. Kaiser und König, Weltmann und Tramp, Botschafter und Bürger, General und Bösewicht, Mörder und Edelmann. Und nun hat er den literarischen Nachlaß eines Sacha Guitry vollstreckt, er spielt jene Rolle, die sich der genial-amüsante Autor selbst auf den Leib geschrieben hat, bevor er starb. Aber Sacha Guitry dürfte in O. E. Hasse einen kongenialen Nachspieler erhalten haben. Hasse hat seit Jahr und Tag auf französischem Boden gut gesät, also sollte ihm auch eine reiche Ernte beschieden sein.

So lautete eine Besprechung seines Filmes *Affäre Nabob*, den er, mit Sonja Ziemann als Partnerin, unter der Regie eines weiteren Lieblingsregisseurs drehte: Ralph Habib.

Während ich Canaris drehte, glaubte ich, eine Rolle von beträchtlicher Langeweile zu spielen. Mich ärgerte auch manches. So beschimpfte ich meinen Regisseur Alfred Weidenmann: »Endlich habe ich mal die Chance, eine Titelrolle und eine wirklich zentrale Figur zu spielen – und dann ist es das Langweiligste von der Welt! Dieser Charakter! Vergeßt den ganzen Film!« Dann lief der Film an, und damit kam die Überraschung. Ich machte meine übliche Verbeugungstour, die Leute klatschten mir zu, da korrigiert man sich sehr gern!

Linke Seite oben: 1955, in dem Film »08/15«. Unten: Mit Joachim Fuchsberger. Nächste Seiten: 1954, in dem Film »Canaris«. Linke Seite oben: Mit Wolfgang Preiss. Unten: Mit Peter Mosbacher.

Die reiche französische Ernte, von der die Rede war, hatte er eingefahren mit *Spuren in die Vergangenheit*, Regie: Roger Vadim, mit dem er später auch *Laster und Tugend* drehte (mit Annie Giradot, die er noch einmal als Partnerin in *Drei Zimmer in Manhattan* zur Seite hatte). Und dazu gehörte natürlich auch *Arsène Lupin* unter Jacques Becker und ein Krimi: *Spione am Werk* unter der Regie von Henri-Georges Clouzot.

Bei dem Film *Der unsichtbare Aufstand* mit Yves Montand, gedreht in Chile, begegnete er dem Regisseur Costa-Gavras, den er den »genialen« zurechnete.

Bei dem Film *Die Ehe des Herrn Mississippi* beugte er sich dem gegenwärtig bedeutendsten Dramatiker deutscher Sprache, Dürrenmatt, als er sagte: *Es ist eine Gnade, diese Rolle spielen zu dürfen.*

Längst war er einer der Großen in der internationalen Filmwelt und konnte sagen:

Ich glaube, zur Zeit ist auch der primitivste Geldmacher unter den Produzenten davon überzeugt, daß zum Beispiel ein Einstein-Film mehr ankäme als etwa ›Behüt Dich Gott, es wär' so schön gewesen‹. Ohne Zweifel ist aber auch die Gefahr der Normung groß, weil man nun auch das Niveau, *wie vordem ›Die Heide‹, nach dem Gesetz der Trägheit ausschlachten möchte. Niveau aber kann man nicht serienmäßig herstellen. Als gefügige Kunstwerkzeuge stehen wir, Begabung bei Fuß,*

Links oben: 1956, in dem Film »Kitty und die große Welt«, mit Romy Schneider und Karlheinz Böhm.
Unten: Mit Michael Andreas.

Nächste Seiten: 1957, in dem Film »Der Arzt von Stalingrad«,
Links oben: Mit Hannes Messemer.
Mitte: Mit Eva Bartok.
Unten: Mit Walther Reyer, Mario Adorf und Leonhard Steckel.
Rechte Seite: Als Stabsarzt Dr. Fritz Böhler.

Denke ich zurück, welche Filmrollen, um es lapidar auszudrücken, mir am meisten Spaß gemacht haben, so fällt mir eine Antwort schwer. Spaß muß man schon beim Drehen haben, und das ist nicht die Regel. Bei der »Ehe des Herrn Mississippi«, da war es einfach Dürrenmatt, der mich täglich neu animierte. Das machte Spaß, weiß Gott!

1961, in dem Film »Die Ehe des Herrn Mississippi«, mit Johanna von Koczian.

dem Produzenten, dem Verleiher und Lieschen Müller zu Gebote. Laßt uns hoffen, daß diese ›Großen Drei‹ uns geschmacklich nicht allzu sehr überfordern.

Er war also durchaus bereit, sich selbst ein bißchen auf den Arm zu nehmen.

Zu seinem 70. Geburtstag stand er zum erstenmal vor einer Fernsehkamera. Weidenmann bastelte meisterhaft einen *Abend mit O. E. Hasse*. Bis dahin hatte er stets dankend abgelehnt. Nun sah man ihn in kurzen Szenen: als Striese, als Caesar, in kleinen Sketches als Rätselreimer, Worteschüttler – ein Querschnitt durch sein Theater- und Filmleben und – wenn auch ein klein wenig nur – mit Blicken ins Private.

Das wurde ein runder Erfolg, und O. E., der Ablehner flacher Fernsehunterhaltung, war's zufrieden. Darauf angesprochen, wie man, nicht mehr ganz jung, so viel Lebendigkeit in eine kurze Stunde stecken könnte, hatte er schnelle Antwort parat: »Das kommt in den besten Greisen vor!«

Eine seiner letzten großen Rollen spielte er in des Iren Brendan Behan *Die Geisel* unter der Regie von Peter Zadek. Da plagte ihn schon Krankheit. Eine Arthritis zwang ihn, am Stock zu gehen. Auf der Bühne, im Schottenrock und mit Melone, spielte er einen quengelnden alten Major. Die Regie wollte, daß er auf einer Schräge stand. Das machte ihn mürbe und nervös, und so war es kein Wunder, daß er, der nie ein Freund von Interviews war, bissig wurde, wenn lästige Journalisten zum hundertsten Male die gleichen Fragen stellten.

Nächste Seiten: Linke Seite oben: 1957, in dem Film »Die Letzten werden die Ersten sein«, mit Ulla Jacobson und Maximilian Schell.

Unten. 1958, in dem Film »Der Maulkorb«, mit Wolfgang Neuss und Wolfgang Müller.

Rechte Seite oben: 1957, in dem Film »Der gläserne Turm«, mit Lilli Palmer und Peter van Eyck.

Unten: 1960, in dem Film »Frau Warrens Gewerbe«, mit Johanna Matz, Lilli Palmer und Ernst-Fritz Fürbringer.

3000 Mark
ck Belohnung
nders

Es gab, was kein Geheimnis war, gewisse Klatsch-Kolumnisten, denen er oft das Manuskript verdarb. So war es beispielsweise, als *Eiszeit* vom WDR fürs Fernsehen aufgezeichnet wurde.
»Herr Hasse, Sie sind für Bühne, Film, Funk und Fernsehen tätig. Haben Sie besondere Vorlieben?«
»Nein, das sind alles liebe Kinder.«
»Denken Sie nicht in letzter Zeit manchmal daran, sich zur Ruhe zu setzen?«
»Einen Ruhestand gibt es für uns nicht.«
»Was interessiert Sie an der Schauspielerei am meisten – sind es bestimmte Rollen, ist es die Zusammenarbeit mit bestimmten Regisseuren oder die Möglichkeit, an sehr unterschiedlichen Orten arbeiten zu können?«

Knut Hamsun ist einer meiner Lieblings-Schriftsteller dieses Jahrhunderts. Wie gerne habe ich seinen Leutnant Lynum gespielt, diese einzigartige Rolle in »Vom Teufel geholt«. Und denke in an »Pan«, »Segen der Erde«, »Unter Herbststernen«, an »Victoria« – die schönste Liebesgeschichte der Weltliteratur! Da schien es große Verheißung, als Peter Zadek, dieser schwierige, eigenwillige Regisseur, mich holte, um mich den alten, verbitterten Hamsun spielen zu lassen, in »Eiszeit«. Das wurde ein großer Erfolg. Zuerst in Bochum, später in Berlin. Zadek und ich, wir hatten es nicht leicht zusammen, aber wir arbeiteten gut miteinander. Und auch als der Stoff verfilmt wurde, war er mir ein angenehmer Regisseur. Der Film ging ein bißchen unter, und in dem Stück ist wohl auch zu viel Verworrenheit. Es fällt mir nicht schwer, mich als den Alten zu vergessen. Und so wird es auch dem Publikum ergehen. Aber Hamsun! Er wird eine Renaissance haben, da bin ich völlig sicher.

Rechts oben: 1974, Freie Volksbühne, Berlin. Mit Hans Mahnke in Tankred Dorsts »Eiszeit«.
Unten: Als der Alte in »Eiszeit«.

BÜHNENEINGANG MEIEROTTOSTRASSE 12

»Das sind sehr primitive Fragen, die Sie da aufzählen. Ein Künstler ist an ganz anderen Dingen interessiert.«
»Herr Hasse, Sie haben das hinter sich, was man ein ›bewegtes Leben‹ nennen könnte. Gibt es da irgend etwas, was Sie bisher noch nicht gemacht haben, aber unbedingt gerne machen würden?«
»Es gibt einfach zu viele Rollen, die man unmöglich alle spielen kann.«
»Sehen Sie sich Ihre eigenen Filme an?«
»Dazu habe ich meistens keine Zeit.«
»Sie haben viel im Ausland gearbeitet, in den USA, in Frankreich und England. Fanden Sie die Arbeit dort interessanter?«
»Nicht interessanter, aber interessant.«
»Spielen Sie lieber komische Rollen?«
»Nicht lieber, aber gerne.«
»Gibt es für Sie eine Traumrolle?«
»Jeweils die letzte oder die nächste – war's das? Sind Sie fertig?«
Mit einem »Wir danken Ihnen für dieses Gespräch« flüchtete der Reporter.

Links: Mit Regisseur Peter Zadek.

Nächste Seiten: Links: 1975, als Musjö in Brendan Behans »Die Geisel«.
Rechts: 1974, in dem italienischen Film »L'età della Pace«,

Danach: In »L'età della Pace«, mit Georges Wilson.

Und dann dauerte es nochmals Jahre, bis es wieder Weidenmann gelang, ihn zum Fernsehen zu überreden. Die große Krankheit war zwar überwunden, aber er war noch schwach, und die Beine und die Puste wollten noch nicht wieder so, wie sie sollten.

Ausgerechnet die erste Rolle, die mir nach der Genesung angeboten wurde, war die eines alten Lords in einem Grusel- oder Spukstück, der eigentlich schon tot war: ›Sanfter Schrecken‹.

Es war ein sanfter Schrecken, auch für sein Publikum. Man sah, wie die Krankheit ihn reduziert hatte.

Und noch einmal holte ihn Weidenmann. In einer Folge von *Der Alte* spielte O. E. Hasse einen alten Herrn, der er nun auch wirklich selber war.

Pflegte er selbst Fernsehabstinenz als Schauspieler, so gab es doch Stunden, in denen ihn vor der *Kiste* niemand stören durfte. Fußball. Häufig, wann immer möglich, saß er auf der Tribüne des Olympiastadions; gelang das aber nicht, fand Fußballspiel zu Hause statt. Dann nahm er selbst das Telefon nicht wahr. Und wie Fußball ihn zur Stelle wußte, so saß er jahrelang am Boxring. Mit Bubi Scholz verband ihn Freundschaft.

Auch Sechstagerennen waren lange seine Leidenschaft. Oftmals eröffnete er das Rennen von Berlin mit dem Pistolenschuß, stieg dann in den Sattel und drehte zur Gaudi der Zehntausende eine Ehrenrunde.

Links oben: 1971, Deutsche Oper, Berlin. In Strawinskys »Die Geschichte vom Soldaten« mit Gundolf Willer und Eva Evdokimowa. Unten: Bei einer Probe mit Gustav Rudolf Sellner, Gundolf Willer, Eva Evdokimowa und Boy Gobert.

1976, mit Regisseur Alfred Weidenmann.

In seinen späten Lebensjahren nahm er es ruhiger. Seine Kneipengänge wurden rarer, er saß zu Hause und las, machte oder löste Rätsel. Zu gelegentlichem Kartenspiel war er immer aufgelegt; Freunde kamen gern, wann immer sie gerufen wurden. Aber leicht hatten sie es beim Canasta nicht, O. E. verlor nicht gern.
Da gab's dann eingelegten Hering mit frischer, trockner Schrippe, Bier und Korn.
Saß er über Rätseln, war Whisky sein Begleiter.

Schon früh war er von großer Sammelleidenschaft besessen: Er warf nichts fort. In Kisten und Schatullen hob er Fotos, Briefe, abgeschriebene Lyrik auf.
Er liebte Stiche alter Meister. Zwischen seinen Bücherwänden fanden sie Platz. Eine Totenmaske von Kainz war stilles Gegenüber, wenn er am Schreibtisch saß.
Vätchen und Mulla, wie er seine Eltern nannte, ein Bild aus Obersitzko, seinem Heimatort, sein Kinderporträt mit kreisrundem Sonntagshut und weißem Kragen, das waren Erinnerungen, die er nicht missen mochte.
Ein kleines silbergerahmtes Bildchen von Mulla nahm er stets mit sich auf Reisen – das war sein Talisman.
Er liebte Gartenrosen, wie er Lyrik liebte. Beiden Neigungen gab er sich bis zum Lebensabend hin. Gelangweilt hat er sich nie. Einige Jahre bevor er starb, antwortete er auf die Frage nach Zukunftsplänen:
Theater spielen – und darüber ein alter Mann werden. Wann ich jemals aufhören werde, weiß ich nicht. Freiwillig aber nie!
Am 12. September, drei Tage nach seiner letzten Premiere, schloß er die Augen. Er hatte in einem von ihm besonders geliebten Stück, oft von ihm selber inszeniert, den Shunderson gespielt, ein uraltes Faktotum in Curt Goetz' *Dr. med. Hiob Prätorius.*

Dem chevaleresken, ironisch-intelligenten Curt Goetz war er schon früh verbunden, war ihm verwandt. Und so war es kein Wunder, daß Hasse, der komödiantische Preuße, auch hier Disziplin hielt: Der 12. September war beider Todestag.

O. E. Hasse erzählte gern Schnurren und Anekdoten. In den »Fetzen aus meinem Leben« wollte er sie aber gewiß nicht alle wiedergeben. Er wollte einfach ein paar Geschichten herausreißen: So war dies, und so war das, dies habe ich gespielt, und jenes habe ich erlebt.
Aber, wie hätte es auch anders sein können: Memoirenhaftes mischt sich mit Anekdotischem.

Über Gagen

Huren san mir alle, käuflich san mir alle. Es gibt ja die schöne Geschichte von Talleyrand: Als er Außenminister war, fragte ihn der Vertreter einer fremden Macht: »Exzellenz, sind Sie bestechlich?« Worauf Talleyrand geantwortet haben soll: »Unter einer Million keinesfalls.«
Und so sind auch wir Schauspieler bestechlich. Auch wenn man an einem Thema künstlerisch überhaupt nichts findet, gar degoutant oder verächtlich – wird man weich in den Knien, sobald eine hohe Gage genannt wird. Und so habe ich mir mal zurechtgelegt – auf daß man sich nicht immer wieder belüge und darüber anschließend ethisch oder moralisch zusammenbräche –, daß, sobald ein Thema mich gar nicht reizt oder ein Drehbuch oder eine Lesung oder was sonst, ich mir innerlich eine Gage setze, die nicht gar zu astronomisch, aber immerhin ungewöhnlich hoch ist. Dann sag' ich mir: Wenn das gezahlt wird, dann muß ich es machen, sonst ist es Sünde.
Das ist das Gottesurteil der Gage.

Links: 1978, Komödie, Berlin. In seiner letzten Rolle: als Shunderson in Curt Goetz' »Dr. med. Hiob Prätorius«.

Rätsel-Reime für Freunde

Kehr bei uns ein zu Tanz und Trank,
Zahl uns, und jeder weiß Dir Dank,
Doppelt steh'n wir als Wesen tief,
Nichts sind wir vor dem Genitiv. (Bar)

Was Schläfer, Gestirn und Gebirge benennt,
Womit man das Feine vom Groben trennt,
Die Ordnerin von Tönen und Zeit,
Ist heilig und bös in Unteilbarkeit. (Sieben)

Ich schmück' die Wand,
Näh' das Gewand,
Bin Mördertat
Gewinn Skat'. (Stich)

Ich bin der Schöpfung Element,
erkennst Du mich, bist Du ein Tor,
doch hört mich jedes taube Ohr;
verlierst Du mich, wird's niemand finden,
und dennoch sehen mich die Blinden;
vergißt Du mich, bist Du gescheit,
besitzt Du mich, tust Du mir leid;
begreifst Du mich, wird alles unergründlich,
und nichts macht dann die Lösung findlich. (Nichts)

Ohne mich hat noch keiner im Schach gesiegt,
doch mancher durch mich den Schnupfen gekriegt.
Mit mir kannst Charakter und Wesen Du paaren
und dazu in die weiteste Ferne fahren. (Zug)

Du tust es mit Gästen zu Parties und Festen,
Du tust es mit Waffen, die dafür geschaffen,
auch mit dem Zeugen, damit er sagt, was er weiß,
und bekommst in ihm alles, zahlst Du den Preis. (Laden)

Über Lernen

Das Rollenlernen ist ein Thema, das dem Publikum beim Schauspieler am stärksten imponiert. »Wie können Sie das nur alles behalten, wie machen Sie das?« Der künstlerische Prozeß des Werdens einer Rolle, die Probenarbeit, interessiert ihn bei weitem nicht so sehr. Ich versuche manchmal, den Werdegang einer Rolle in ihren verschiedenen Phasen an einem Maler zu erläutern: Der Maler will ein Bild malen. Zunächst muß er aber Leinwand, Pinsel, Farben, Palette kaufen, weil er all die Utensilien nicht hat. Er besorgt sie sich, schafft alle ins Atelier, die Leinwand ist aufgespannt, die Pinsel gewaschen, die Farben auf die Palette gedrückt. Und noch bevor er den ersten Pinselstrich zieht, ist er genauso weit wie der Schauspieler, wenn er seine Rolle gelernt hat.

Das Lernen ist ein völlig unkünstlerischer, mechanischer Vorgang, hier helfen weder Betonung noch Begabung. Gewiß gibt es Schauspieler, die leichter lernen als andere – mit Begabung hat das aber nichts zu tun. Diese unangenehme, ein wenig entwürdigende Prozedur muß man sich nur in eine möglichst effektive Methode formen.

Ich habe herausgefunden, daß ich beim Gehen in frischer Luft besser lerne, als wenn ich am Schreibtisch sitze, und sicherlich wird manch einer, der mich bei diesen Spaziergängen gesehen hat, mit dem Rollenbuch auf dem Rücken daherstampfend, hin und wieder abrupt stehenbleibend, und murmelnd nachlesend, wenn ich nicht weiter wußte, mich mit Besorgnis betrachtet haben wie einen leichten Irren. Aber bei uns Schauspielern ist man ja an Kummer gewöhnt.

Zu Anfang blättert man noch um, man weiß genau, wo ein bestimmter Satz auf einer Seite steht, man fotografiert noch, das gibt sich aber bald, und der Text braucht keine Optik mehr. Nach einiger Zeit schreibe ich mir die ganze Rolle mit Stichworten ab, das ist eine weitere Phase zur Sicherheit. Ich mache das bei jeder Rolle. Erstens lernt man dabei, und zweitens ergreift man von der Rolle Besitz im wahrsten Sinne des Wortes. In einem Büchelchen trägt man sie stets bei sich, kann jederzeit hineinsehen, und zwar in einen Text, der nur *meiner* ist.

Unterdessen haben die Proben begonnen, auf denen man das Gelernte durch Ausdruck und Bewegung festigt. Die schauspielerische Arbeit beginnt, die Mechanik des Lernens verschwindet immer mehr. Das Abhören wird jetzt zu einer wichtigen Aufgabe, die während der ganzen Probenzeit ein nicht zu unterschätzender, ergänzender Faktor ist. Allerdings habe ich das Glück, eine Abhörerin par excellence zu haben, meine Freundin Seally Cahn, der es große Freude macht, an der Geburt der Rolle teilzuhaben, sozusagen die Hebamme zu spielen, die aber auch Überlegenheit genug hat, gelegentliche Aggressionen, die eigentlich gegen mich selbst gerichtet sind, wenn es mit dem Text noch allzu sehr hapert, aufzufangen und zu dämpfen. Man geniert sich, vor ihr hängenzubleiben, und als Belohnung für sie und sich selbst spielt man dann schon ganze Strecken mit *Begabung*. Das hilft und bringt weiter.
Im übrigen ist es ein Irrtum anzunehmen, daß Dinge, die man sich außerhalb des Textes dazu einprägen muß, den Lernvorgang erschweren. Im Gegenteil! Das eine bindet das andere. Wenn ich während eines Satzes einen Gang machen muß, merke ich mir das eine mit dem anderen leichter.
Man bewundert die Opernsänger, weil sie zur Melodie auch noch den Text lernen müssen. Man wird eine Melodie mit Text viel leichter behalten als ohne.
Das erinnert mich an ein Kindheitserlebnis. Ich war vielleicht neun Jahre alt, als in Obersitzko eine Schauspieltruppe sich angesagt hatte, die den *Faust* spielte. Ich durfte mit dem Dienstmädchen hineingehen, aber die Vorstellung machte, trotz Getöse mit einem Ofenblech, keinen bleibenden Eindruck auf mich, bis auf Gretchens Lied *Es war ein König in Thule*. Das hatte es mir angetan, wohl weil die Melodie so traurig war.
In derselben Zeit war meine Großmutter im Diakonissenhaus in Posen gestorben, die Leiche wurde nach Obersitzko gebracht, in ihrer Wohnung aufgebahrt, und meine Eltern nahmen mich mit, sie noch mal anzusehen. Am Sarge fiel mir die Thule-Melodie wieder ein. Und da erkannte der Neunjährige bereits, daß man einen Text zur Melodie haben muß, um sie zu behalten, und ich dichtete am Sarge (stumm natürlich):

Ich aber war so traurig,
so müde und so matt.
Die Welt sie stand mir offen,
ich aber reist' ins Bad.

Die beiden *aber* störten mich in meiner Dichtung nicht.

Über Wetten

Ich habe in meinem Leben drei literarische Wetten gemacht, die ich verloren geben mußte, obwohl ich alle drei eigentlich gewonnen habe.

In der ersten ging es um den *Todspieler*, einer Ballade von Börries Freiherr van Münchhausen. Das war noch in meiner Münchner Zeit.

Wir saßen beim Wein und sprachen von alten Rezitatoren und Deklamatoren der Ära Wüllner und Possart und dem Pseudo-Naturalismus, den sie gerne über das Pathos ihrer Deklamationen streuten.

So kamen wir auch auf den *Todspieler*, der oft in ihren Programmen auftauchte. Er beginnt mit einer Konversation, in der ein Baron, der Patron einer Kirchengemeinde, den Pastor bittet, ihm etwas auf dem Klavier vorzuspielen. Ich deklamierte:

Herr Pastor, kommen Sie! Ihr Abendtisch
War ausgezeichnet, und das Bier ist frisch
Und reicht schon noch zu ein paar Zügen Rauch! –
Danke, ich brenne schon! Nach altem Brauch
Gehn wir noch etwas in Euer Gartenzimmer,
Nicht wahr?
. . . .
Herr Pastor, so bei einem Glase Bier
Hör ich zu gern die schönsten drei Musiken,
Die je erdacht:
Radetzky-Marsch, in dem die Flöten quieken,
Das Chopinsche Prélude, Sie wissen schon, –
Und dann: »Steh' ich in finstrer Mitternacht.«

Ich wollte gerade in jener Mischung von Pathos und Pseudo-Naturalismus fortfahren, als ein Kollege mich unterbrach: »Diese letzten Zeilen sind deine freie Erfindung.«
Voller Selbstbewußtsein und absolut sicher, wies ich die Quelle nach.
Der Kollege besorgte eine Ausgabe des Balladenbandes, und siehe da, er hatte recht.
Das konnte nicht sein.
Geniale Nachempfindung? Ausgeschlossen!
Ich verlor die Wette.
Aber die Sache ließ mir keine Ruhe. Ich suchte in Antiquariaten, wohin ich auf Reisen auch immer kam. Ich fand die Zeilen nicht mehr.
Also doch *ein Genie!*
Jahre später schrieb ich an einen Vetter des Freiherrn. Hier seine Antwort:
Entschuldigen Sie, daß ich erst heute Ihren mich sehr interessierenden und auch amüsierenden Brief beantworte. Ich war verreist. Rückkommend habe ich mich sofort mit Ihrer Frage beschäftigt und kann Ihnen sagen, Sie haben Ihre Wette gewonnen!
Anbei Fotokopien des Titelblattes der ›Balladen‹, Quartausgabe vom Herbst 1906, sowie der betreffenden Seite des ›Todspieler‹. Schon in dem ein Jahr später erschienenen Band ›Die Balladen und ritterlichen Lieder‹, 3. Auflage (Viertes Tausend) 1908, welcher tatsächlich die Erstausgabe der Balladen und Lieder ist, fehlen die von Ihnen gesuchten Verse. Weshalb Börries diese weggelassen hat, weiß ich nicht, erinnere mich nicht, glaube auch, nie mit ihm darüber gesprochen zu haben . . .
Also gewonnen!
Auf das *Genie* mußte ich verzichten. Wie gerne hätte ich diesem oder jenem Kollegen aus der damaligen Runde dieses Eingeständnis gemacht.

Die zweite hatte Heinrich Heines Grab als Wettobjekt und trug sich kurz nach Kriegsende in Berlin zu. Neben mir in der Königsallee wohnte Frau Konsul Rommenhöller, die auf

Grund holländischer Abstammung schon damals nach Paris reisen durfte. Sie kam zurück und erzählte unter anderem, wie stark es sie bei einem Besuch des Père-Lachaise-Friedhofs beeindruckt habe, dort Heines Grab mit einer Blumenfülle geschmückt zu sehen.
Nun erinnerte ich mich aber, aus eigener Anschauung, daß Heine auf dem Montmartre-Friedhof begraben liegt und sagte es ihr. Das bestritt sie entschieden. Auf dem Montmartre-Friedhof sei sie überhaupt nicht gewesen. Sie rief ihre Freundin Alice als Zeugin an, die mit ihr war, sowohl in Paris wie jetzt bei dem Gespräch. Alice bestätigte Frau Konsul Rommenhöllers Aussage aus vollem Herzen, und auf meine nochmalige Gegenbehauptung bot sie mir eine Wette an.
Sie setzte eine Flasche französischen Cognac, wenn der Père-Lachaise nicht stimme (was damals ein kleines Vermögen für unsereinen bedeutete). Ich bedauerte, nicht pari bieten zu können, allenfalls mit zwei Eintrittskarten für meine nächste Theaterpremiere. Sie war einverstanden, und da sich das Gespräch auf meiner Terrasse abspielte, konnte ich das Wettresultat sofort beibringen. Doppelt sogar. Ich besaß Heines Werke und dazu einen Band Gedichte von ihm, in der Hitler-Zeit eine Kostbarkeit!

Geehrt und ausgezeichnet wurde er auf vielfältige Weise. 1951 erhielt er den Kunstpreis der Stadt Berlin, 1955 den Berliner Senatspreis. 1961 wurde er ordentliches Mitglied der Berliner Akademie der Künste, 1964 Staatsschauspieler. 1973 zeichnete ihn die Stadt Berlin mit ihrer höchsten Ehrung, der Ernst-Reuter-Plakette, aus, und schließlich wurde ihm 1974 das Große Verdienstkreuz der Bundesrepublik Deutschland verliehen.

Nächste Seiten: Linke Seite: 1974, Bundesinnenminister Genscher überreicht O.E.Hasse das Große Verdienstkreuz des Verdienstordens der Bundesrepublik Deutschland.
Rechte Seite oben: 1974, mit Bundespräsident Heinemann.
Unten: 1977, Presseball, mit Walter Scheel.

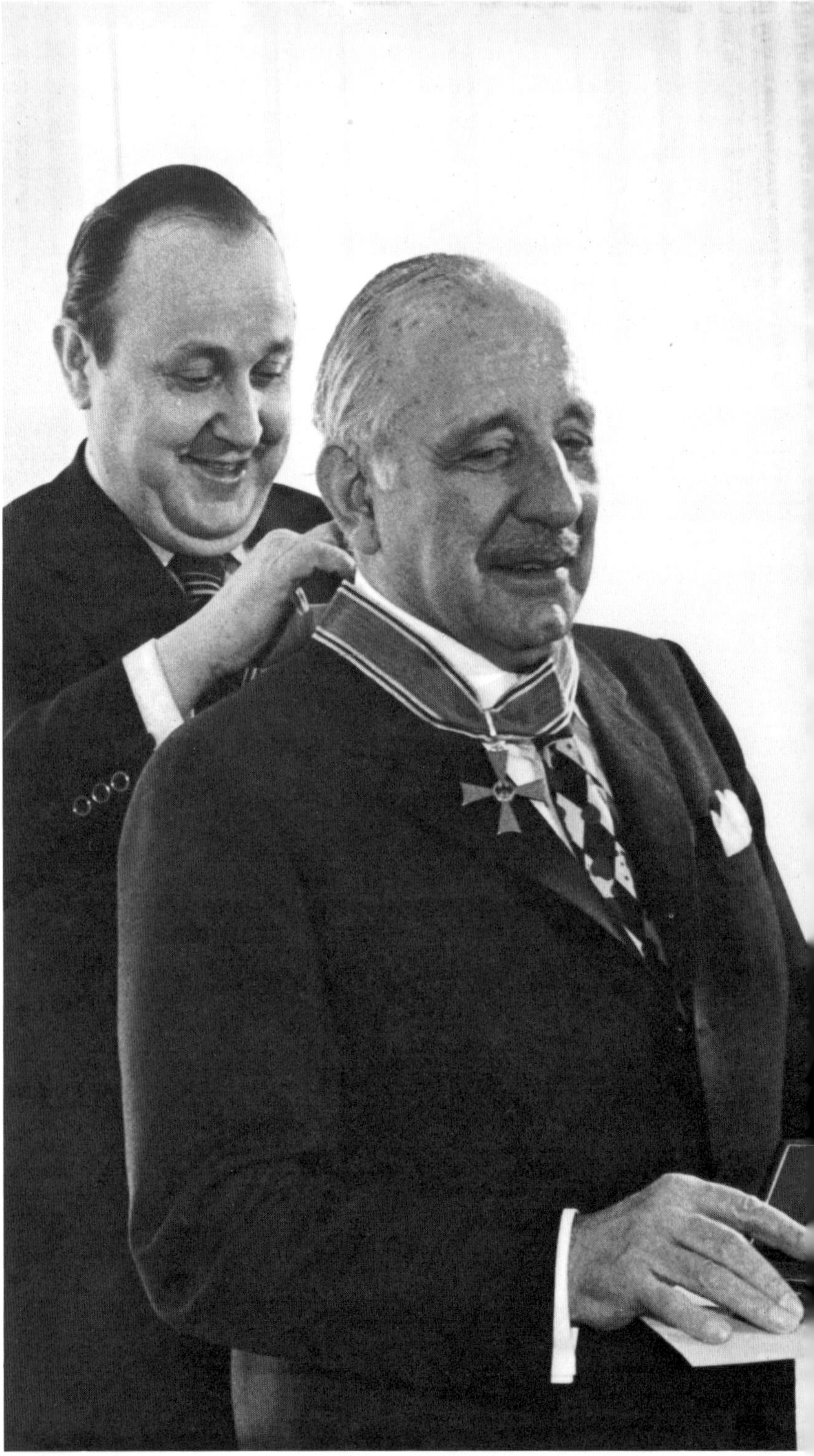

In beiden stand am Ende seiner Biographie: *Liegt auf dem Montmartre-Friedhof begraben.*
Triumphierend zeigte ich den beiden Damen beides. Frau Konsul las, schüttelte ihr Haupt und sagte nur: »Dann ist er eben umgebettet worden«, und rauschte indigniert von hinnen.
Auch diese Geschichte ließ mir keine Ruhe, ich erzählte sie, absolute Gewißheit heischend, in einschlägig bewanderten literarischen Kreisen, so auch eines Nachts in einer Münchner Stammtischrunde, zu welcher Walter Kiaulehn gehörte, der große Berlin-Literat, Kritiker und Gelegenheitsschauspieler. Einige Tage später erhielt ich eine Postkarte von ihm folgenden Inhalts: »Sollte wieder einmal die Rede auf Heinrich Heine kommen, dann sagen Sie doch bitte, daß H. H., der zwanzig Jahre auf seinen Tod gewartet hat, nicht auf Père-Lachaise begraben werden wollte, weil es ihm da zu laut war. Herzlichen Gruß, Ihr Kiaulehn.«
Aber auch das hätte Frau Konsul wohl nicht den Verlust ihrer Wette einsehen lassen.
Von der Flasche französischen Cognac habe ich nie auch nur einen Tropfen gesehen.

Die dritte Wette hatte Thomas Manns *Tod in Venedig* zum Thema und wurde an Ort und Stelle, nicht nur der Stadt, sondern auch der Lokalität geschlossen: dem *Bäderhotel* der Novelle, das heute *Hôtel des Bains* heißt.
Ich verbrachte in eben diesem Hotel meine Ferien, saß eines Nachmittags bei einem Campari auf der Terrasse, vor der Thomas Mann die Gaukler ihre makabren Späße treiben ließ, als ein Herr mich mit Namen ansprach. Er gab sich als Konsul Bartels zu erkennen, Chef der Constantin, und ich bat ihn ob meiner Unkenntnis um Verzeihung, sein Name war mir natürlich ein Begriff. Er wohnte auch im Hotel. Ich lernte seine Frau, von ihm »Püppelchen« genannt, und seine Tochter nebst Kindermädchen kennen. Man sah sich öfters, sowohl im Hotel wie am Strand, und wir haben in der Bar manch einer *Witwe den Hals gebrochen*, wie ich die Leerung einer Flasche *Veuve Cliquot* mit Erfolg getauft hatte.

Eines Tages sah ich in Bartels Cabana eine Pocketbook-Ausgabe von Thomas Manns *Tod in Venedig* liegen. Frau Bartels sagte, sie lese gerade das Buch, und ich verriet ihr, daß die Novelle in unserem Hotel spiele und sie viele Räumlichkeiten darin wiedererkennen werde.
Einige Tage danach, bei einem neuerlichen Witwenhalsbruch an der Bar, fragte mich Frau Bartels, wann Mann den *Tod in Venedig* wohl geschrieben habe, und als ich antwortete, daß ich kurz nach der Jahrhundertwende schätzen würde, wollte sie wissen, ob es damals schon Reiseschreibmaschinen gegeben habe. Ich war darüber etwas verwundert und fragte sie, warum sie das wissen wolle.
»Weil darin eine Reiseschreibmaschine vorkommt«, sagte sie, worauf ich lapidar »Das ist nicht wahr« erwiderte. Trotzdem blieb sie bei ihrer Behauptung, ich bei der meinen.
»Wettet doch, wenn jeder von euch beiden so sicher ist«, schaltete sich der Herr Konsul ein, »ich schlage vor, um drei Witwen.«
Bei den Preisen an der Bar des *Hôtel des Bains* ein teurer Spaß für den Verlierer, aber ich war fest überzeugt, daß ich recht hatte. Püppelchen holte das Buch aus ihrem Zimmer, gab es mir und sagte: »Der Satz klingt zwar ein bißchen komisch, aber Sie haben verloren.«
Und tatsächlich, da stand schwarz auf weiß: Von Aschenbach . . . seine kleine Reiseschreibmaschine auf den Knien . . .
Sonderbar, höchst sonderbar. Doch es half nichts, ich mußte drei Witwen zahlen.
Später, als ich zu Hause im Original nachlas, klärte sich alles auf. Die Taschenbuchausgabe hatte einen Druckfehler. Statt Reiseschreibmaschine heißt es Reiseschreibmappe, aber zu spät, zu spät.
Beträchtliche Zeit später in Wien erzählte ich Dr. Bermann-Fischer, dem Chef des S. Fischer-Verlages, von dem Mißgeschick, das sein Verlag vor Jahren über mich gebracht hatte. Er war tief zerknirscht und bekundete es am nächsten Tag ausdrücklich durch ein wunderschön aufgemachtes Paket, das er mir ins Theater in der Josefstadt schickte, wo ich gerade

spielte, in dem außer einem Entschuldigungsbrief im Namen des Verlages drei gelbe Witwen lagen.
Ein spätes Trostpflaster auf meine Wettwunden, aber von berufener Hand geklebt.

Über Harras

Anfang 1949 schenkte mir unsere reizende Königsallee-Café-Wirtin Heppchen einen gestromten Boxerrüden mit großem Stammbaum, worunter sich sogar ein *Reichssieger* befand. Als er fünf Wochen alt war, wurde er mir zum ersten Mal gezeigt und mit einem kleinen Spritzer Sekt auf den Namen *Harras* getauft, da er mir zur hundertsten Vorstellung von *Teufels General* geschenkt worden war. Er wurde dann wieder zu seinem Wurf zurückgebracht, und als er vier Monate alt war, kam er endgültig zu mir, noch recht tolpatschig und babyhaft, hie und da mal einen kleinen See unter sich oder Würstchen hinter sich lassend. Aber noch heute brennt jeder Schlag, den er von mir dafür bekommen hat, auf meiner Seele, so schnell, so eifrig wurde der bildschöne Kerl mit seiner schwarzen Teufelsfratze stubenrein.
Als er zum ersten Mal an einem Baumstamm das Bein hob, wurde das Fest der Geschlechtsreife gefeiert. Nur blieb er lange Zeit stumm, er bellte nicht, und das bedrückte mich doch sehr ... Bis er eines Tages ohne jeden Grund in eine wahre Boxer-Bell-Symphonie ausbrach, offenbar selbst entzückt von sich.
Früh, wenn ich keine Proben hatte, saß er zitternd vor Aufregung neben dem Kleiderschrank und wartete, was für eine Hose ich anziehen würde. Wenn es die *Grunewaldhose* war, die einen Spaziergang verhieß, kannte seine Freude keine Grenzen. Er jagte mit großen Sprüngen durch die Wohnung. Boxer sind als verspielt bekannt, aber der *Canis ludens* in ihm grenzte ans Pathologische.

Rechts: Mit dem Boxer Harras.

In einem Spielzeugladen hatte es ihm einst ein lebensgroßer Bernhardiner auf Rädern angetan, von dem er durchaus nicht lassen wollte, da er, wenn er ihn anstieß, sich bewegte. Nach Monaten, als wir an dem Geschäft vorbeikamen, war er nicht vom Eingang wegzubringen. Ich wußte nicht, warum, denn ich hatte den rollenden Bernhardiner längst vergessen, er aber wich nicht von der Stelle, ich mußte hinein. Aber ach – sein Freund war nicht mehr da.

Eines Tages war er erkältet. Der Tierarzt riet mir, ihm täglich zwei kleine Cognacs einzuflößen, das sei besser als Injektionen. Ich tat's mit Gewalt, und die Wirkung war scheußlich. Das arme Tier war wie von Sinnen vor Ekel und wohl auch vor Schreck. Harras floh vor mir, ich kam mir ob des Betrugs, den ich an ihm verübt hatte, wahrhaft verworfen vor und beschloß, es nicht ein zweites Mal zu tun.

Wie ihm aber dann den Cognac geben? Ich goß ihn in eine Schale, verdünnte ihn mit ein wenig Wasser und tat eine Prise Zucker dazu. Dann sprach ich auf ihn ein, und er verstand mich anscheinend. Nach einer Viertelstunde probierte er das Gemisch, zögernd, mich immer wieder ansehend. Ich redete ihm weiter zu, und siehe da, er schlabberte es aus. Freiwillig! Ohne ihn betrügen zu müssen, hatte ich es geschafft. Ich kam mir vor wie der heilige Franz von Assisi.

Als Harras sich einmal im Grunewald verletzt hatte – er trug eine stark blutende Schnittwunde am rechten Vorderballen davon, die Maria schnell verband – trug er die Pfote vor sich her wie ein Märtyrer seine eigene Reliquie. Er genoß es sichtlich, sich bedauern zu lassen. Wenn man das eine Zeitlang tat, hob er sie mit einem tiefen Seufzer empor, um sie noch besser zur Schau zu stellen.

Er hing sehr an mir, trotz meiner häufigen Abwesenheit. Er logierte dann bei Maria, meiner Haushälterin, in deren Wohnung. Wenn ich wieder zu Hause war, und sie abends aufbrach, wartete sie darauf, daß auch er sich erhöbe, um wie gewöhnlich mit ihr zu gehen. Aber er dachte gar nicht daran, Herrchen war ja da, und er blieb in seinem Sessel in der Diele ruhig liegen. Ich merkte, daß ihr das gar nicht paßte.

»Heute mußt du hierbleiben bei Herrchen«, sagte sie trotzdem zu ihm, als sie sah, daß er keine Anstalten machte, sich zu erheben. Ich fühlte, daß sie eifersüchtig war, weil er so gar nicht mit ihr gehen wollte, und bin gemein genug, einzugestehen, wie großartig ich es fand, daß er *mein* Hund geblieben war.

Er wurde, wie viele Boxer, sehr früh an den Lefzen weiß, was für den schönen schwarzen Teufelskopf eines noch nicht Dreijährigen nicht sehr kleidsam war. Ich stellte es immer wieder mit großem Bedauern fest.

Als ich wieder einmal nach einer längeren Filmreise nach Hause kam und bei meiner Ankunft einem greisen Taxichauffeur wegen der Freudenexzesse, die Harras am Wagen entfesselte, Tränen der Rührung entlockt hatte, stellte ich irgendeine Veränderung in seinem Aussehen fest, fand aber nicht recht heraus, was es war. Als ich Maria daraufhin ansprach, wurde sie merkwürdig verlegen, sie drehte und wand sich, bis sie mir endlich eingestand, daß sie ihn mit einem Dermatographen, einem braunen Farbstift, womit man auf der Bühne die Augenbrauen nachzieht, geschminkt hatte. Harras, der Boxer mit dem Make-up. Herrlich! Das gibt's nicht alle Tage.

Sie sagte mir, sie hätte es nicht ertragen können, wenn die Leute auf der Straße von dem »alten Hund« sprachen. Die Retusche stand ihm wirklich gut, sie verjüngte ihn und störte ihn auch nicht.

Leider starb Harras mit noch nicht sechs Jahren an der Stuttgarter Hundeseuche, gegen die es damals noch keine Mittel gab. Der Tierarzt gab ihm die erlösende Spritze, während ich wieder einmal auf Reisen war.

Kurz darauf zog ich um, und Maria trug den toten Harras nachts heimlich zu der neuen Wohnung und vergrub ihn dort im Garten. Sie behauptete in ihrer leichten Hexenart, so brächte man etwas von der Freude, die er bereitet hatte, mit ins neue Heim.

Über fremdsprachige Theater

Ich erinnere mich, daß in meinen frühen Theaterjahren ältere Kollegen oft von ihren großen Eindrücken sprachen, die russische Stanislawski-Gastspiele um die Jahrhundertwende hauptsächlich mit Stücken von Tschechow auf sie gemacht hätten. Sie schwärmten in den verzücktesten Tönen, aber ich glaubte ihnen nicht so recht, ich hielt es für schauspielerische Übertreibung, weil sie als besonders gebildet und kritisch gelten wollten. Besonders bei Tschechow, dessen Stücke sie damals höchstens durch die Inhaltsangabe im Programmheft kannten, hielt ich eine so große Wirkung in einer fremden Sprache, die sie nicht verstanden, für unmöglich.
Nun, ich bin unterdessen des öfteren eines andern belehrt worden, zumindest aber durch die Vorstellung von *A streetcar named desire* von Tennessee Williams, in der Inszenierung Elia Kazans in New York 1949.
Auch hier ein Stück, das ich nicht kannte (es ist erst fünfzig oder einundfünfzig nach Deutschland gekommen und verfilmt worden).
Es war eine herrliche Aufführung mit derselben Besetzung wie im Film, bis auf Vivian Leigh als Blanche, die im Theater von Jessica Tandy gespielt wurde.
Ich hörte sehr bald auf, mir den Text mit meinem lückenhaften Englisch wenigstens sinngemäß einzudeutschen, weil es mich viel zu sehr ablenkte. Trotzdem verstand ich alles, genoß alles, es wurde einer meiner größten Theaterabende.
Wenn mir hier auch das Wort, und damit der Sinn, zunächst unbekannt waren, so war die Art und Weise, in der das Dargebotene gezeigt wurde, mir nicht fremd und hemmte die Wirkung nicht.
Anders hingegen, völlig neu und verwirrend war der Eindruck im No-Theater, das ich 1967 in Tokio erlebte. Die Ausdrucksmittel dort sind uns ganz und gar fremd, vom Gang, von jeder bewußt unnatürlichen Bewegung angefangen bis zur Sprache oder besser zum Halbgesang und zum begleitenden Orchester. Das Unbekannte stürzte sich auf mich und faszinierte mich.

Man *will* gar nichts verstehen. Die Wirkung kommt aus Quellen, die ich am Theater noch nicht gespürt habe. Ich hatte vorher Kabuki-Theater gesehen, das bei weitem nicht den Eindruck auf mich gemacht hatte, obwohl es unserer europäischen Art viel näher ist.
Ich glaube, man muß es an Orten seines Ursprungs sehen, und man muß lange dableiben. Man kann herumgehen, Frauen füttern ihre Kinder, derbe Komikerszenen mit Clowns-Charakter unterbrechen die ernsten Rituale.
Ich war über drei Stunden in der Vorstellung, und bis heute ist der große Eindruck geblieben.
Meinen Kollegen von ehemals tat ich reuig Abbitte.

Über Traumberufe

Anfechtungen, einen anderen Beruf als meinen erwählten auszuüben, hatte ich nie. Ich habe eine Zeitlang die Idee gehabt, ganz zur Regie überzugehen, weil ich da plötzlich große Erfolge hatte. Auch haben andere mir später oft versichert, daß ich ein recht guter Anwalt geworden wäre. Sicherlich wohl, ich hatte ja begonnen, Jura zu studieren. Aber die Kunst mag ich nicht verlassen.
Wenn ich mir einen Wunsch erfüllen dürfte – das wäre mein größter: In meinem nächsten Leben möchte ich Dirigent sein. Nicht eines Pop-Orchesters, nein, da will ich ruhig sagen: die Karajan-, die Furtwängler-Karriere, das würde mich ungeheuer reizen. Die Führung einer Kunstumsetzung in die Wirklichkeit im wahrsten Sinne in der Hand zu haben, und dabei noch in diesem Augenblick der Mittelpunkt zu sein, das denke ich mir herrlich.
Egozentrik mag das sein, Eitelkeit ist es gewißlich nicht.
Ich weiß noch, wie ich später Sergiu Celebidache, meinem Nachbarn, erzählte, wie ich ihn beneide, daß er Dirigent sei. Aber auch wie er mir die Qualen eines Dirigenten einleuchtend erklärte und sagte: »Mein lieber Freund, das ist alles schön und gut, wenn du immer die Berliner Philharmoniker dirigieren kannst. Aber stell dir vor, du hast das Orchester ei-

ner mittleren Stadt vor dir, hast zwar all deine Ideen, wie du diese Sinfonie gestalten willst, und dann kommt nicht mal ein Viertel davon. Was du da leiden mußt! Und dann mußt du draußen stehen und die Schande auch noch *miterleben*!«
Trotzdem nimmt das von der Sehnsucht nichts. Es bleibt der Traum.
Auch die Kunst des Gesanges hat es mir angetan. Ich habe immer gesagt: »Wenn ich singen *könnte*, würde ich so gut singen wie niemand sonst, zumindest in der Oper.«
Leider kann ich *nicht* singen. Das Kunstlied hat mich nie gereizt, die Oper aber immer. Und da gab es eine Rolle – weil sie so herrlich schauspielerisch ist: den Rigoletto. Der Rigoletto war mein Traum, mein Traum.
Damals gab es noch die schöne schlesische Stadt, die Steingut als irdenes Geschirr produzierte: Das war Bunzlau. Und Bunzlau hatte ein kleines Theater. Seinerzeit habe ich geträumt: »Ich werde in Bunzlau den Rigoletto singen, da werden sie mich vielleicht singen lassen.«
Und Peter Anders war noch in München, wo er zu großem Ruhm aufstieg. Wir saßen öfter an Stammtischen zusammen, und als ich ihm von meinem Gelüst erzählte, lachte er sehr und sagte: »Weißt du, O.E., wenn du in Bunzlau den Rigoletto singst, komm' ich als Herzog.«
Und ich dachte, was kann *mir* passieren, wenn Peter Anders als Herzog kommt? Ganz Schlesien wird zusammenströmen.
Und als ich's der Erna Berger dann später in Berlin erzählte, sagte sie in ihrem himmlischen Sächsisch: »O.E., dann versprech ich d'r auch, wenn du in Bunzlau den Rigoleddo spiehlst, ich komm' als Gilda.«
Was würde ich riskieren mit Anders als Herzog und der Berger als Gilda?
Aber dann wurde Bunzlau polnisch, und so ist der Traum zerstoben.

Über Geburtstage

Mein sechzigster Geburtstag, an dem ich die Schwelle des *Greisentums* überschritt, war der erste, den mein Freund Max Wiener mir ausgerichtet hat, wie man so schön zu sagen pflegt.

Ich war in der Zeit in Zürich, und Max sagte zu mir, am Geburtstag würden sein Firmenteilhaber Rodolphe Deville und er mich zu einer Motorbootfahrt auf dem Zürichsee mit anschließendem Mittagessen einladen. Die Firma war gerade neu gegründet, und ich galt als eine Art geistiger Vater von ihr. Wir bestiegen also morgens am Bürkliplatz ein Boot und fuhren los. Am Steg vom Hotel *Alexander* legten wir an, um einen kleinen Drink zu nehmen, und zufällig fanden wir einen gemeinsamen Freund an der Bar. Wir fuhren nach der Stärkung mit dem Freund weiter zum Hotel *Adler* nach Hurden, zum Rapperswiler Damm, wo wir wie von ungefähr zwei weitere gemeinsame Freunde antrafen.

Wir waren also zu sechst, als wir uns zum Mittagessen niedersetzten, und es wurde eine recht feuchtfröhliche Atzung. Von dort ging's auf dem Wasserweg zur *Eremitage* nach Küsnacht, wo mich Edith Heerdegen mit einem wunderschönen weingefüllten Kristallpokal am Steg erwartete. Nach Kaffee und einigen weiteren Hochlebetrünken für den Sechzig-Ender ging's endlich heimwärts nach Zürich, wo ich mit meinen beiden Firmenchef-Kindern im *Rössli* in Zollikon ein feudales Abendessen einnahm, um das Fest zu beenden. Freund Max lud uns beide danach noch zu einem stillen endgültigen Abschiedstrunk in seine Wohnung in Küsnacht und gab mir im Hause die Wohnungsschlüssel, weil er mit dem Teilhaber im Keller noch etwas holen wollte.

Ich öffnete die Tür, knipste das Licht an und wurde mit einem zwanzigstimmigen *Happy Birthday* empfangen. Edith Heerdegen war wieder da, Heidemarie Hatheyer und Curt Riess. Eine Riesentorte mit sechzig Kerzen wurde angesteckt, der Champagner floß, die Gratulanten drängten sich. Und als der Trubel sich gerade gelegt hatte, erklang das *Modern Jazz Quartett*, und noch ehe ich es stoppen konnte, schallte aus dem Lautsprecher: »Lieber O.E., zu Deinem Sechzigsten ...«, die Stimme Dürrenmatts mit einer lustigen Gratulationsrede, dann die der Giehse, der Hatheyer, der Heerdegen, die von Curt Riess und von Hirschfeld, dem Nachfolger Wälterlins. Max hatte alle heimgesucht und ihre Gratulationen aufgenommen – es war wundervoll. Die Feier dehnte sich weit über Geburtstagsgebühr aus und endete im Morgensonnenschein.

Beim Fünfundsechzigsten war alles noch großartiger. Die Firma war gewachsen und mit ihr die Einfälle. Es war wieder in Zürich. Max wollte mir nicht verraten, was er an meinem Geburtstag mit mir vorhatte, er sagte nur: »Wir gehen erst einmal ein Stück.«

Und wir gingen durch Stadtteile, die ich gar nicht kannte, bis wir auf einem kleinen Bahnhof landeten, auf dem ich noch nie war, und da kam uns auch schon der Bahnhofsvorsteher entgegen, begrüßte mich und gratulierte mir zu meinem Geburtstag.

Ich traute meinen Ohren nicht, und dann traute ich meinen Augen nicht, als ich an seiner Brust eine runde Plakette mit dem Aufdruck *I like O.E.* entdeckte.

Wir gingen in Richtung der Gleise, die aber leer waren, und hinter jeder Ecke, jedem Pfeiler, aus jeder Tür tauchten Freunde und Bekannte auf, aus Zürich, aus Stuttgart, aus München, aus Berlin, mit Sträußen, mit Geschenken, und alle mit *I like O.E.*-Plaketten auf der Brust. Überraschung auf Überraschung, Gratulationen, Umarmungen. Und plötzlich ein Geschnaufe, ein Gezische, dazwischen ein schriller Pfiff, und um eine Gleisbiegung (Schmalspur) kommen drei Kleinbahnwagen, mit bunten Bildern bemalt, geschoben von der historischen Lokomotive *Schnaagi-Schaagi*, Geburtsjahr 1895, von Max mit Liebe und Tücke für den Tag vom Verkehrsmuseum ausgeliehen, damit sie uns mit glanzpolierten Messingbeschlägen zu einer Fahrt durch das Sihltal zöge. Ein Waggon war als Speisewagen eingerichtet, vom *Mövenpick* bestückt und von der Witwe Cliquot mit Flüssigkeit gefüllt. Die Überraschung war vollkommen!!

Wir fuhren los (unterdessen hatten wir uns auf circa 50 Seelen vermehrt) und juckelten im 25-Kilometer-Tempo durch das Sihltal. *Schnaagi-Schaagi* gab grausige Geräusche von sich und pfiff dazu, der Champagner floß, die delikaten Happen mundeten über die Maßen. Ich drang bis in die Lokomotive vor, um einen Schluck mit dem Führer und Heizer zu tun. An den Schienenrändern standen lachende Menschen. Die Stimmung im schunkelnden Zuginnern wuchs, es war eine herrliche Geburtstagsfahrt!

Nach anderthalb Stunden stiegen wir in Sihlbruck aus, Omnibusse brachten uns zu einem schönen Waldrestaurant.

Freund Max gab uns bedauernd zur Kenntnis, daß eigentlich offene Pferdewagen für diesen Transport geplant waren, die leider wegen des unsicheren Wetters in Omnibusse umdisponiert werden mußten.

Es gab ein großartiges Abendessen mit guten Weinen, und *Schnaagi-Schaagi* brachte seine leicht angesäuselte Ladung in bester Laune um Mitternacht schnaufend wieder nach Zürich zurück.

Der Siebzigste schien nicht so ganz glücken zu wollen. Ich hatte zwar Einladungen gelesen, auf denen stand, daß man sich in Zürich in bequemer Sommerkleidung treffen wolle, zu einer Omnibusfahrt mit einem Stopp in Hombrechtikon, wo Max wohnte, wußte aber nicht, was danach geschehen sollte.

Es war schlechtes Wetter an meinem Geburtstag. Freunde waren aus Berlin, aus Düsseldorf, aus München, aus Wien gekommen, auch Bekannte von Max, die mir noch fremd waren. Alles in allem wohl an die hundert Menschen. Wir fuhren also nach Hombrechtikon, wo es trotz Nieselregen ein reizendes Intermezzo gab. Obwohl der Imbiß eigentlich im Garten geplant war, delektierte man sich in ausgeräumter Garage, auf einer Veranda und unter einer improvisierten, ausgespannten Zeltplane leicht gedrängt, aber bestgelaunt an einem frisch angestochenen Faß Bier, Schweizer Weinen und an herrlicher Bratwurst und Käse. Nach einer guten Stunde war Aufbruch zu unbekanntem Ziel. Der Regen nahm zu, die Stimmung nach einstündiger Fahrt ab. Was sollte das? Es gab doch so viel hübsche Lokale in der Nähe, warum diese endlose Regenfahrt? Max kopiert mich noch heute, wie ich aus dem Omni-

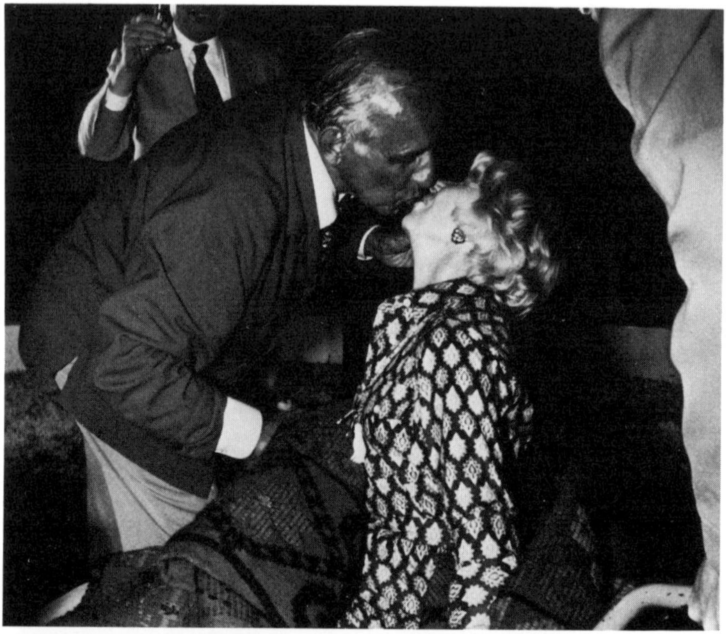

busfenster gucke und sage: »Immer noch Schweiz?« Oder ein andermal: »Sind wir bald an der bulgarischen Grenze?«
Als dann der Busfahrer sich zu allem Mißgeschick auch noch verfuhr, war der Tiefstand erreicht. Dazu wußte immer noch niemand, wohin es eigentlich gehen sollte.
Plötzlich im Regen eine hellerleuchtete Fassade, schmetternde Musik: Ein Zirkus! Max hatte zu meiner Geburtstagsfeier einen Zirkus gemietet! Die Überraschung war ungeheuer und nicht minder der Stimmungswechsel. Auf Holzbohlen ging es über Regenpfützen ins hellerleuchtete Zelt, in dem rund um die Manege Tische mit Stühlen gestellt waren, ein kaltes Büffet von einer Pracht, die der Schah von Persien nicht hätte überbieten können. Die Sektkorken knallten, Max hatte sich in einen Clown verwandelt und lud alle hundert Gäste zu einem Geburtstagsschluck für mich und auch für Edith Heerdegen, die wenige Tage zuvor ihren 60. hatte, in die Manege ein, wo er einen Schubkarren voller Magnum-Champagnerflaschen hereingerollt hatte. Die Stimmung war in einer Fieberkurve auf Gipfelhöhen geklettert. Ein exzellentes Zirkusprogramm, sogar mit einer Löwendressur, rollte vor den tafelnden Gästen ab, jede Nummer, von einem Fräulein gleichen Namens, durch ein bekränztes Schild mit einer riesigen 70 darauf angekündigt.
Ich stellte mich zum Schluß dem Messerwerfer als Bewurfsobjekt. Unter Warn- und Angstrufen. Und ging nach atemloser Spannung heil und unversehrt im Jubel der Manege daraus hervor. Nach der Vorstellung wurde getanzt. Um ein Uhr brachen wir auf, und am Endpunkt, im Hotel *Bellerive*, feierten wir bis zum Morgen bei Gulasch und Kaffee und Whisky weiter. Ein wahrhaft königlicher Geburtstag!

Linke Seite: Der 70. Geburtstag.

Hätte meine Freundschaft zu Max Wiener nach einem Vierteljahrhundert überhaupt noch einer Bewährungsprobe bedurft, so fand sie ihre Bestätigung im Sommer 1976, als die Presse bereits begann, meinen Tod zu melden. Jahrelang war ich ein starker Raucher, und seit geraumer Zeit plagte mich ein chronischer Bronchialkatarrh. In dieser Situation probte ich in Düsseldorf eine meiner Lieblingsrollen, den alternden Komiker Willie in »Sonny Boys«. Kurz vor Schluß der Premiere brach ich hinter der Bühne zusammen. Glücklicherweise hatte ich meine letzte Szene im Bett zu spielen – stehend hätte ich es nicht mehr geschafft. Der Vorhang war kaum gefallen, da wurde ich schon mit Blaulicht ins Evangelische Krankenhaus abtransportiert. Ich kam auf die Intensivstation, erhielt einen Luftröhrenschnitt, doch mein Kreislauf wurde immer schwächer. Die Lage schien ohne Hoffnung, obwohl Frau Dr. Funke sowie die anderen Ärzte und Krankenschwestern alles für mich taten, monatelang Tage und Nächte an meinem Bett verbrachten. Und Max Wiener. Jetzt, da es um Leben und Tod ging, ließ er seine Agentur in Zürich im Stich, war stets bei mir, half mir. Zu allem Überfluß kam noch eine Lungenentzündung hinzu. Der Kampf der Ärzte schien aussichtslos, und auch mein eigener Lebenswille hatte keine Kraft mehr.

Ich rief nach Max. Des wochenlangen Überlebenskampfes überdrüssig, wollte ich von ihm Abschied nehmen. Man ließ uns allein. Als er nun an der Schwelle meiner Sterbenacht am Bettrand saß, machte ich ihm deutlich, daß ich wisse, wie es mit mir stehe, daß es zu Ende gehe. Ich zeigte mit dem Daumen himmelwärts. Aber so ganz und gar formlos sollte dieser Abschied nun doch nicht enden. Ich dachte an ein Schlückchen Whisky. Das war leichter gedacht als getan, aber dem Freunde gelang es, den Schmuggel an der gestrengen Schwesternschaft vorbei zu dirigieren. Wir tranken den Whisky pur. Wir stießen auf den Himmel an. Und auf die sich dem zurückbleibenden Freund hoffentlich noch eine Weile friedlich gebende Erde. Ich langte kräftig hin. Dann sank ich, ohne es zu merken, hinüber.

Als Max am nächsten Morgen wiederkam, um von den Ärzten die unvermeidbare Nachricht zu hören, ging er zunächst, um einen letzten Blick auf den Verstorbenen zu tun, in das Sterbezimmer. Dort aber saß ich, mühsam gestützt von Ärzten und Schwestern, aufrecht im Bett und starrte ihn lebendigen Auges an, holte gequält Luft und bellte ihn kurz mit rauher, bärentiefer Stimme an: »Sodbrennen!«
Einige Zeit später wurde ich in einem Krankentransport-Flugzeug nach Basel geflogen, dort hatte Max eine Spezial-Klinik für meine Krankheit aufgetan. Ein bißchen konnte ich schon gehen, aber im Flugzeug lag ich wieder auf der Bahre. Der Oberarzt flog mit. In Basel wurde das Wunder Wirklichkeit. Ich wurde wieder ein Mensch, der atmen, der das Leben wieder lieben konnte. Professor Herzog hieß das Wunder. Das sei ihm unvergessen.

1969, Urlaub mit Max Wiener.

Aus Prager Zeiten war der große Schauspieler Erich Ponto mein Freund. Er blieb es bis zu seinem Tod. Und schon während des Krieges begannen wir, kurze Briefe, stets in Versform, zu wechseln. An einem feuchtfröhlichen Abend sprachen wir dann ausgiebig über die kunstvollste Form der Dichtung, über das Sonett. Aus dieser Unterhaltung entwickelte sich alsbald eine Korrespondenz, die sich ausnahmslos der Sonettform bediente. Dabei signierte Erich Ponto mit dem Namen »Profedi«, was kurz für »Professioneller Dichter« stehen sollte. Daraufhin nannte ich mich selbst »Ambidi«, und das bedeutete »Ambitionierter Dichter«. Als Dritter im Bunde stieß später in Berlin unser gemeinsamer Freund Karl Ludwig Skutsch hinzu, der erste Leiter des »Hauses am Waldsee« in Zehlendorf. Da der Insel Verlag bereits Gedichte und Romane von ihm veröffentlicht hatte, taufte ich ihn einfach »Berudi« – »Berufsmäßiger Dichter«. Natürlich nahmen wir unsere »Dichtungen« nicht ernst, sahen sie ausschließlich als Spielerei, die sich aus amüsanten Anlässen ergab. Wie jenes Sonett, das Skutsch und ich für Erich Ponto verfaßten:

Sonett für Profedi

Was eilte so? Sind's Jahre, wirklich Jahre?
Und ein Sonett nun, sie zu überbrücken?
Sei's drum! Ergreifen wir die Eselsbrücken,
das unser Charme gereimt dir widerfahre.
Wir schwingen uns in's ewig Wandelbare,
unwandelbar in's geistige Entzücken.
Und sprießt wohl auch nur Moos auf Brust und Rücken,
am Kopf und unten wachsen gleichviel Haare.
Das ist das Dunkle und das doch so Klare.
Wir füllen den Bedarf aus Gottes Lücken;
Wir sind zugleich die Händler und die Ware.
Kein Schick- und Trübsal kann uns niederbücken.
So laß uns denn zu dritt die Hände drücken
und einen Schluck tun – auf das Sonnetare.

Gegeben am 2. April 1952, 2.17 Uhr
Berudi Ambidi

Kommt doch am Vierzehnten um 11;
noch eine Stund' ist's, dann bis 12. –

Aus den verschmitzten Zügen
spricht heut schon das Vergnügen,
nach dem „der Weise" abgeschminkt,
wenn Ihr bei ihm ein Gläschen trinkt.

O.E.s Gefühl für Qualität war unbestechlich. Seine Kriterien waren: Geistesreichtum, vollendetes Übermittlungsvermögen, ursprünglicher Witz und Einfallsgabe, der Charme der Geste und des Geistes, Schlagfertigkeit und Anspruch an den Fleiß.
Das Zentrum seines Lebens war Dichtung, war Theaterspielen. Aus diesem Umkreis wuchsen seine Sympathien, seine Schwärmereien, seine Lieben.

Mitterwurzer

In Schauspielschulen werden den Schülern oft Wunderdinge davon erzählt, was große Darsteller aus kleinen Rollen gemacht hätten, um sie zu unvergeßlichen Ereignissen zu steigern, im Ausdruck, in der Maske, mit dem Requisit, dem Kostüm. So auch über Friedrich Mitterwurzers Kostüm als Fremder Herr in der Uraufführung von Schnitzlers *Liebelei* am Wiener Burgtheater, der im ersten Akt unvermutet auftritt und bei den Vorbereitungen zu einem kleinen Fest den Liebhaber Fritz zum Duell fordert, in dem Fritz fällt.
Die Berichte darüber sind verwirrend vielfältig, auch die Motivierung. Manche erzählen, er wäre ganz in Schwarz gekommen wie ein Todesbote; andere wieder, es sei ein Frack gewesen, daß man glauben könne, er wolle mitfeiern, so daß die Duellforderung um so stärker kontrastierte; wieder andere, daß er im Straßenanzug aufgetreten sei, um so stärker wäre die Wirkung gewesen. Jeder unterlegte man eine genial erdachte Deutung zur Vertiefung und Durchdringung der Rolle.
In meinen ersten Kammerspieljahren war Ewald Balser noch Mitglied, gastierte aber schon am Burgtheater, dessen Mitglied er auch bald wurde. Eines Abends kamen wir einmal auf dieses Mitterwurzer-Kostüm-Thema zu sprechen, er kannte es auch in diversen Varianten, und da er bald darauf ans Burgtheater ging, bat ich ihn, dort mal nachzuforschen, was Mitterwurzer wirklich anhatte.

Als Balser zurückkam, berichtete er, daß er noch einen Garderobier gefunden hätte, der bei der *Liebelei* dabei war, sich an den Riesenerfolg erinnerte, aber zunächst abstritt, daß der berühmte Mitterwurzer überhaupt mitgespielt hätte. Als Balser erwähnte, daß es nur eine Szene im ersten Akt gewesen sei, fiel es ihm wieder ein.
Auf die Frage, was Mitterwurzer in der Szene für einen Anzug getragen hätte, antwortete er: »Der Herr von Mitterwurzer hat gesagt: ›Ah, was! Für die Scheißroll'n zieh i mi do net um‹, und ist auf die Bühne hinausgegangen, wie er gerad' ins Theater kommen ist.«
So viel über den Ursprung von Theaterlegenden und deren Entstehung.

Horst Caspar

Es kam ein junger Mann an die Kammerspiele nach München, als Gast, von dem man sagte, er sei sehr begabt. Saladin Schmidt aus Bochum war sein Prinzipal.
Bochum war durch Saladin Schmidt eine Theaterstadt geworden. Er war Präsident der Deutschen Shakespeare-Gesellschaft, Freund in den Kreisen der Anthroposophie, mit dem Dichter Stefan George befreundet, ein hochgebildeter Mann, eine künstlerische Natur, in dessen Garten manche Begabung wuchs. Er war wie Falckenberg ein Talentsucher und -finder, ein Talentriecher.
Horst Caspar spielte als erstes den Ferdinand in *Kabale und Liebe*, ich war in dieser Aufführung der Kalb. Das einzige Mal, daß wir auf der Bühne direkt Kontakt zueinander hatten, war in jener berühmten Schnupftuchszene, die meistens gestrichen wird, von Falckenberg aber aufgelassen worden war. Wir hatten also nur diese kurze Szene miteinander, aber er beeindruckte mich sehr.
Wenige Tage vor der Premiere dachte ich, ich schau' mir mal den fünften Akt an – der Kalb ist ja früh fertig.
Na, wie der den Tod ins Zimmer trug!
Da bin ich schon vom Stuhl gesunken. Es war ungeheuerlich.

Horst Caspar, neben O. E. Hasse.

Mir blieb schier der Atem weg.
Ich begann zu verbreiten: Kinder, wir haben ein Genie im Haus.
Er kam in München gleich mit dieser Rolle durch, kometenhaft.
Und dann spielte er sehr schnell seinen *Prinzen von Homburg*. Falckenberg war für ihn das Heil, nicht Heilkraut, sondern Wundermittel.
Wir Kammerspieler waren ja ein recht arrogantes Völkchen, denn unser Theater hatte – Hitlerzeit hin, Hitlerzeit her – ein großes Renommee. Obwohl Berlin die noch arrogantere Prioritätsrolle deutschen Theaters vor allen Städten spielte, wurden die Kammerspiele mit in die Kategorie erster Sprechbühnen einbezogen.
Caspar kam mit einem gewissen bombastischen Pathos aus

Bochum, von dieser außerordentlichen, viel größeren Bühne. Falckenberg aber war ein stiller Regisseur, der selbst ganz leise sprach, und ich weiß, wie Falckenberg immer wieder sagte: »Aber lieber Caspar, wir sind ein kleines Haus, sprechen Sie doch leise.« Und dieses Zurücknehmen, das Kammerspielhafte, ist ihm großartig bekommen. Das mußte er erst richtig lernen.

In dieser Aufführung hatte ich nichts zu tun. Bei der Premiere saß ich in der Direktionsloge neben Falckenberg, unten auf einer Stufe.

Was der da machte auf der Bühne!

Falckenberg kniff in mein Knie und flüsterte: »Hat er auf der Probe *nie* gemacht. Ist neu. Ich hab' noch Kainz gesehen, *dieser* hier ist größer.«

Damals war es nach Premieren Sitte, auch wenn man nichts in der Vorstellung, wie ich, zu tun hatte, daß man anschließend noch zusammensaß und feierte. Man pokulierte. Und ich hielt, vom Alkohol schon etwas angegangen, eine Rede auf das Gottesgnadentum, die klar auf ihn gemünzt war.

Später, in anderer Runde, sagte ich: »Er hat bei Saladin Schmidt über Richard II. bis Hamlet alles schon gespielt, vielleicht kann er sich steigern, aber dieser Homburg: das ist Vollendung. Ich habe das Gefühl, der wird bald sterben.«

Dieser Satz hängt mir bis heute nach.

Von München ging er nach Berlin ans Schiller-Theater und spielte den Homburg unter der Regie von Fehling. Kurz vor der Premiere sahen wir uns, er flehte geradezu: »O. E., geh bitte nicht hinein.«

»Aber Horst – mit Fehling!«

Und er hatte recht.

Da war wieder alles Pathos, es war zuviel. Es war bei weitem nicht vergleichbar mit der Leistung damals bei Falckenberg. Dabei war die Falckenbergsche Inszenierung schwach.

Schon wenn er zurückkam von Saladin Schmidt – dort hatte er ja noch Vertrag –, dauerte es immer eine Weile, bis er das Bochumer Pathos verlor. Plötzlich war er wieder großartig. Unter Falckenberg war er Genie.

Und blieb es schließlich bis zum Ende.

Wir drehten den Film *Epilog* mit Carl Raddatz, Kortner und Irene von Meyendorff. Käutner hatte Regie. Caspar und ich tauchten nur in einer Rahmenhandlung auf.
Auf einer abendlichen Rückfahrt – die Wagen wurden uns gestellt – sagte Caspar, er müsse jetzt nach Bremen, um dort die Eröffnungsvorstellung im Goethe-Theater zu spielen. Er sei in fünf Tagen erst zurück.
Ich fragte ihn: »Womit eröffnet ihr?«
»Mit ›Egmont‹.«
Ich machte eine Pause, sagte dann: »Horst, ich hab' 'ne Frage. Welche Hauptfigur in einem Drama von Goethe heißt, außer Faust, mit Vornamen auch Heinrich?«
Nun hatte Caspar immer etwas gertenhaft Primanerhaftes an sich. Auch wenn er etwas unwirsch war, bewahrte er eine gewisse respektvolle Haltung. Und er fragte, leicht indigniert: »Was meinst du damit?«
»Ich meine, was ich sage: Welche Hauptfigur in einem Goethe-Drama heißt auch Heinrich, außer Faust?«
»Das weiß ich nicht.«
Wir plauderten dann über etwas anderes. Und dann faßte ich nach: »Aber Horst, du müßtest es wissen!«
»Was?«
»Die Antwort auf meine Frage.«
»Welche Frage?«
»Die Frage, welche Hauptfigur in einem Drama von Goethe heißt außer Faust noch Heinrich?«
Lange Pause.
»Übrigens, wann habt Ihr denn Premiere?«
»In drei Tagen.«
»Ach, und morgen?«
»Da haben wir die erste Hauptprobe.«
»So«, sagte ich, »dann solltest du es wissen.«
»Ich sagte dir schon, ich weiß es nicht.«
»Aber Horst. Es ist die Rolle, die du spielst. Es ist der Egmont.«
Da sah er mich an, mit der ganzen Überzeugungskraft des ideologischen Schauspielers, der er war, als wollte er die Welt überzeugen: »Das ist nicht wahr!«

»Aber Horst, habt ihr das Todesurteil gestrichen?«
»Nein, wieso?«
»Dann sprich mir mal nach: Erkennen wir, nach vorgängiger, genauer, gesetzlicher Untersuchung, Euch, Heinrich Grafen Egmont, Prinzen von Gaure, des Hochverrates schuldig ...«
Er war zerschmettert.
Tagelang, nach seiner Rückkehr, vermied er es, mit mir zu sprechen, so hat er sich geschämt.
Man glaubt, es sei wirklich ein Grund zum Schämen, wenn der Schauspieler des Egmont, wie hier Horst Caspar, nicht weiß, daß er beim Todesurteil mit Heinrich angeredet wird. Aber da tut man dem Schauspieler sehr unrecht. Der Vorname taucht im ganzen Stück nur dieses eine Mal auf. Klärchen spricht ihn nie mit Heinrich an, und auch im Personenverzeichnis sucht man ihn vergebens.

Karl Valentin

Meine erste Begegnung mit Karl Valentin hatte ich 1931. Wir spielten das Lustspiel *Sturm im Wasserglas* von Bruno Frank, welches ein großer Erfolg war und viel länger lief, als man erwartet hatte, und Liesl Karlstadt, Valentins Partnerin, hatte darin die Rolle der Frau Vogl übernommen, die ursprünglich Therese Giehse spielte. Als ich eines Abends zur Vorstellung ins Theater kam, stand Valentin vor der Bühnentür, mit dem unvermeidlichen Koks auf dem Kopf, dem steifen Hut, den er stets trug. Er hatte wohl die Liesl ins Theater begleitet.
Ich grüßte, und er sagte:
»Sie san der Hoasse, gelt? Die Liesl hat mir von Ihnen erzählt. Sie san a Schauspieler. Daß's gleich wissen, ich kann Schauspieler nicht leiden.«
So begann es. Das war die Eifersucht. Nicht auf mich, sondern auf das Theater. Auf das Theater an sich, zu dem er keinen Zugang fand, wie ich erst später erkannte; er beneidete die Karlstadt, die gerade in ihrer Rolle sehr erfolgreich war, und er hatte Angst, sie an das Theater zu verlieren.

Liesl Karlstadt und Karl Valentin.

Später lud mich Liesl Karlstadt in ihre Wohnung zum Kaffee ein. Valentin war da und noch ein Kollege vom Münchner Deutschen Theater. Sie hatte einen Kuchen gebacken, und wir versuchten, etwas stockend Konversation zu machen. Plötzlich sagte Valentin:
»Geh, jetzt machen mir's.« Und Liesl setzte sich an ein Harmonium, das im Zimmer stand, er nahm eine Trompete, und sie spielten und bliesen zusammen: *Mei Mutterl war a Weanerin.* (Valentin war früher Musical-Clown.) Und als sie fertig waren, sagte er: »Des ist mein Lieblingslied.«
So begann der Nachmittag auf seltsame Weise. Ob das stimmte mit dem Lieblingslied – oder wollte er uns nur zum Narren halten?
Nach einer Weile ging er zum Grammophon, legte eine Platte auf und sagte: »Den mog i! Des ist a ganz Großer.«

Es war Otto Reutter, der sang: *In fünfzig Jahren ist alles vorbei.* War das ehrlich oder auch eine *Valentinade*?
Man wußte es nie bei ihm.
Als ich zum ersten Mal mit einer Kollegin in das düstere Kolosseum ging, das Stammhaus für seine Vorstellungen, bat uns die Liesl, in der Pause in ihre Garderobe zu kommen (sie hatten stets zusammen eine Garderobe). Als ich eintrat, deutete er, nachdem er mich begrüßt hatte, ohne Übergang auf den Türpfosten, an dem dicke Bleistiftstriche zu sehen waren, und den Finger auf den obersten legend, sagte er: »Das war der Längste, den i gehabt hab«, 1,91 Meter, und auf den untersten: »Das der Kleinste, a Zwergerl.«
Es waren die Maße seiner Partner, die er dort verewigt hatte. Er verriet mir auch den Umfang des Dicksten. »Der hat drei Zentner gewogen, der war pfundig.« Er zeigte mir die Maße seiner Partner wie Denkmäler.
Es waren immer abnorme Figuren in seinem Ensemble. Er engagierte einen Austräger der Kammerspiele, einen Boten, einen wahren Kretin mit schleifendem Gang, Wolfsrachen und idiotischem Aussehen, zog ihm einen Frack und weiße Handschuhe an, setzte ihm einen Zylinder auf und ließ ihn den *Handschuh* von Schiller aufsagen.
Seine einzige direkte Beziehung zum Theater hatte er durch das Stück *Der Müller und sein Kind*, ein Gespenster- und Schauerdrama von Raupach aus dem vorigen Jahrhundert. Und das kam daher, daß früher, als die beiden noch allabendlich in Gastwirtschaften aufgetreten waren, Allerseelen ihr einziger freier Abend war, weil da alle heiteren Darbietungen verboten waren. Und an diesem Tag wurde in München, nicht nur im Volkstheater, sondern auch in Liebhabertheatern *Der Müller und sein Kind* gespielt, und Valentin sah es sich alljährlich immer wieder an. Er kannte das Stück fast auswendig und hat mir öfter den Liebhaber daraus vorgespielt, den *Konrad mit der Flöte*, wobei er seinen Spazierstock als Flöte benutzte. Ich glaube, er liebte das Stück wirklich.
An einem Allerseelen-Abend erreichte es Liesl, daß er sich statt *Müller und sein Kind* Hebbels *Maria Magdalena* in den Kammerspielen ansah. Ich spielte darin den schurkischen Le-

onhard, und am Tage darauf erhielt ich von ihm den folgenden Brief:

München Okt. 36
Man möge das Stück Müller und sein Kind (Erstaufführung 1780) mit diesen großen Schauspielern aufführen wie ich dieselben gestern abend in Friedrich Hebbels ›Maria Magdalena‹ kennengelernt habe, dann wäre ›Müller und sein Kind‹ kein Kitsch mehr, sondern das große Volksdrama, das es seit 120 Jahren gewesen ist.

Manchmal, nachdem wir Liesl nach Hause gebracht hatten, forderte er mich auf, mit ihm in sein Stammbeisl in die Kanalstraße mitzukommen, und oft hat er dann über seine verworrene Liebe zum Theater gesprochen, die zur Haß-Liebe geworden war, und mir auch Stoffe für Theaterstücke erzählt, die er sich ausgedacht hatte, die auf Rummelplätzen und in Wachsfigurenkabinetten spielten und alle sehr grausig waren.

Eines Tages fragte mich Falckenberg, ob ich zwischen Valentin, der Karlstadt und den Kammerspielen nicht den Vermittler machen wollte, er hätte ein Stück mit einer großartigen Rolle für ihn und auch für sie. Er wußte von meinen Beziehungen zu den beiden und glaubte, auf diesem Wege bei dem schwierigen Valentin eher etwas zu erreichen als durch ein offizielles Angebot.

Ich sprach mit ihnen, Liesl las ihm das Stück vor, und es kam tatsächlich zu einer Leseprobe auf der Probebühne, bei der ich auch zugegen war. Valentin hatte sich eine Brille aufgesetzt, den unvermeidlichen Koks auf dem Kopf. Falckenberg umriß kurz die Situation, und es begann mit einer Szene zwischen Valentin und Liesl Karlstadt. Schülerhaft, stockend las er die ersten Sätze, die Karlstadt antwortete, er begann wieder, stotterte, verlas sich, fing nochmals an, warf dann das Rollenbuch auf den Boden, schrie: »I konn's net«, nahm seinen Mantel, ging hinaus und war nicht mehr zurückzubringen.

Er hatte eine große Aversion gegen alles Geschriebene, Gedruckte, Festgelegte. Er erlaubte nicht einmal, daß seine eigenen Sketches aufgeschrieben wurden, die Karlstadt mußte es heimlich tun. Er selbst hatte keine feste Struktur des Textes.

Oben: Mit Liesl Karlstadt in »Drei Gspusi der Zenta«. Unten: Mit Weiß-Ferdl in »Er und seine Schwester«.

Sie mußte ihn immer wieder zurückführen.
Auf meine Bitten ließ sie ihn einmal laufen, wie er wollte. Sie spielten den *Firmling*, eines ihrer beliebtesten Stücke. Wir hatten ein Stichwort ausgemacht, mit dem es beginnen sollte, und sie wollte an ihr rechtes Ohr fassen, wenn sie wieder die Zügel ergreifen würde. Das Experiment war erstaunlich. Er kam wirklich auf ganz andere Themen, und was er erfand an Worten und Situationen, war durchaus nicht alles komisch oder wirkungsvoll. Man könnte aber auch nicht sagen, daß er unsicher wirkte in diesem improvisierten Teil. Nach dem Ohrenzeichen brachte sie ihn überlegen wieder auf das alte Gleis. Ohne die Liesl konnte er nichts festhalten von alldem, was er so genial erfunden hatte, sie war der Anker, die Sachwalterin seines Genies. Dazu war sie eine sehr gute Schauspielerin und in ihrer offenen unkomplizierten Art wirklich ein wirkungsvoller Gegensatz zu Valentin, der unersetzlich war. Als sie sich von ihm trennte, trat er nicht mehr auf.
Weiß Ferdl war sein großer Kontrahent, den er beneidete. Auf dessen größere Popularität war er eifersüchtig, Weiß Ferdl war zugänglicher, eingängiger in seiner Komik, handfester, weniger abseitig als Valentin in seiner genialen Vertracktheit und Absonderlichkeit, seiner Verbohrtheit, er war vordergründiger, parater, ohne banal zu sein, er machte große Filme und hatte ein eigenes Theater am Platzl.
Valentin machte zwar auch aus seinen Theatersketches Kurzfilme (ich habe sogar in einem, der *Die verhexten Scheinwerfer* heißt, einen aufgeregten Theaterdirektor gespielt), und die Nachtvorstellungen in den Kammerspielen, die Falckenberg ihm ermöglichte, brachten ihm Erfolg und Anerkennung, jedoch hauptsächlich in künstlerisch interessierten Kreisen. Der begehrtere, beliebtere war Weiß Ferdl, das mußte der Valentin zur Kenntnis nehmen, und er hat es mir oft geklagt.
Allerdings hatte er ein Äquivalent zu seinen ihn verkennenden Münchnern, das waren die Berliner. Sein Erfolg am *Kabarett der Komiker* war enorm, er war davon tief beeindruckt, und es war geradezu rührend, daß er mir ganze Sätze aus seiner Rolle vorsprach, um sich zu vergewissern, ob sein Bayerisch für die Berliner noch verständlich sei.

Auf Reisen litt er ständig unter der Angst vor einem Eisenbahnunglück, und wenn er im Theater saß, hatte er das Gefühl, die Ränge könnten einbrechen und ihn unter sich begraben. »Warum«, so sagte er mir einmal, »muß i, wann i in der Früh die Zeitung aufschlag, immer zuerst nach den Unglücksfällen und nach den Todesanzeigen sehen?«
Er hatte stets einen Inhalierapparat bei sich, der auf der einen Seite in einem Gummiball endete und auf der anderen in zwei gläsernen Röhren.
Es sah gespenstisch aus, wenn er diese Röhren in die Nasenlöcher steckte und dadurch das Gesicht zur Grimasse verzerrte, zweimal auf den Gummiball drückte und dann die Apparatur wieder in der Brusttasche verschwinden ließ, als wäre nichts geschehen, so daß man glaubte, eine absurde Vision gehabt zu haben.
Einmal stiegen wir in ein Taxi. Liesl und ich saßen hinten, Valentin vorn beim Chauffeur, der ihn natürlich kannte und ihn fragte, wohin die Fahrt gehen solle. »Des sag i eahna nicht«, antwortete Valentin. »Schauen S' her, i hab a Lenkrad wie Sie, da fahren S' mir einfach nach.« Dabei hatte er seine Hände um ein imaginäres Lenkrad vor sich gelegt. Der Fahrer lachte, fuhr los und folgte auch bei jeder Abbiegung seiner pantomimischen Anweisung. Da kam uns eine Straßenbahn entgegen, und als sie genau auf unserer Höhe war, drehte Valentin sein nicht vorhandenes Steuerrad scharf nach links. Natürlich machte der Fahrer nicht mit, sondern fuhr lachend geradeaus. Darauf Valentin zu uns, nach hinten gewandt:
»Es ist halt auf nix mehr Verlaß in der Welt. Wenn der jetzt g'spurt hätt, säßen wir drin in der Tram.«
Er machte der zierlichen Ehmi Bessel den Hof, wir spielten damals mit Liesl Karlstadt zusammen *Sturm im Wasserglas*, und machte ihr Komplimente über ihr Aussehen. Nun war es bekannt, daß er eine Vorliebe für Dreizentner-Damen auf dem Oktoberfest hatte, und sie sagte ihm lächelnd, daß sie davon gehört habe und ihm deshalb seine Komplimente nicht so recht glaube. Worauf Valentin antwortete:
»Gnädige Frau, in diesem Fall wollen wir eine peinliche Ausnahme machen.«

Gespenstische Abende sind mir in Erinnerung, wenn wir im leeren Frühstückssaal des Hotels *Wagner* saßen, weil er die Menschen scheute, wo nur eine Lampe über unserem Tisch brannte, und die ungedeckten Tische im grauen Dämmer verschwanden.

Valentin zahlte die Zeche mit einem Geldschein. Bevor er ihn dem Ober übergab, sagte er: »Moment, wollen mal erst hören, ob er echt ist«, ließ ihn auf den Tisch fallen, wie man es bei Münzen tut, um den Klang zu prüfen, und sagte: »Jawohl, er ist echt, Sie können ihn nehmen.«

Eines Abends holten wir aus seiner Wohnung einige Raketen mit Liesls kleinem Opel. Es war noch ein junger Bekannter von ihr dabei, man sprach vom »Zündeln«. Es ging auf die Maximiliansbrücke. Dort hielten wir an der Bürgermeisterinsel, die in der Isar liegt. Der junge Mann stieg aus, wir auch, er nahm die Raketen, die auf Holzstangen gesteckt waren, und verschwand im Grün der Insel, die nicht bebaut ist. Nach einer Weile kam er zurück und sagte: »Gleich zündelt's.« Und richtig, da schoß auch schon die erste Rakete prächtig zum nächtlichen Himmel empor, gleich darauf die zweite, die dritte.

Es war schon spät und nicht mehr viel Verkehr auf der Maximiliansbrücke. Valentin begann skurrile Sprünge zu machen, klatschte in die Hände und schrie: »Jetzt brennt's. Schaug! Jetzt brennt's.« Er war sehr erregt, man sah es ihm an. Ich habe so viel fast kindhafte Freude oder Entzücken bei ihm nie wieder gesehen. Dann krochen wir in den Wagen, wie Verbrecher auf der Flucht, und fuhren aufgeregt davon.

Meine letzte Begegnung mit ihm war mehr als eigenartig. Es war an einem trüben Wintertag im Kriege, ich lebte schon lange nicht mehr in München, es war an der Ecke Perusa-Maffei-Straße in München, wo die Straßenbahn sich durch zwei Kurven winden mußte und sehr langsam fuhr. Ich ging zu Fuß.

Plötzlich hörte ich, wie in einer gerade vorbeifahrenden Tram ans Fenster geklopft wurde, und sah hinter der Scheibe Valentin, der mit Gesten und mit Grimassen andeutete, daß er mir anscheinend etwas Wichtiges mitzuteilen habe. Er drückte die Nase an die Scheibe, die Mitinsassen des Wagens amüsierte das sehr, sie lachten, aber er wurde in seinem Gehabe oder Gebaren immer dringlicher, angstvoller, er öffnete den Mund, artikulierte Worte – gespenstisch. Das alles dauerte ziemlich lange wegen der Kurven, die die Straßenbahn zu machen hatte. Er erschien immer wieder in neuer Perspektive inmitten der lachenden Menge im Wagen, schien immer verzweifelter zu werden, bis alles wie ein Spuk um die Straßenecke verschwand.

Ich habe ihn danach nie mehr wiedergesehen.

Er wird ein Begriff bleiben, dieser dürre, lang aufgeschossene Münchner mit dem Gummigesicht, der seine Witze aus den Bezirken Daumiers und E. T. A. Hoffmanns holte – ein Begriff des Abseitigen, des Einmaligen. Seine Purzelbäume des Spintisierens, sein Sichverheddern in Grübelei schufen eine tief philosophische Clownerie, eine erschreckende Komik, die ihn weit über das Unikum hinaus in die wahre Kunst erhoben, ihn zum vertrackten Nachfahren der Nestroy und Raimund machten. Er war dazu wie jene ein großer Schauspieler mit einer gespenstischen vis comica. Wenn er Gedrucktes hätte spielen können, hätte es sich um seinetwillen gelohnt, eine bayerische Version von *Was ihr wollt* zu schreiben, um ihn Malvolio sein zu lassen; um seinetwillen hätte man einen bayerischen *Don Quichotte* schreiben sollen. Aber der vorgeschriebene Text, die festgelegte Situation waren für dieses phantastisch wuchernde, ewig improvisierende Hirn Klippen, an denen er immer wieder scheiterte.

Mit Liesl Karlstadt hatte ich Verbindung bis zu ihrem Tod. Ich drehte nach dem Krieg viele Filme in München, da gab es immer wieder Gelegenheiten, sich zu sehen, in ihrer hübschen Wohnung in der Maximilianstraße am Max-Monument einen Kaffee zu trinken, Abende miteinander zu verbringen.

Sie erzählte mir, daß sie ein Stammbuch geschenkt bekommen habe, in welchem ich mich gleich verewigen müsse. Und ich möchte nicht bös sein: der erste wäre ich nicht, sondern erst der dritte. Und als ich fragte, wer denn vor mir die Ehre gehabt hätte, sagte sie verschämt: »Der Kronprinz (Rupprecht war gemeint) und der Kardinal.«

In den letzten Jahren lebte sie mit ihrer Schwester zusammen.

Die läutete mich nach Liesls Tod, als ich gerade in München war, in meinem Hotel an und bat mich, bei ihr in Liesls Wohnung einen Kaffee zu nehmen. Sie wolle mir von Liesls letzten Stunden berichten und müsse mir etwas zeigen. Sie erzählte mir von Liesls friedlichem Ende, die, ohne krank gewesen zu sein, in ihren Armen starb. Dann erinnerte sie mich an einen hölzernen Affen mit beweglichen Armen und Beinen, an denen man ihn in allen möglichen Stellungen überall aufhängen kann, den ich der Liesl einmal geschenkt hatte. Und auch daran, daß ich doch den lädierten Porzellangriff an der Spülung im Klo wiederholt moniert hätte.
Nun, Liesl hätte den Schaden behoben, sei sehr stolz darauf gewesen und hätte sich darauf gefreut, es mir zu zeigen, deshalb wolle sie jetzt ihr Vermächtnis erfüllen. Sie führte mich zu besagtem Örtchen, und da hing an der Spülungskette – anstatt des lädierten Griffs – in abenteuerlicher Stellung mein Affe.

Friedrich Dürrenmatt

Zur ersten Begegnung kam es in Paris.
Am Rond Point gab es eine Art Theaterclub, dort war ich mit Mattita Hunt, der großen englischen Schauspielerin, meiner ersten *Irren von Chaillot*, die ich in New York angesehen hatte.
Das war während meiner ersten Amerika-Reise, zusammen mit Friedrich Luft, Ita Maximowna und Ernst Schröder, und wir waren uns einig, daß diese herrliche Rolle in Deutschland nur von Hermine Körner gespielt werden könnte, was später auch geschah.
Jetzt machten wir zusammen einen Film mit dem recht interessanten Regisseur Clouzot: *Spione am Werk* (Les Espions). Und es traf sich, daß gerade zu dieser Zeit die französische Erstaufführung von *Der Besuch der alten Dame* stattfand. Ich kannte das Stück bereits – und liebte Mattita Hunt, die mir damals in New York so großen Eindruck gemacht hatte.
Nun, in Paris, schwärmte ich der Hunt von *der alten Dame*

vor: »Wir müssen in die Premiere gehen, Mattita, ich komme gerne mit, das Dürrenmatt-Stück *müssen* Sie sehen. Das ist eine Rolle für Sie, wie es heutzutage nicht viele gibt.«
Ich hab' vergessen, wer damals spielte, jedenfalls war es eine schlechte Aufführung. Und sie sagte: »It's impossible, let's go, I can't stand that.« Mittendrin, und wir gingen.
Ich beschwor sie, sich das Buch zu besorgen, sobald es in Englisch herauskäme: »Denken Sie an mich, denken Sie an diese Rolle.«
Und so gingen wir zum Rond Point, in diesen Club. Nach Beendigung der Vorstellung erschien sehr bald auch Dürrenmatt. Ein Kollege sprach mich an: »Herr Dürrenmatt möchte Sie gerne sprechen. Dort hinten sitzt er, zusammen mit Walter Mehring.«
Ich entschuldigte mich bei Mattita und ging hinüber.
»Ach, Herr Hasse, ich freue mich – ich habe Sie schon in Zürich auf der Bühne gesehen. Ich habe eine Rolle für Sie, und die müßten Sie spielen: ›Romulus der Große‹. Ich habe bei dieser Rolle immer nur an Sie gedacht.«
Um es vorwegzunehmen: Ich habe diese Rolle nie gespielt.
Als Professor Raeck die Direktion des Thalia-Theaters in Hamburg übernahm und ich mich dafür freigehalten hatte, wollte ich im Eröffnungszyklus *Romulus den Großen* spielen. Das wäre für Raeck und das Thalia-Theater wie auch für mich höchst interessant gewesen: Erstaufführung in Deutschland. Aber Noelte, der als Regisseur verpflichtet war, hatte nicht viel Lust. Es gab Besprechungen mit ihm in meiner Wohnung, sogar eine Dekorationsprobe, aber schließlich scheiterte das Ganze an einer Lappalie.
Ich hätte das damals gern gespielt.
Es vergingen ein paar Jahre, als ich von dem Filmproduzenten David Wechsler aus Zürich ein recht umfangreiches Treatment mit einem Stoff von Dürrenmatt erhielt, verbunden mit der Frage, ob ich eine der führenden Rollen spielen wolle.
Ich war sehr angetan von dem Stoff und sagte mit Begeisterung zu. Auch Martin Held und Hansjörg Felmy hatten Angebote für den vorgesehenen Film.
Indessen, es geschah nichts. Wir hatten allesamt Verträge fürs

Theater, das wußte man in Zürich. Wir hörten nichts, von Wechsler nicht, von Dürrenmatt schon gar nicht. Irgendwann erfuhren wir auf dem Wege der Indiskretion, daß das Drehbuch noch nicht fertig sei, wir möchten uns noch ein wenig gedulden.
Die eigentlichen Termine waren längst überzogen. So rief ich nach einigen Monaten Martin Held an, und wir verabredeten, ein Datum festzusetzen, bis zu welchem wir uns durch unsere Züricher Verträge verpflichtet fühlen wollten. Wir schrieben an Wechsler, natürlich getrennt, und der merkte, daß es uns ernst war. Wir drohten auszusteigen und vergaßen nicht, auf voller Gage zu bestehen. Da hat er sich wohl ziemlich dringlich an Dürrenmatt gewandt. Mit deutlichen Anspielungen, wie Dürrenmatt später erzählte.
Der wußte nicht, was er machen sollte, hatte sich wohl festgefahren. So kam er in seiner Verzweiflung darauf, das Theaterstück *Die Ehe des Herrn Mississippi* als Drehbuch umzuschreiben für den Film, und ich muß sagen, daß ihm das auf geniale Weise gelungen ist. Das Drehbuch war großartig. Und es war sein erstes.
Das Umsetzen seiner dichterischen Begabung ins andere Medium, das Erkennen technischer Möglichkeiten durch einen Laien, das Auflösen bestimmter Schauplätze in andere, die Begegnung an den Gräbern zu Anfang, das war fabelhaft.
Kurt Hoffmann machte die Regie, und manches war ihm wohl zu kühn. Er planierte manche Kostbarkeit, das fand ich schade. Dennoch ist dieser Film ein bißchen in die Filmgeschichte eingegangen. Wir drehten ihn in Berlin, mit Außenaufnahmen in Zürich.
Und jetzt begann eine Serie von Begegnungen mit Dürrenmatt, die mich schier hinriß. Bei den Aufnahmen war er fast ständig dabei. Damals stand *Diener* hoch in Blüte. Man verbrachte die Abende in dieser Kneipe wie in einem literarischen Salon, möcht' ich fast sagen. Grass war mit von der Partie, es gab Debatten, Lotti, die Frau von Dürrenmatt, ein toller Kumpan, war immer dabei.
Ich hatte den großen Stammtisch längst den anderen überlassen. Links vom Eingang der kleine, der war jeden Abend für

mich reserviert. Da konnte man, wenn einer einem nicht paßte, sagen: Bitte!
Nur eine bestimmte Sorte von Journalisten, die wurde man, trotz einiger Aufforderungen, nicht los. Sie setzten sich an Nebentische und taten so, als hörten sie nicht zu.
Aber was waren das auch für Gespräche!

Dürrenmatt war natürlich am Werden seines Stoffes interessiert, fand auch alles amüsant, ich glaube, er wohnte auch zum erstenmal der Geburt eines Filmes bei.
Die Dekorationen, die Milieus waren großartig für die seltsame Atmosphäre dieses Films. Aber da gab es eine Szene für Charles Regnier und mich, die ein bißchen konventionell geschrieben war. Die mußte aufgelockert werden, fand ich. In jenem Raum hingen Gipsabgüsse, wie man sie in den Staatlichen Museen in der Sophie-Charlotte-Straße sieht, darunter ein riesenhafter Menschenfuß.
Am Vorabend waren Dürrenmatt und ich zum Essen ausgegangen, und ich sagte: »Du, Fritz, es wäre gut, wenn ich in der Szene etwas Ungewöhnliches tun würde. Dieser Staatsanwalt Mississippi ist ja ein Sammler, und es wäre doch seltsam, wenn der dort dübeln würde.«
»Was soll er tun?«
»Dübeln. So nennt man das, wenn man kleine Keile in die Wand treibt, um Haken zu befestigen, an denen man dann Bilder aufhängt.«
Dübeln! Er verliebte sich in dieses Wort, das er nicht kannte, er fand es wunderbar.
Und ich sagte: »Bitte, mach du dem Hoffmann den Vorschlag; dir wären ein paar Änderungen eingefallen. Und bitte erwähne meinen Namen nicht.«
Ich hatte von anderer Seite gehört, daß Hoffmann sehr empfindlich und allergisch gegen Vorschläge von Schauspielern sei. Insgeheim sah ich den schönen Einfall schon verloren. Hoffmann aber fand Gefallen an dem, was Dürrenmatt ihm vortrug.
Und so dübelte ich also.
Abends gingen der Fritz und ich wieder zusammen essen.

»Du, O. E., etwas muß ich dir doch gestehen«, sagte er in seinem wohlgefälligen Schwyzerdütsch, »als er so viele Komplimente machte und gar nicht aufhörte, da habe ich dann doch gesagt, ja, das gebührt nicht mir, das gebührt dem O. E. Hasse.«
Hoffmann schluckte es.
Er sprach mich nie drauf an.

Noch während der Dreharbeiten zu *Mississippi* saßen wir eine Abends in Zürich in der *Kronenhalle*, dem herrlichen Freßlokal, das außerdem berühmt ist wegen der vielen Bilder weltbekannter Maler an den Wänden. Wir waren in größerer Gesellschaft, auch Kurt Hoffmann gehörte zu unserer Runde, ein Mensch, der dem Alkohol nur mäßig zusprach. Dann ging Hoffmann, allmählich gingen auch die anderen.
Fritz sagte: »Wir beide bleiben noch, wir müssen einen neuen Film erfinden.«
Das hatten wir schon wiederholt getan. Wir stellten uns irgendein Thema, das machte uns großes Vergnügen, und fabulierten einfach drauflos. »Jetzt könnte es *so* weitergehen oder jetzt *so*« – das ging oft stundenlang. Wir tranken, er immer seinen Rotwein, er trank ihn ja doch reichlich.
In Zürich wird man, das ist wohl bekannt, aus den Lokalen sehr früh rausgeworfen. Mir aber war noch nach einem Whisky zumute. Und jetzt hatte Dürrenmatt eine Überraschung für mich bereit: In seinem Zimmer im Hotel habe er eine Flasche Chivas Regal, die habe er für mich gekauft. »Ich werde noch einen Schluck Rotwein trinken, du deinen Whisky, und dann erfinden wir noch ein bißchen weiter Film.«
Wir zogen los zu seinem Stammhotel. Ins Zimmer vorzudringen, das allerdings gelang uns nicht. Das Türschloß funktionierte nicht. Dürrenmatt hatte alles vorbereitet für ein mindestens Zwei-Stunden-Gespräch.
Es kam ein mit Türschlössern erfahrener Diener des Hauses, vergeblich – auch er bekam die Tür nicht auf. Meine Flasche Whisky war nicht greifbar, und mein Durst nahm qualvolle Gestalt an.

Es nützte nichts.
»Dann werde ich wohl jetzt nach Neuchâtel fahren müssen. Adieu denn also, alter Freund. Aber was mir auf der Fahrt dann alles einfallen wird, du wirst ganz neidisch werden.«
Dann lachte er, weil die Situation so grotesk war – und so ärgerlich. Keine Sache auf Leben und Tod natürlich. Aber der Humor, den er behielt, die Komik der Situation erkennend, daß er in seinem alten Stammhotel nicht in sein Zimmer kam – das war ergötzlich, ein Stück von seinem Naturell.
Als wir noch hin und her überlegten, ein Schlüsseldienst sogar noch angerufen wurde, brachte doch jemand das Kunststück fertig, das Zimmer aufzuschließen.
Wir gingen hinein, unsere trockenen Kehlen bekamen Nahrung, und wir haben noch ein schönes Stündchen phantasiert.

Ich erinnere mich eines Besuches bei Dürrenmatts in Neuchâtel. Er hatte mich eingeladen in sein Haus, das wunderschön über dem Neuchâteler See liegt. Mir zu Ehren wohl berichtete er von der preußischen Geschichte der Stadt, die einstmals Neuenburg hieß, Fürstentum war und das erst von Kaiser Wilhelm I. an den Schweizer Staat abgetreten wurde. Und er erzählte, wie die Hautevolee von Neuchâtel heute noch sich sehr gern preußisch gibt. Was ja sehr seltsam ist.
Friedrich hatte mich in seinem riesigen Wagen vom Bahnhof abgeholt. Er chauffierte selbst und dann saßen wir in einer Pergola, es war ein brütendheißer Tag, ein Papagei saß auf der Stange.
Was aber jetzt geschah, war fürchterlich. Wir saßen zum Mittagsmahl bereit, und es wurde ein lieblich anzuschauendes Roastbeef aufgetragen. Bei der ersten Wolke rümpfte ich schon die Nase und dachte: Um Gottes willen!
Ich bin allergisch gegen Knoblauch. Ich kann ihn nicht riechen, geschweige denn schmecken. Ich bekomme Brechreiz, trotz angestrengter Disziplinversuche.
Als der Braten auf mich zukam, merkte ich, daß er *reichlich* mit Knoblauch gespickt war. Ich genierte mich aber furchtbar – obwohl wir alle bereits Duzbrüder waren. Ich mochte nicht sagen, ich könne keinen Knoblauch vertragen.

Man tat mir *zwei* Scheiben Fleisch auf den Teller!
Da kapitulierte ich schon innerlich, ich wußte, bei angehaltener Luft würde ich mit großer Überwindung vielleicht eine schaffen, aber zwei . . .
Es langte bis zum zweiten Bissen. Die Hitze tat, wie man so schön sagt, ein übriges, dann *mußte* ich mein schreckliches Geständnis machen: mir wurde schlecht.
Die Hausfrau reagierte reizend.
Auf einem Nebentischchen wartete ein voluminöser Käseberg. Zunächst erschrocken, stellte sie ihn leise lächelnd vor mich hin.

Als Dürrenmatt seinen vierzigsten Geburtstag feierte, war er in Neuchâtel, ich in Berlin. Also schickte ich ihm ein Geburtstagstelegramm.
Viel später erst sahen wir uns wieder. Wir kamen auf den Geburtstag zu sprechen, und ich sagte: »Mein Telegramm habt ihr ja hoffentlich erhalten.«
Und Lotti gleich: »Zum Geburtstag von Fritz? Da haben wir von dir kein Telegramm erhalten.«
»Aber ich weiß es genau, ich habe euch ein Telegramm geschickt!«
»Ausgeschlossen, nein!«
»Ach was, ihr werdet in dem Wust von Telegrammen . . .«
»Nein, nein«, sagte Fritz, »was bildest du dir ein? Es waren nur ganz wenig Telegramme, die kann ich dir auswendig hersagen. Von dir habe ich keines bekommen.«
Das war zuviel.
»Also, wenn ihr das weiter so fest behauptet, werde ich morgen eine Beschwerde bei der Post loslassen.«
Es war, wohlverstanden, ein halbes Jahr vergangen.
Am nächsten Tag läutete ich die Telegrammannahme an, um Gewißheit zu erhalten. Nannte das Datum, nannte Ziel und Namen. Und beklagte mich, daß mein Telegramm nicht angekommen sei.
»Moment, verbinde weiter.«
Die Aufsicht, eine Männerstimme, war nun zur Stelle, und ich wiederholte meine Litanei.

»Ja, das ist aber lange her.«
»Richtig, Sie können es aus dem Datum erkennen. Ich weiß es sehr genau. Und ich habe gestern mit dem Empfänger gesprochen, das Telegramm ist nicht angekommen.«
Jetzt klärte der Beamte mich auf. Nachforschungen könnten durchaus angestellt werden, sollte sich jedoch ein anderer Sachverhalt ergeben als der von mir geschilderte, dann müsse ich die Kosten übernehmen. Ich erklärte mich bereit.
»So«, höre ich, »wer war denn der Absender des Telegramms?«
»O. E. Hasse.«
Lange Pause.
»Der Schauspieler?«
»Ja«, sage ich.
»Und das sind Sie?«
»Ja, wer denn sonst?«
Da fiel er aus dem Häuschen. »Daß *ich* mit *Ihnen* telefonieren darf . . .«
Das war schon komisch. Ich, der Beschwerdeführer – und er, ich merkte, er war durch den Namen des Absenders völlig verwirrt.
Und dann fragte er: »Wer ist der Empfänger?«
»Friedrich Dürrenmatt.«
Da war die Pause noch länger.
Und dann: »Der Dichter?«
»Jawoll«, sage ich. »Genau dieser, in Neuchâtel.«
Er notierte alles, selbst die Aufgabezeit zwischen zwei und drei Uhr nachmittags, denn die wußte ich noch ganz genau.
Er ließ mich wissen, ich würde von ihm hören.
Zwei Tage später rief er an. Er hatte herausbekommen, daß der Fehler in Bern lag, daß irgendwelcher Übertragungsdefekte wegen dieses Telegramm nie zugestellt worden war. Ihm war eine Last von den Schultern gefallen: Das Malheur hatte seine Ursache nicht in Deutschland.
Ich muß schon sagen, wäre das in Hindustan passiert, hätte ich mich nicht gewundert, aber in der Schweiz!! Und dann ist der Fehler auch nach einem halben Jahr noch feststellbar! Das ist ein seltsam Ding.

Ich nannte dem erleichterten Beamten die augenblickliche Berliner Adresse von Dürrenmatt, und der zeigte mir kurz darauf sein Geburtstagstelegramm.
Es hatte jetzt vier Blätter.
Dreieinhalb davon waren mit Erklärungen gefüllt.

Jürgen Fehling

Vielleicht ist das, was man Genie nennt, wenn Genie überhaupt sichtbar gemacht werden kann, mir bei Jürgen Fehling am deutlichsten geworden. Das Genie dieses Mannes löste Begeisterung und Bewunderung aus. Allein seine Präsenz beeindruckte mich ungeheuerlich. Da gab es unter Regisseuren keinen zweiten.
In einem Zehlendorfer Kino spielte ich nach dem Krieg bei ihm als erstes im *Urfaust* den Mephisto – und der hat ja nun einiges zu tun. Wenn meine Szenen fertig waren, rannte ich in den Zuschauerraum, um ihm weiter zuzusehen, wie er Regie führte – so hat der Mann mich fasziniert.
Leise war er nie. Sein Wechsel zwischen Pathos, Epik, lautstarker Diktatur und – doch da korrigier' ich mich, da war er sanft – poetischem Pianissimo, das war nicht zu fassen, nimmt man's im eigentlichen Sinne dieses Wortes.
Leise war Falckenberg. Fehling schrie, er polterte zuweilen, doch immer mit Humor ...
Versuchte es mal einer, sich zu verteidigen, dann jagte er ihm hinterher, wie ein Jagdhund eine Henne scheucht:
»Noch mal! Ach Gott, das ist ja finsterste Provinz!«
Er war dann wie ein frecher Junge. Verletzend war er nie. Aber voll beißender Ironie.
Er prägte fabelhafte Bilder, und wenn man lachte – oder intelligent reagierte – war alles gut. Wenn man aber sagte: »Erlauben Sie mal ...«, oder gar beleidigt war, dann schob er kräftig nach.
Er versuchte, seinen Schauspielern Hintergründe für bestimmte Dinge aus seinem eminenten Wissen klarzumachen. Dieses Wissen war *immer* präsent, das hatte Format; wenn er

Bei den Proben zu Jean Paul-Sartres »Die Fliegen« mit Jürgen Fehling im Berliner Hebbel-Theater.

sich auch manches zurechtbog, so daß es unbedingt zu seinen Aufschlüssen paßte. Er war ja kein Kind von Traurigkeit und hat es mit der Geschichte nicht so genau genommen, wenn er etwas explizieren wollte. Er bog sie sich zurecht, wenn sie nicht in seine Bilder paßte.

Im *Urfaust*, ich erinnere mich an Auerbachs Keller, hatte er sich absolut ver-inszeniert. Das sah ich: schon zu Beginn waren alle betrunken. Die sind zu Anfang noch nicht betrunken! Und so hatte er keine Steigerungsmöglichkeiten mehr parat, *konnte*, bei allem Genie, sie nicht mehr haben.

Einer seiner Spieler, Koch hieß er, erklärte in sehr gescheiter Rede, warum dieses und jenes, was Fehling vom Sieber und Brandner, und wie sie alle heißen, verlangte, nicht mehr ginge, weil sie eben schon alle viel zu besoffen waren. Er bewies überzeugend, daß dramaturgisch etwas falsch war.

Fehling hörte sich das alles an. Er trug damals immer eine weiße Jacke mit weiten Ärmeln und baumelte mit diesen Ärmeln über der Bank vor sich hin – immer in der fünften Reihe im Parkett –, und als der Herr da oben fertig war mit seiner Rede, gab es eine Pause – und Fehling sagte: »Kinder, wenn ihr so weitermacht, werdet ihr mich noch zur Lektüre zwingen.«
Nichts wurde geändert oder umgebaut – schließlich war er nicht von ungefähr der große Eigensinnige.
Natürlich ging sein Genie auch nicht an mir vorbei. Es war in der Schülerszene, mit der die Rolle des Mephisto ja beginnt. Nach den Versen:

Ihr seid mir noch ziemlich wohlgebaut,
An Kühnheit wird's Euch auch nicht fehlen,
Und wenn Ihr Euch nur selbst vertraut,
Vertrauen Euch die andern Seelen.

klopfte ich zweimal auf den Tisch. Das war nicht arrangiert, ich hatte es improvisiert. Jetzt kam die erste Probe ohne Buch, und ich hatte das Klopfen vergessen, mir vorher auch nie irgendwas Besonderes dabei gedacht.
Ich sprach also den Text: »Ihr seid mir noch ziemlich wohlgebaut«, da brüllte es von unten rauf: »Was ist denn?«
»Was denn?« fragte ich zurück.
»Warum klopfst du denn nicht?«
»Klopfen?« Ich hatte wirklich keine Ahnung mehr.
»Na, neulich hast du an der Stelle so geklopft.«
»Das weiß ich nicht mehr – Pardon!«
Und dann fiel es mir wieder ein, und ich machte es wieder.
Da rief er voller Empörung: »Das ist gaaar nichts, dein Klopfen heute! Neulich hast du so *unanständig* geklopft!«
An diesem Tage war er von den Amerikanern aus seiner Wohnung rausgesetzt worden und war daher etwas mißlaunig. Also sekkierte er mich mit dem Klopfen – es war für mich nicht zu fassen –, aber sicher mit Recht. Sicher mit Recht! Ich hatte einfach den Rhythmus des *Bummbumm* nicht mehr, und sein Ohr war unbestechlich. Er war wütend auf mich.
Am Abend hatte ich eine Lesung im Haus am Waldsee: *Das Fortleben der Antike in der Dichtung*.

So brüllte er weiter: »Herr Hasse hat heute abend eine Rilke-Lesung, da kann er vormittags nicht unanständig sein.«
Er machte so lange, bis mich die Wut packte und ich zurückbrüllte:
»Waaas iiiist? Das Klopfen habe *ich* erfunden, das ist *meine* Erfindung. Jetzt fangen Sie an, weil Sie schlechte Laune haben . . .«
»Was fällt dir ein . . .!«
Wir haben uns so in die Haare gekriegt, daß die Probe abgebrochen wurde.
Wir gingen im Krach auseinander – für immer.
Am nächsten Tag war alles vergessen.

Aber das gab es häufiger, wenn auch ohne Eklat.
Eines Morgens hatte ich meinen ersten Satz gesagt, da schrie er bereits: »Nein!« Da ging ich an die Rampe und sagte: »Herr Fehling, es ist jetzt zehn Uhr morgens, ich bin ein Spätaufsteher, und Sie schreien gleich so furchtbar, das erschreckt mich. Lassen Sie mich doch mal zwei Sätze reden, und *dann* sagen Sie, was Sie wollen.«
»Dann mach.«
Ich sagte zwei, ich sagte drei, ich sagte vier Zeilen, dann unterbrach ich.
»Was ist denn?« rief Fehling.
»Ja, ich warte auf Ihre Kritik.«
»Was willste denn, bist ja großartig, mach doch weiter.«
So war Fehling. Genial in seiner Unlogik. Genial in allem. Also wunderbar.

Eine meiner schönsten Probenerinnerungen verbindet sich mit den *Fliegen* von Sartre, später im Hebbel-Theater, mit Joana Maria Gorvin und Kurt Meisel.
Bei meinem ersten Auftritt als Jupiter hatte ich eine Schräge herunterzukommen, immer mit der Bewegung, die Fliegen von meinem Gesicht abzuwehren, und das machte ich wohl besonders deutlich. Als ich wieder einmal runterkam, sagte Fehling: »Weißt du, wie du warst? Wie O. E. Hasse von Erich Fiedler gespielt!«

Lästermäuler sagten, Fehling habe nicht die *Fliegen*, sondern die *Brummer* inszeniert. Und so erklärt es sich wohl, daß Sartre von der Aufführung gar nicht angetan war, er war von der Fehlingschen Art und dessen Auffassung von dem Stück ernüchtert.
Nun muß der Dichter ja nicht immer Gradmesser für eine richtige Beurteilung sein, aber auch für ihn waren es sicher mehr deutsche *Brummer*. Und es war ja auch ein bißchen *overdone*, was er Elektra da alles mit der Zeus-Statue treiben ließ.
Eines aber halte ich für unbestreitbar: Fehling war als Regisseur, als genialer Umformer – Umsetzer der Dramen in die Bühnenwelt – eine einmalige Erscheinung, Reinhardt nicht ausgenommen. Ich spreche jetzt nicht von der großen theaterdirektorialen Begabung Reinhardts.
Fehlings Malheur, sein Pech, daß seine größten Erfolge in die Nazizeit fielen, in eine Zeit, da die gesamte Umwelt, vor allem außerhalb der Grenzen, nicht zugestehen wollte, daß in diesem Lande exzeptionelles Theater gemacht wurde. Das ist das große Unglück Fehlings, der ja selbst die Nazis haßte wie die Pest. Er wird die Stellung, die ihm in der deutschen Theatergeschichte gebührt, nie einnehmen, weil sein Stern zur Unzeit strahlte.
Wie *Preciosa*, in überwältigender Weise inszeniert, ein herrlicher Theaterabend werden konnte! Wie er aus dieser Urmasse des Theaters – heute als unaufführbarer Kitsch geltend – ein unvergeßliches Ereignis machte!
Das war es: Er brachte Blumen zum Blühen, die anderen Regisseuren zu Disteln und Dornen geraten wären.
Aber in der politisch bitteren Zeit hatte er auch Glück – mit einem Theaterleiter von hohen Graden, der ihn an langer Leine laufen ließ. Da kann man nicht tief genug den Hut ziehen: Ohne Gründgens wäre Jürgen Fehling nie zum Klingen gekommen.
Ob er's wohl wußte? Vielleicht fand er es selbstverständlich. In Forderungen war er nie bescheiden.

Werner Krauss, Elisabeth Bergner, Käthe Dorsch

Ich war schon kein Jüngling mehr, als ich zum erstenmal ein bißchen den Verstand verlor und meinen ersten überwältigenden Eindruck von der Bühne mit nach Hause nahm. Im Großen Schauspielhaus, dem ehemaligen Zirkus Schumann, spielte Werner Krauss den Caesar. Sein erster Auftritt war gigantisch: Wie der Herr der Welt schon greifbar war, bevor er überhaupt erschien – Hunderte von Statisten, das ganze Publikum von Reinhardt auf raffinierte Weise einbezogen –, das war schon ungeheuerlich. Was da so alles seine Wirkung tat, bei ausgeräumter Arena! Dazu der faszinierende Eindruck der Persönlichkeit von Krauss, der noch kein Wort gesprochen hatte. Wie er sich bewegte – mit seltsamem Gang, eine Mischung aus Mißtrauen und königlicher Überlegenheit. Dann das Geschrei der Menge. Plötzlich übertönt vom Anruf des Weissagers. Ich konnte kaum noch atmen.

Dieser erste Auftritt, nicht so sehr das Capitol nachher und die Ermordnung, das war mein erster großer Eindruck vom Theater.

Erst der Schauspieler Werner Krauss war es, innerhalb dieser erregenden Theatersituation, der mir solch tiefen Eindruck machte. Jetzt erst war Theater das, was ich mir immer vorgestellt hatte. Doch ich muß gestehen: Ich war ein bißchen ein Phantasie-Pathologe. Meine Phantasie war so ausschweifend, daß die Realität ihr oft nicht standhielt.

Ich war von *allem* enttäuscht, beispielsweise auch vom Meer. Allerdings sah ich zuerst die ruhige, glatte Ostsee und war bitter enttäuscht. Tosende Brandung hatte ich mir vorgestellt, hohe, schäumende Wogen. Ich fühlte mich betrogen und wollte sozusagen mein Eintrittsgeld wiederhaben.

Als ich zum erstenmal die Großstadt sah – es war Berlin –, da war mir alles nicht genug: der Verkehr, das Häusermeer, die Dichte, das Getümmel. Ich war enttäuscht.

Als ich zum erstenmal in die Alpen kam, wäre ich am liebsten wieder weggelaufen, hätte sie umbauen lassen und meinte, es sei eine Unverschämtheit, einem so etwas als Hochgebirge zu verkaufen.

Die Wirklichkeit langte nicht für mich, enttäuschte mich. Und so hielt auch das Theater meiner Einbildung nicht stand.
Gar nicht sehr viel später war es eine Schauspielerin, die mich schier aus dem Häuschen brachte, das war Elisabeth Bergner als Rosalinde in *Wie es euch gefällt* im Lessing-Theater. Nach der Vorstellung lief ich durch den Tiergarten, gab unartikulierte Laute von mir und führte Veitstänze auf. Es war um die Zeit ja leer. Dieses elbische Wesen hat mich damals völlig verhext.
Und der dritte oder die zweite war – und da ist es am ehesten verständlich, auch vom Stoff her – die Dorsch in *Liebelei.* Dieser ungeheuer anrührende Inhalt, wo die Tränen kommen müssen, und die kamen auch bei mir, und dazu die Dorsch . . .
Ja – das waren Eindrücke für mich, die unvergeßbar sind.

Otto Frey

Im Sommer 1926, nachdem ich mein erstes Unglücksjahr als Anfänger am Deutschen Theater beendet hatte, bekam ich zum Ende der Saison völlig überraschend sechshundert Mark ausbezahlt, die, durch irgendwelche Aufschläge bei Eintrittskarten, für jedes Ensemble-Mitglied zusammengekommen waren.
Und damit fuhren wir, vier Mann hoch, nach Paris. Dort waren wir Inflationsgewinnler – bei uns war gerade die Zeit der soliden Rentenmark ausgebrochen –, und es ging uns wunderbar.
Damals habe ich zum erstenmal im Louvre jene Gipsabgüsse gesehen, die man kaufen konnte. Ich hatte einen kleinen Christuskopf erstanden, und Otto Frey, einer meiner Freunde, den berühmten Michelangelo-Kopf mit der gebrochenen Nase.
Wir fuhren also mit der Bahn zurück, mit dem schicken *Train bleu*, der über Berlin nach Warschau fuhr. O.F., wie ich ihn nannte, hatte seinen Michelangelo in eine schöne Emballage eingepackt, und außerdem besaß er ein Zertifikat, wonach es

sich um keinen Kunstgegenstand handelte, sondern der Kopf nur ein Gipsabdruck aus dem Louvre sei. An der deutschen Grenze kam ein Zollbeamter in den Zug, und als der meinen Freund fragte, was in dem Paket sei, zeigte er sein Zertifikat.
»Machen Sie auf«, sagte der Zöllner. O.F. öffnete das schöne Paket, schon wütend, und da lag also dieser Kopf, befestigt auf einem Holzsockel.
»Gips ist zollpflichtig. Gehen Sie bitte zur Zollabfertigung.«
Sagte Otto zu mir: »O.E., kommen Sie mit, Sie werden gleich was Hübsches erleben.«
Wir stellten uns also beim Zoll an, und ich wunderte mich – O.F. sagte zu allen: »Bitte, nach Ihnen«, und wartete und wartete. Endlich waren alle an ihm vorbei, und er trat vor: »Ich soll das hier verzollen.«
»Wieso?«
»Mir wurde gesagt, Gips sei zollpflichtig, und dies ist Gips!«
Der Beamte nahm den Gipskopf in die Hand.
O.F. besorgt: »Seien Sie vorsichtig, Gips wird leicht beschädigt, Sie könnten leicht was abschlagen.«
Der Beamte legte das Kunstwerk behutsam auf die Waage, rechnete ein Weilchen und forderte O.F. auf, 1,20 Mark zu bezahlen – nach Gewicht.
»Sagen Sie, ist Holz auch zollpflichtig?«
»Nein.«
»Da ist aber doch ein Holzsockel dabei, den haben Sie mitgewogen.«
»Dann machen Sie ihn ab.«
»Das glauben Sie doch selbst nicht, dazu bin ich gar nicht in der Lage, handwerklich völlig unbegabt.«
»Ja, dann, na schön ... Die Sache ist schon gut.«
O.F.: »Nein, nichts ist gut. Ich bin hierhergeschickt worden, um als deutscher Staatsbürger meine Zollpflicht zu besorgen. Das will ich tun. Und jetzt fordere ich Genauigkeit auch von Ihnen.«
Darauf der Zöllner: »Aber wie können Sie das verlangen?«
»Wie ich das kann? Also bitte: Das ist ein Zylinder; jetzt werden Sie das spezifische Gewicht vom Holz nehmen, rechnen, und die ermittelte Differenz vom Gipsgewicht abziehen.«

Und wieder der Beamte: »Jetzt machen Sie keine Witze!«
O.F.: »Sie hören sofort auf, in diesem Ton mit mir zu reden. Ich verlange Korrektheit.«
Inzwischen war ein höherer Zollbeamter dazugekommen, der schrie: »Bitte, mein Herr, nehmen Sie Vernunft an!«
O.F. zurück: »Ich, Vernunft annehmen? Ich habe längst Vernunft bewiesen, indem ich überhaupt hierhergekommen bin!«
Nun wußte ich eines nicht: Wir fuhren im Paris–Warschau-Expreß, eben im *Train Bleu*, und ein Zug darf an der Grenze nicht weiterfahren, ehe die Passagiere nicht vom Zoll abgefertigt sind. Hat jemand eine Straftat begangen, beim Zoll was unterschlagen oder Heroin geschmuggelt, hält ihn die Zollbehörde ohnehin zurück, doch davon konnte hier ja nicht die Rede sein.
Die Debatte ging also weiter. Jetzt kam der Zugführer und sagte zu O.F.: »Ich bitte Sie, mein Herr, Sie bringen den Fahrplan völlig durcheinander.«
»Bitten Sie nicht mich, bitten Sie diese Herren hier! Ich erfülle meine Zollpflicht, zu der ich beordert worden bin.«
Der Zug hatte mittlerweile 22 Minuten Verspätung. Zugführer und Zoll drohten mit Verhaftung.
»Wagen Sie es nur, abzufahren!« donnerte O.F.
Er bestand darauf, Zollgebühren für den Gips zu zahlen; doch genau, nämlich nach Abzug des Gewichts für Holz. Eine komplizierte Rechnerei begann, mehr Schätzung wohl, und schließlich mußte O.F. achtzig Pfennige bezahlen.
Wir gingen zurück zu unserem Abteil. »Wie finden Sie uns Deutsche?« fragte er leicht sächselnd. Er stammte aus Dresden und war leicht gnomenhaft, so mit verbogener Nase und einer Lache wie ein Troll.
Kaum saßen wir, da brach es aus ihm raus. Wir anderen konnten minutenlang kein einziges Wort verstehen.

Elisabeth Bergner – Die Hexe

Elisabeth Bergner, meine von mir angebetete Kollegin, ist, so behaupte ich seit langem, eine Hexe, ein elbisches Wesen. Mit ihrer Rosalinde in *Wie es euch gefällt* hat sie mich entzückt und beinah verrückt gemacht. Dieses junge Mädchen, das bezaubernde, das Knabe wird und wieder Mädchen – diese hinreißende Verwechslung der Geschlechter bei Shakespeare, hatte bei ihr tatsächlich etwas Hexenhaftes, etwas Elbisches, etwas von einer Fee, mit Möglichkeiten zur Verzauberung. Ich behaupte, wenn sie will, kann sie einen in ein Tier, in einen Hund oder in was auch immer verwandeln.
Und so erinnere ich mich, daß sie mir einmal von der Callas vorschwärmte. Sie hatte sie gerade wieder gesehen und war von ihr hingerissen. Wir probierten damals den *Geliebten Lügner*, und sie sagte: »O.E., Sie haben keinen Begriff, *wie* hinreißend sie ist – und wie die sich *verbeugt*!«
Dann machte sie mir vor, wie die Callas sich verbeugt, ihre Begeisterung kannte keine Grenzen.
Da sagte ich zu ihr: »Aber Elisabeth, Sie wissen doch! Die Callas ist eine Hexe!«
»Nein, nein, nein!«
»Doch, Elisabeth, wie sie Theaterdirektoren zur Verzweiflung bringt, daß sie sanatoriumsreif werden; wie sie die Kollegen, die sie nicht mag, zum Abgehen zwingt – es ist ungeheuerlich, was die für Kräfte hat.«
»Wirklich?« fragte sie leise zurück.
»Ja, ganz bestimmt. Und ich könnte mir denken, wenn Sie einmal mit der Callas zu tun hätten, daß da Feuer aus ihrem Munde käme oder Kröten. Und ich kann mir vorstellen, wie dann Sie ein paar Schritte zurückgehen, einen kleinen Weidenzweig nehmen, ihn zweimal über dem Kopfe schwenken – und da wäre die ganze Callas weg.«
Da sah sie mich an und sagte: »Glauben Sie wirklich? Dann bin ja auch ich eine Hexe.«

In diesem Zusammenhang erinnere ich mich eines Ausspruchs von Stroux – wir saßen in Berlin am Steinplatz bei *Diener* –,

den er mit seinem rheinischen Dialekt einer jungen Kollegin entgegenschmetterte: »Ihr habt ja alle keine Geheimnisse mehr.« Und das hat auch mit jenem Elbischen zu tun.
So ganz und gar ist mir das aufgegangen, als die Bergner Regie führte. Sie hatte mich gebeten, ihr einmal bei einer Probe zuzuschauen. Das war nicht weniger faszinierend, als ihr als Schauspielerin zuzusehen.
Ich saß also unten, und sie stand auf der Bühne und gab der Schauspielerin Gisela Peltzer Anweisungen. Vor einer Bibliothek. Manchmal, wenn sie einen Satz sprach, auch einen ganz banalen, der keine Hintergründe hatte, wie beispielsweise: »Ach, haben Sie dieses Buch schon gelesen?«, so konnte sie diesen Satz aussprechen, daß man Geheimnisse dahinter witterte. Das grenzte an Zauberei. Wie sie interessieren konnte, in des Wortes höchster Bedeutung, wie sie das anzog, auf sich bezog, das war so ungeheuer, wie ich es von anderer Seite höchst selten nur erfahren habe. Wahrscheinlich ist das mit einer gewissen Magie der Persönlichkeit verbunden, über die auch Werner Krauß verfügte, der auf die Bühne kam, und man schaute auf ihn – man wußte manchmal nicht mal, daß er's war –, man blickte plötzlich hin.
Ich bin gefragt worden, wann immer ich glühend von ihr schwärmte, ob sie einen denn mit hineinnähme in das Geheimnis. Nein, nein, es blieb bei ihr. Es blieb Geheimnis.
Das ging bis in die komischen Pointen – dieser seltsame Bann, in den sie einen hineinzog. Ja, ich erinnere mich, auf der Tournee mit dem *Geliebten Lügner*, wo wir immer große Strecken fahren mußten, als wir zusammen in einem Wagen saßen und lange Zeit hatten, da erzählte sie eine sehr private Geschichte.
Während des Ersten Weltkrieges war sie in Zürich engagiert, bevor sie über München nach Berlin kam. Sie sagte: »Da sehen Sie, wie alt ich bin, daß ich schon im Ersten Weltkrieg Theater spielte.«
Jung, aber schon *sehr* jung muß sie noch gewesen sein.
Also, zur gleichen Zeit, im Kriege, lebte in Zürich Frank Wedekind, der ja Schweizer war. Und begreiflich ist, daß Wedekind künstlerisch auf sie flog. Auch für ihn war sie ein Wunder. Und sie erzählte, daß er sie dringend bat, sie möge die Elfi

in der Uraufführung von *Schloß Wetterstein* spielen. Die Bergner hatte aber sehr viel zu tun und sagte, sie könne es nicht, sie schaffe es nicht mehr.
Er drängte sie immer wieder, sie sagte immer nein.
Sie wohnte damals in einer Pension, und eines Tages, als sie im Badezimmer war, meldete man ihr, Herr Wedekind sei da. Sie winkte ab, sie sei im Bade. Nach einer Weile pochte es an die Badezimmertür. »Wer ist denn dort?«
»Wedekind! Ich frage Sie noch einmal, Fräulein Bergner, wollen Sie nicht die Elfi bei mir spielen?«
Und da ritt sie der Teufel. »Der berühmte Wedekind klopft an meine Badezimmertür?«
Und dann: »Ich will Ihnen etwas sagen, Herr Wedekind. Drüben an der Straße, vor meinem Fenster, ist eine Normaluhr. Wenn Sie um 1 Uhr unter der Normaluhr 15 Minuten auf einem Bein stehen, bis 1 Uhr 15, dann werde ich die Elfi spielen.«
Schon allein die Phantasie zu haben! Daß einem Mädchen damals, man kann ja noch von einem Mädchen sprechen – ich glaube, sie war 18 oder 19 –, daß ihr so etwas einfiel!
Sie erzählte mir dann, wie sie hinter der Gardine stand; und um 1 Uhr kam Frank Wedekind, stellte sich unter die Normaluhr und blieb 15 Minuten lang auf einem Bein stehen. Sie sagte, sie sei überwältigt gewesen, hopste durch die Stube: »Da steht der berühmte Wedekind, steht vor mir, meinetwegen auf einem Bein, vor meinem Fenster.«
Und sie spielte die Elfi.
Sie war schon damals eine Hexe – eine süße, liebenswerte Hexe.

Ich spreche vom Geheimnis der Bergner, das die Menschen bannt. Ich spreche vom Elbischen, von der Magie. Ist das Elbische das Elfische, nämlich das, was die Elfen haben? Nein, elbisch ist nicht elfenhaft im gewohnten Sinne. Mit der Elfe verbinden wir nur Liebreiz, aber bei ihr geht es tiefer, geht es weiter.
Vielleicht habe ich bei dem Wort *elbisch* zu viel mir selbst zu-

rechtgemacht. Elb ist ja die Urform, oder eine der Urformen von Elfe. Früher gab es in der nordischen Mythologie, wie auch in der deutschen, zwei Arten von Elfen: die Lichtelfen und die schwarzen Elfen, die sogar bis unter die Erde gehen und Böses und Unheilvolles und anderes mit sich bringen können. Und die hatten Geheimnisse um sich. Die Magie, der Zauber, der sie umgab, barg Reize und Gefahren in sich, wie das Gedicht von Eichendorff berichtet:

Lorelei
Es ist schon spät, es wird schon kalt,
Was reitst du einsam durch den Wald?
Der Wald ist lang, du bist allein,
Du schöne Braut! Ich führ dich heim!

Groß ist der Männer Trug und List,
Vor Schmerz mein Herz gebrochen ist,
Wohl irrt das Waldhorn her und hin,
O flieh! Du weißt nicht, wer ich bin.

So reich geschmückt ist Roß und Weib,
So wunderschön der junge Leib,
Jetzt kenn ich dich – Gott steh mir bei!
Du bist die Hexe Lorelei.

Du kennst mich wohl – von hohem Stein,
Schaut still mein Schloß tief in den Rhein.
Es ist schon spät, es wird schon kalt,
Kommst nimmermehr aus diesem Wald.

Fontane zitiert die Verse in seinen *Plaudereien über Theater* in liebenswürdiger Weise.
Die wirklichen Lebensverhältnisse sind längst von unserer Bühne verbannt. Man stempelt ab.
Ich komme nicht als ein kritischer Don Quichotte mit eingelegter Lanze, begierig den Moment abpassend, wo zugestoßen werden kann, o nein, ich spiele viel, viel lieber den alten König Harald, der sich von heiteren Elfen überfallen und vom Sattel

ziehen läßt. Aber die Elfen, die Elfen, die müssen eben dasein, die kleinen, graziösen, übermütigen Geschöpfchen, die jede Kritik entwaffnen.

Und so frage ich mich, gibt oder gab es denn auch männliche Hexen?

Ja, wenn überhaupt – ich kenne unter Schauspielern nur einen, ja, einen Hexerich: Werner Krauß. Er war ein magischer Schauspieler in höchstem Maße.

Ich stelle ihn nicht über andere, an Größe. Überhaupt ist das höchst schwierig: das Abwägen einer schauspielerischen Begabung, einer schauspielerischen Persönlichkeit. Wo fängt das eine an, wo hört das andere auf? Es ist eben nicht so wie bei Artisten, wo einer sagt, ich kann den doppelten Salto rückwärts, aus dem Stand. So ist es bei Schauspielern nicht, aber etwas konnte Krauß: *verzaubern.*

Wenn ein anderer Schauspieler Kraußens Art kopiert hätte, so wäre es lächerlich und übertrieben gewesen.

Das war auch Hexerei, grenzte ans Magische, ans Verzaubernde, wenn auch von völlig anderer Art als bei der Bergner. Er war ein großer Hexenkünstler. Er trug das unsichtbare Stigma der Persönlichkeit. Schon wenn er auf die Bühne kam, auch wenn er gar nichts machte: Man war gebannt.

Zurück zur Bergner.

Wenn man schon das Wort *Star* benutzt – ich hasse diesen Ausdruck –, will man aber schon von einem Star, von einer Diva reden, so war die Bergner wirklich einer, wie keine andere nach ihr. Denn sie hatte zweierlei: die ungeheure Popularität des Films, weil alle ihre Filme Welterfolge waren, und dazu die einzigartige Attraktion auf der Bühne.

Ich erinnere mich, wie nach einer Uraufführung am nächsten Tag in einer Berliner Zeitung zu lesen war: »Man merkte es dem Stadtbild von Berlin an, daß die Bergner Premiere hatte ...«

Man stelle sich vor!

Schon in ihrem ersten Film *Nju* – nach einer Novelle, wenn ich nicht irre, von Ossip Dymow – war dieses Gesicht so faszinierend, daß sie schon damals (1924!) mit einem Schlag ein Filmstar war. Es war ein Drei-Personen-Stück in russischem

Milieu, und Emil Jannings und Conrad Veidt waren ihre Partner.
Paul Czinner, ihr späterer Mann, hatte sie zum Film geholt. Er war ihr Regisseur. Wie übrigens später immer wieder und ohne Ausnahme, zunächst in ihren deutschsprachigen Filmen wie *Ariane*, *Fräulein Else*, *Der träumende Mund*, nur von ihm ließ sie im Film sich führen.
Aber das Schöne war, daß sie das Theater nie aufgab. Wie sie mir erzählte, hätte es sie nie gereizt, nur Film zu machen.
Und doch war es ein Film, der sie schon 1932 nach London gehen ließ. Alexander Korda hatte eine eigene Produktionsgesellschaft gegründet, hatte der Bergner und Czinner einen Tag lang in einem Berliner Atelier zugesehen und sie gefragt, ob sie nicht seine erste Produktion mitmachen wollten. So kam es zum *Träumenden Mund* in England – und Hitler blieb ihr erspart.
Als sie es mir erzählte und ich sagte: »Aber Elisabeth, an Hitler glaubten wir doch damals alle nicht«, antwortete sie: »Richtig, ich natürlich auch nicht. Ich war einfach eine dumme Göre, Berlin hatte ich erobert, jetzt sollte London an die Reihe kommen.«
Das alles, und vieles mehr, erzählte sie mir während unserer Tournee mit dem *Geliebten Lügner*, den ich mit Wonne mit ihr spielte. 540mal. Ausgangspunkt war Berlin, dorthin kehrten wir auch zurück. Aber auch in viele andere Städte mußten wir zurück. Deutschland rauf und runter, Österreich, die Schweiz, wir gingen zum großen Festival nach Holland und spielten es zum Schluß auch in New York.
Die Aufführungen fanden gottlob nicht alle hintereinander statt, nicht Tag für Tag, wir hatten Pausen zwischendurch. Was guttut für alles, angefangen mit dem *Sich-Riechen-Können* wie auch mit der Einstellung zur Rolle, so daß man sich immer wieder darauf freute. Aber es hat noch mit was anderem, sehr Wichtigem zu tun, was viele Menschen nicht verstehen können, denen das Theater *nicht* alles in der Welt bedeutet – nämlich damit, daß man sich eine Rolle nicht über-spielt, wenn das Ganze ein wenig Niveau und Gehalt hat.
Käme ich je dazu, was ich seit langem vorhabe, einen Schau-

spieler-Katechismus zu schreiben, so hieße das erste Credo, der erste Satz: »Du mußt auch bei der tausendsten Vorstellung es fertigbringen, daß jeder Satz, den Du sprichst, so in Dir ist, als ob Du ihn zum ersten Male sprichst; es muß Dir sein, als ob Du jeden Satz, den Du auf der Bühne hörst, zum ersten Male hörst. Nur dann wird Theaterspiel für Dich selbst interessant bleiben und auch für das Publikum, das Dich anhört.«

Die Bergner und ich, wir mochten uns wohl gegenseitig, wir *konnten uns riechen*, wir hatten Lust, miteinander zu spielen, und wo immer ich auch später andere Rollen spielte und sie in der gleichen Stadt war, kam sie in die Vorstellung.

Sie hat einen Ausspruch getan, den ich wunderbar finde. »O. E.«, sagte sie, »ich denke mit Schrecken daran, wie es wäre, wenn ich Sie nicht *estimierte.*« Wenn sie von einem Schauspieler sprach, den sie nicht estimierte, sagte sie, »der beleidigt mich«. Ich finde es herrlich.

Oh, wir haben auch Streit gehabt, auf den Proben, wo Mr. Kilty, der Autor, dabei war.

Die beiden haben furchtbar viel englisch miteinander gesprochen, so daß ich manchmal wütend wurde und sagte: »Wir sind nicht in London auf einem Theater, wir sind in Berlin, ich möchte jedes Wort mitbekommen!« Und dann sagte die Bergner: »Ach, O. E., Sie verstehen so gut Englisch, lassen Sie uns doch.« Sie wollte nicht glauben, daß ich nicht alles mitverfolgen konnte, was sie sprachen.

Aber im großen und ganzen war auch die Probenzeit schon eine Erfüllung.

Das erstemal bin ich ihr als Anfänger begegnet. Da war ich auf der Schauspielschule, die ja oben im zweiten Stock der Kammerspiele neben dem Deutschen Theater lag. Reinhardt inszenierte *Die Heilige Johanna.* Das wurde eine riesige Theater-Sensation.

Wir Schauspielschüler durften in dem großen Gericht, das sie dann zum Flammentod verurteilt, als Mönche auf der Empore Statisterie machen. So habe ich sie, in diesem Bild, wohl an die dreißigmal gesehen. Das war meine erste Begegnung.

Dann war ich das erste Jahr an den Kammerspielen engagiert, es kam der Klabundsche *Kreidekreis* heraus, den sie haßte wie die Pest, obgleich Klabund das Stück für sie geschrieben hatte. Meine Rolle bestand darin, daß ich sie zu verhaften hatte, ich war ein Gerichtsdiener, und einer meiner Sätze hieß: »Hinein mit dem Hals in den Block, du Weibsstück.«
Es gab bei ihr Dinge, die keiner für möglich hielt. Bei der Premiere – sie haßte das Stück nach wie vor – begann es. Eugen Klöpfer spielte den Herrn Ma, diesen reichen Herrn, und hatte tollen Erfolg. Zum Verbeugen nach dem Schlußapplaus erschien er ein einziges Mal, dann nicht mehr. Die Bergner sollte allein rausgehen, und ich sehe es noch vor mir, wie Reinhardt sie fast hinausstieß: »Hinaus, gehen Sie noch mal hinaus.«
Sie bockte: »Ich will nicht! Sie schreien *Klöpfer*.«
Und endlich kam Klöpfer. Da brach ein Jubel los. Und das hat ihr natürlich ein bißchen weh getan.
Aber ihre Aggression gegen die eigene Rolle, das muß ich sagen, ich habe es auf den Proben ja miterlebt, die war schon vorher da. Dies war eine Art Theater, die für sie zu niedlich, ein bißchen zu kitschig war. Das Stück war ihr nicht tief, nicht hintergründig genug.
In den folgenden Vorstellungen machte sie die ausgefallensten Extempores, so daß Beschwerden aus dem Publikum eintrafen. Lotte Stein, zum Beispiel, spielte eine Hebamme, die vor Gericht gegen Haitang (die Bergner-Rolle) aussagen und bestätigen sollte, daß es wahr sei, daß das Kind nicht von ihr sei. Da hatte die Bergner, laut Text, zu sagen, nachdem die Hebamme ihre Aussage gemacht hatte:

> Frau Yen, Sie lösten die Nabelschnur,
> riefen meinen Mann,
> zündeten vor dem Hausaltar die Kerzen an,
> Sie weinten mit mir um mein Mutterglück.
> Oh, rufen Sie diese Tränen zurück!
> Die Wahrheit, die Wahrheit, das Kind ist mein
> und darf mir nicht genommen sein.

An einem Abend nun sagte sie: »Frau Yen«, und zupfte sie am Rock, »Frau Yen, Sie lösten doch die Nabelschnur. Frau Yen, wie *können* Sie nur.«
Hermann Schaufuß spielte den Richter, der immer einschlief bei der Zeugenaussage. Bei manchen Vorstellungen unterbrach sie die Zeugen und sagte: »Der Richter schläft ja, seht doch her. Er schläft, der schläft ja. Der hört ja gar nicht zu!« Solche Sachen machte sie. Das erfand sie im Augenblick – sie machte sich ein wenig lustig.

Man fragt sich, warum gibt es heute keine jungen Bergners mehr? Ich weiß es nicht. Vielleicht ist die Attraktivität des Theaters nicht mehr groß genug, und es wäre abzuwarten, ob *dieses* Maß von Anerkennung, von Bedeutung, das bei ihr so sichtbar zutage trat, überhaupt wiederholbar ist in der heutigen Zeit. Vielleicht sind einige von denen, die Bergners werden könnten, heute Mannequins oder Fotomodelle.
Man weiß es nicht genau. Und man fragt auch, warum es heute keine guten Bühnenautoren mehr gibt. Das Theater ist nicht mehr attraktiv genug. Früher genügte es für einen jungen Menschen, hatte er Tatendrang und wollte er heraus aus einer bürgerlichen Atmosphäre, zu sagen: Ich werde Schriftsteller, ich werde Dichter, ich schreibe ein Theaterstück. Das gibt's heute alles nicht mehr. Das Theater hat seine Attraktion verloren.
Sicherlich sind viele mit außerordentlicher Begabung unterwegs zu einer beamtenartigen Existenz. Ich behaupte, daß das Künstlerische eine Extrabegabung haben muß und hat, aber viele mögliche Adepten sitzen heute wahrscheinlich in der Atomindustrie, in der Atomphysik oder in der Astronautik, weil das Außerordentliche, das Neue, das Abenteuer sie lockt.
Ich will in diesem Zusammenhang nicht sagen, daß es deshalb keine Bergners mehr gibt. Aber auch die Einstellung von Presse und Publikum macht Sehnsüchte nach dem Theater nicht eben wach. Das Theater gehorcht zu sehr.
Warum wird jemand Schauspieler? Warum wird er es nicht mehr? Warum wird das Theater am Halleschen Ufer so ge-

macht, wie's gemacht wird? Das hat doch nichts mehr mit Naivität zu tun, das ist eine reine Intellektangelegenheit.
Hier sind wir bei einem Thema, das höchst diffizil ist. Ich glaube, daß Intellekt, Ratio, Verstand und Geist heute wichtiger sind für den Schauspieler und unerläßlicher als vor sechzig oder siebzig Jahren. Poesie und Phantasie – jene Mischung, die muß dasein. Und die fehlt heute.
Ich bin überzeugt, wenn heute ein Sudermann lebte, mit seinen Beziehungen und Bezügen zu unserer Zeit, würde er auch eine Riesenkarriere machen, und man würde ihn spielen. Wenn er auch genauso angefeindet würde wie damals.
Er hat *Die Ehre* geschrieben, ein Stück, in dem er die sozialen und politischen Belange, ja, ganze Gesellschaftsstufen von damals angriff, ein Stück, das so gefährlich – oder so unerwünscht war, daß Offiziere es nicht in Uniform ansehen durften. Sie mußten Zivil anziehen. Dieses Theaterstück war auf Jahre ausverkauft, weil Sudermann es verstand, Zeitgeschichte in ein erregendes Theaterereignis umzusetzen.
Nehmen wir ein weiteres Beispiel: Ibsen war in erster Linie ein Sozialkritiker und dann erst ein Theaterschriftsteller und -dichter. Seine vom sozialkritischen Standpunkt geschriebenen Stücke, im Thema von der sozialen Entwicklung längst eingeholt, sind heute noch große Theatererlebnisse. Wir sehen seine *Gespenster* an, obwohl wir wissen, daß die Syphilis und deren Folgen, mit den heutigen Augen betrachtet, fast lächerlich sind. Wir spielen *Nora*, obwohl wir wissen, daß es solche Ehen doch schon lange nicht mehr gibt.
Die Talente wandern woandershin ab. Sie sind nicht mehr da, die Dichter und Autoren. Natürlich ist es viel leichter, ein Hörspiel zu schreiben, da kann man schneiden, wenn man gar nicht weiter weiß. Nicht anders ist es beim Fernsehspiel.
Aber es ist ein Jammer, daß es die Kunst des Schreibens fürs Theater nicht mehr gibt.

Nächste Seiten: O.E. Hasse privat, fotografiert von der Freundin Edith Heerdegen.

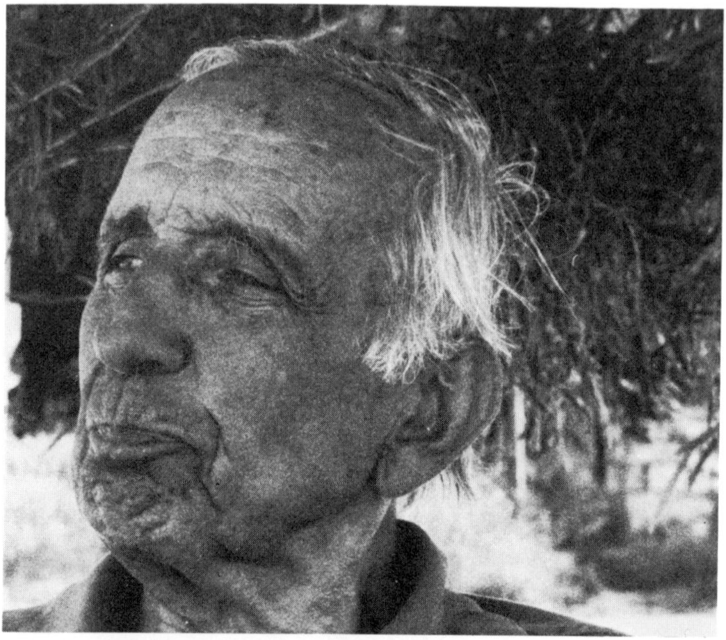

Manch bunter Fetzen aus seinem Leben blieb unerzählt, blieb vorbehalten seinen Freunden. Nun, da er das Resultat seines »Berufswechsels mit 75« nicht mehr erfahren kann – haben einige Gefährten seines Lebens zur Feder gegriffen, um ihm Adieu zu sagen.

Boleslaw Barlog

Meine ersten Begegnungen mit O. E. Hasse waren einseitig. Uns trennte die Rampe des Deutschen Theaters in Prag, wo ich ihn oft in markanten Rollen auffallend gut sah.
Als Zuckmayers *Des Teufels General* besetzt werden mußte für das Berliner Schloßpark-Theater 1948, fiel meine Wahl auf diesen vorzüglichen Schauspieler, den aber der Verleger Peter Suhrkamp aus vielen Gründen ablehnte. Meiner Frau gelang es damals, Suhrkamp umzustimmen, und der vorzügliche Harras des vitalen O. E. Hasse war an dem außerordentlichen Erfolg dieses Stückes mitbestimmend. Diese Aufführung, kurz nach der Währungsreform, rettete unser Theater über diese für alle Bühnen schwierige Zeit. Es war eine große künstlerische Freude für mich und unser Ensemble, mit diesem ebenso sensiblen wie ausdruckskräftigen Schauspieler zusammenzuarbeiten, und für mich als Regisseur eine Ehre und ein Vergnügen, ihn an diese Aufgabe heranzuführen.
Hasse spielte später, als Partner der Käthe Dorsch, in der von mir inszenierten Aufführung der *Philomena Marturano*, einer neapolitanischen Komödie von Eduardo di Filippo, deren besonderen Stil er genausogut traf.
Er spielte bei uns im Schloßpark-Theater, unter der Regie von Helmut Käutner, den Bolingbroke im *Glas Wasser* von Eugen Scribe. Glänzend in seinem Humor und dem Vortrag von einigen pointierten Käutner-Chansons. Übrigens schied er hier vor Beendigung der langen Erfolgsserie aus, um einen Film zu drehen. Für ihn trat ein Schauspieler in diese Rolle ein, der neu ins Ensemble gekommen war. Er hieß Martin Held.
Wedekinds *Lulu* in der Inszenierung von Oscar Fritz Schuh

sah O. E. Hasse auch im wieder aufgebauten Schiller-Theater, in der Rolle des Schigolch, wieder, nachdem er sich im Schloßpark-Theater mit dem Wallenstein in der Schillerschen Trilogie verabschiedet hatte. Auch hier, unter Willi Schmidt, war er höchst eindrucksvoll, obwohl er wegen gleichzeitig stattfindender Filmaufnahmen nicht so hinreichend zu Proben zur Verfügung stehen konnte, wie wir und er uns das gewünscht hätten.

Ich kann nur über O. E. Hasse als Mensch berichten, und über ihn als Schauspieler eigentlich nur, soweit er in unserem Schiller- und Schloßpark-Theater gespielt hat.

Mein Traum, ihn und Held einmal zusammen in einem Stück auf die Bühne zu stellen, ging leider nie in Erfüllung. Die Daten und Dispositionen, die er und das Theater beachten mußten, verhinderten das zu meinem größten Bedauern. Es wäre bestimmt ein Fest des Theaters geworden.

Wir blieben auch, nachdem unsere Arbeitswege nebeneinander herliefen, gute Freunde, grüßten uns freundschaftlich, wenn wir uns im Zuschauerraum eines Theaters, in einem Konzertsaal, denn Hasse war ein glühender Musikfreund, trafen, oder auch bei irgendeiner Einladung. Hasse war ein richtiger Partylöwe, ging mit unnachahmlicher Aura durch die Gruppen seiner Bewunderer und versprühte seinen scharfen Humor.

Ich mochte ihn sehr, sehr gern: Er besaß eine komödiantische Fülle, einen geistvollen, saftigen Humor und eine starke zeichnerische Darstellungskraft. Dabei war er durchaus nicht ganz einfach. Er war trotz seiner körperlichen Stärke von großer Sensibilität: ein Nervenschauspieler, der durch ein falsches Wort leicht aus dem Gleichgewicht zu bringen war. Aber sein Zorn verrauchte rasch und wich schnell seiner im Grunde gütigen Natur, die ihn bei seinen Regisseuren, wenn sie gut waren, bei seinen begabten Partnern und bei seinem Publikum so beliebt machte.

Als ihn im hohen Alter schwere Krankheit zu schaffen machte, kämpfte er, so wie er als Künstler um seine Gestalten und Regievorstellungen gerungen hatte, gegen diese lebensbedrohenden Widrigkeiten mit Löwenkraft und Mut an. Er ist, wie

SCHLOSSPARK-THEATER

BERLIN-STEGLITZ · SCHLOSS-STRASSE 48
TELEFON: 721212 / 721213

B/R. 12.4.49

Z e u g n i s

für den Schüler Otto Eduard Hasse.
von der Schauspielschule im Schlosspark-Theater Steglitz

Der Schüler Otto Eduard Hasse wird auf Grund seiner Leistungen in "Des Teufels General" in die I.Klasse der Deutschen Schauspiel[redacted]er versetzt.

Sittliches Betragen: Im ganzen gut

Aufmerksamkeit: Sehr gut

Fleiss: Sehr gut

Schulbesuch: Äusserst regelmässig

Unentschuldigt gefehlt: Kein Mal

Zu spät gekommen: Kein Mal

Aussprache: Vorzüglich

Künstliche Gestaltung: Hervorragend

Temperament: Erstklassig

Stehvermögen: 1 a

Umgang mit Requisiten: Artistisch

Aufnahmevermögen von Flüssigkeiten: Unbegrenzt, besonders, wenn es sich um Alkoholika handelt

Raucher: Stark

Ensemblegeist: Sehr geweckt

Beliebtheit beit den Kollegen: Sehr gross

Bemerkungen:

Sollte der Schüler Hasse auch in Zukunft den auf unserer Schauspielschule bewiesenen Ensemblegeist weiterpflegen und sich allzu grosse alkoholische Exzesse, sowie häufiger Rezitationsabende enthalten können, so kann man sagen, dass der Schüler Hasse zu grossen Hoffnungen berechtigt. Wir werden dem Schüler Hasse ein gutes Andenken bewahren und ihn sehr gerne wieder in unseren Kreis aufnehmen, wenn er sein Versprechen, zurückzukehren, wahrmachen sollte.
Wir wünschen dem Schüler Hasse für sein weiteres Fortkommen bis nach Amerika und zurück, vor allen Dingen für sein Zurückkommen, Hals- und Beinbruch.

Schlossparktheater Steglitz

Für das Lehrerkollegium

Der Rektor

der Berliner respektlos und drastisch sagt, »den Totengräbern ein paar Mal von der Schippe gehoppst«. Zur Freude seiner Freunde und Anhänger. Seine letzte Rolle wurde der uralte Shunderson in Curt Goetzens Komödie *Dr. med. Hiob Prätorius*, als Partner von Karl-Heinz Schroth, der auch sein letzter Regisseur war. Hier war die Krankheit, die ihn aufzehrte und zuletzt überwand, stärker als sein Wille, sie zu ignorieren, zu überwinden. Von ganz Berlin betrauert, wurde er in dieser Stadt seiner großen Karriere zur verdienten letzten Ruhe gebettet. Ihm gebührt unser Dank!

Peter Zadek: Erinnerungen an O. E. Hasse

Ich lernte O. E. Hasse vor vielen Jahren in Berlin kennen, an einem Abend bei Jochen Severin, mit dem wir beide befreundet waren. Wir wußten damals beide sicherlich, daß wir einmal miteinander arbeiten würden. Die Gelegenheit ergab sich aber erst zehn Jahre später. Dazwischen sah ich ihn gelegentlich auf der Bühne im Theater (er machte ja prinzipiell kein Fernsehen), und was ich sah, gefiel mir überhaupt nicht. Ich fand ihn eitel und auf sich bezogen. Wenn man als Regisseur lange und in den verschiedensten Situationen arbeitet, gehen einem die Schauspieler, mit denen man gearbeitet hat und wieder arbeiten will, wie auch die Schauspieler, mit denen man zum ersten Mal arbeiten will, viel durch den Kopf. Hasse war da nicht dabei.

Im Jahr 1971, also ein Jahr bevor ich in Bochum meine Intendanz anfing, schickte mir Tankred Dorst, zu der Zeit unser »Haus-Autor« und ein alter Freund und Kollaborateur von mir (wir hatten viele Fernsehabende zusammen gemacht), sein neues Stück *Eiszeit*. Er schickte mir, wie immer, die erste Rohfassung. Bei ihm sind das immer die interessantesten Vorlagen, bevor er in einer ersten Korrektur rauskorrigiert, was später den ängstlichen Zuschauern und den Kritikern unter Umständen nicht gefallen könnte. Dorst meinte, seine Idealbesetzung für die Rolle des alten Hamsun sei Minetti. In Hamburg, wo das Stück auch schon geplant war, würde es

Werner Hinz spielen, naheliegend, weil Werner Hinz ein Bewunderer und ehemaliger Freund von Hamsun war.
Dorst hatte das Wunder vollbracht, nicht nur ein sehr gutes Stück zu schreiben, sondern das *erste* wichtige Stück seit dem Krieg, in dem Sympathie für einen Nazi gezeigt wurde, in dem ein ehemaliger Nazi nach dem Krieg behauptete, immer noch einer zu sein und das auch (trotz großer Schäden für ihn selbst) vertreten konnte. Außerdem war es eine grandiose Rolle für einen alten Schauspieler, eine Rolle, die, wie man sagt, »einem nicht oft angeboten wird«. Ich las das Stück, fand es aufregend und dachte an O. E. Hasse. Hasse war äußerlich und oberflächlich gesehen ganz falsch für die Rolle. Hamsun war ein kleiner, steifer, harter Bauer. Jede Räson sprach für Minetti, ich war aber sicher, daß das Zentrum des Stücks in der Selbstironie, dem Trotzdem-lachen eines alten Mannes lag. Eines alten Mannes, der arrogant und höhnisch die Welt und die Menschen um und unter sich betrachtet. Wie aufregend wäre es, meinte ich, nachdem ich das Stück gelesen hatte, wenn man einen Schauspieler haben würde, der durch seine wirkliche Arroganz und seine echte komplizierte Haltung zu einem autoritären Regime die Rolle gegen das Publikum spielen würde und trotzdem das Publikum zwingen würde, sich mit ihm zu identifizieren. Hasse glaubte an die Macht und Rechtfertigung der einzelnen großen Persönlichkeit, und mit diesem Glauben war er identisch. Hasse war für mich die einzig mögliche Besetzung, und ich sagte Tankred: Hasse oder gar nicht. Ich war ganz sicher, daß Hasse das Stück annehmen würde, wenn es überhaupt zeitlich ging, aber ich hätte das Stück auch auf Eis gelegt, um ihn zu bekommen (auch wenn ich dadurch die Uraufführung verpaßt hätte). Nun ja, Hasse nahm die Rolle sofort an, spielte sie erst in Bochum, dann in Berlin und zuletzt in meinem Film *Eiszeit*. Es wurde eine Rolle, die man mit Hasse identifizierte, und es wurde eine überwältigende künstlerische Leistung. Weil er kompromißlos gegen das Publikum spielte und das Publikum so sehr überzeugte, daß es ihm unwillkürlich großen Beifall zukommen ließ, als er die böseste Rede des »Alten« im Stück sprach.
»Ich bin kein Sozialist. Ich habe niemals Sympathien für den

Sozialismus gehabt ... Fortschritt! Fortschritt!« (»Der Alte« im Stück sagt hier vor einer Kommission aus, die nach dem Krieg, als Hamsun schon neunzig war, ihn wegen Kollaboration anklagte.) »Ich bin Individualist ... Ich bin auch gegen die Demokratie von Präsident Truman. In meiner Jugend habe ich die amerikanische demokratische Freiheit kennengelernt ... Taucht in dieser Demokratie einer auf und ist für das Königstum, so ist er ihnen nicht frei genug, sie jagen ihn zum Land hinaus. Und dann habe ich erlebt, daß sieben Leute sich aus diesem demokratischen Mob erhoben, die glaubten an den Anarchismus, der Anarchismus war für sie die zukünftige Gesellschaftsform – die waren ihnen zu frei, und da hat man sie aufgehängt. Was über George Washingtons äußerst einfaches Gehirn hinausgeht ... wird bestraft. So sieht die demokratische Freiheit aus – nicht eine Freiheit für die Person, sondern für die Massen. Ich bin Anhänger des patriarchalischen Systems. Heute wird man als Verbrecher angesehen, wenn man für die patriarchalische Ordnung eintritt ... Schon in meiner Jugend hat man viel von Freiheit gesprochen. Das spukte so in den Köpfen herum ... Ich habe schon damals gesehen, daß sie gar nichts mit ihrer Freiheit anfangen können. Sie machen nur ein Geschrei in den Sportpalästen und starren hypnotisiert auf irgendeinen Filmstar. Sie wollen gar nicht frei sein. Sie wollen bloß immer das Wort schreien: Freiheit. Dann sind sie schon zufrieden. Und man kann mit ihnen machen, was man will. Geschäfte oder auch Krieg. Ja, sie wollen sogar geschlagen werden. Sie wollen ihre Wunden zeigen. Und sie wollen Blut sehen. Der Mensch ist ein blutgieriges Tier, eine brutale Bestie, und nur eine eiserne Hand oder ein großes Unglück hält ihn einigermaßen im Zaum. Eine patriarchalische Ordnung, das ist das Glück der Menschen.«

Indem ich die Rede so ausführlich zitiere, bin ich nicht so naiv, zu denken, daß ein Schauspieler sich je voll und *wörtlich* mit einem Text identifiziert, den er auf der Bühne spricht. Boy Gobert als der opportunistische Manager in meiner Inszenierung von Griffiths *Komiker* (1977) war brillant, *nicht* weil er sich mit dem schwachsinnigen Opportunismus der Figur identifizierte, sondern weil er genug von dem bei ihm angeprangerten Pragmatismus besaß, um sich jedesmal, wenn er vor seinem Publikum stand, mit seiner eigenen Haltung und seinem Image auseinanderzusetzen zu müssen. Ähnlich war der Fall bei Hasse. Und diese Rolle war auch widersprüchlich genug, daß seine sehr rege Intelligenz ihm sagte, daß er in dem Stück niemals als programmatischer Reaktionär gesehen würde.

Es ist schwer, den Realitätsgehalt bei einem Schauspieler wirklich ins Spiel zu bringen – aber ohne das ist Theater die langweiligste Sache überhaupt. Aber es verlangt Courage, Humor und große Phantasie, es auf eine so brisante Weise zu tun wie Hasse in *Eiszeit*!

Er kam nach Bochum, wo er umgeben war von lauter »jungen« Leuten, die meisten waren »links« und redeten viel über Freiheit. Damals nannte man es, glaube ich, Mitbestimmung. Sie regten sich auf über die Stargage, die Hasse bekam. Hasse regte sich auf über die schlechte Luft im Ruhrgebiet. Die Arbeit dagegen war nüchtern, professionell und gänzlich unzikkig. Hasse erkannte sofort (und nahm auch gleich die Herausforderung an), daß Hannelore Hoger, die trotz ihrer Jugend seine Frau spielte, im größten Spannungsverhältnis zu ihm stand – wie sie auch im größten Spannungsverhältnis zu mir stand und eine Art Identifizierungspunkt für den Freiheitsdrang des Ensembles bildete. Schauspieler sind sich bei mir nicht immer sicher, ob ich »progressiv«, autoritär oder gar nichts bin. Hasse erkannte aber auch das Riesentalent der Hoger, und ich glaube, das war das Ausschlaggebende der Begegnung und am Ende des gegenseitigen Akzeptierens. Sein Instinkt für Kraft, Phantasie und Können im Theater war ganz unfehlbar.

Als wir dann den Film *Eiszeit* in Norwegen drehten, war schon ein wenig die Luft raus. Die abendliche Runde (Hasse, Schmiedinger, Karzau, Dorst, und wer sonst noch grade beim Dreh war) war wie eine Theatererinnerung an alte Zeiten, die mir auch fremd waren und mich während des Filmens, das genug Probleme brachte, nicht sonderlich interessierten. Hasse war von erstaunlicher Zähigkeit, trotz seines Alters. Wir drehten manchmal zehn Stunden am Tag, er war fast ständig

(meist in Großaufnahme) vor der Kamera und machte nie schlapp.
Nur einmal drehte er förmlich durch, als ein hart geprüfter Garderober in der Tasche seines Morgenrocks ein schmutziges Taschentuch, das jemand anders benutzt hatte, steckenließ und Hasse es während einer Szene plötzlich in der Hand hatte. Er wurde bleich, ich dachte, er würde ohnmächtig werden vor Ekel, und weigerte sich, weiterzuarbeiten. Als ich ihn dann doch überreden konnte, wurde aus der Szene nichts. Er stellte sich wohl dabei immer das glitschige Ding in der Hand vor.
Ich habe Hasse weder O. E. genannt noch gedacht. Es bestand zwischen uns weder Freundschaft noch großes intimes Empfinden. Nur Respekt, und das hauptsächlich bezogen auf diese eine große Zusammenarbeit.
Daß O. E. Hasse für mich ganz wunderbar den vertrottelten M'sieur in der *Geisel* sowohl auf der Bühne als auch in dem von ihm verachteten Fernsehen spielte, war ein großes Kompliment für mich und eine größere Qual für ihn. Die Kraßheit und Anarchie der Aufführung schockierten ihn. Außerdem war er nicht absoluter Mittelpunkt. Und das muß der Patriarch dann doch wohl sein.

Edith Heerdegen

Was ich O. E. verdanke: mein »Standesbewußtsein«.

Prag 1939: Oskar Wallek hatte großzügig und etwas eilig einen Haufen Schauspieler bunt zusammengewürfelt, die sich dank einer guten Qualität – auch einer fast ausnahmslos menschlich guten – bald zu einem Ensemble zusammenfügten. Ihr Glanzstück war O. E. Hasse.
Seine politischen Feinde in München schenkten Prag für ein Jahr einen urbanen Schauspieler. Ich kam – sagen wir – als fortgeschrittene Anfängerin nach Prag, und seit meinen Schülerjahren am Dresdener Theater war »der Hasse« mein erster großstädtischer Kollege, vor dem ich auch richtig Angst und damit Hemmungen hatte, die der Herr aus München in der

1977, im Urlaub mit Edith Heerdegen.

ersten Zeit eher nährte als etwas dagegen tat. Er führte nämlich Regie in der *Minna von Barnhelm*, und ich halbe Portion war als Franziska besetzt, wohl von Wallek, da ich »ihm« ja unbekannt war. Auch das betonte er mir gegenüber in seiner schönen Arroganz, die ich erst später eher als menschenscheue, menschenmißtrauische Distanz erkannte.

Also wir probierten. Die Minna (aus Detmold) wurde viel belobt, und ich wurde kopfschüttelnd von ihm betrachtet, was da für eine humorlose Person als Franziska sich traurig gebärdete. Wir (wir beide) quälten uns zum dritten Akt durch, und da platzte mein großer Kollege und Regisseur: »Wie stehen Sie denn da? Drücken Sie die Knie durch! Alles zu dünn . . .« Platsch, da lag ich und heulte, heulte, heulte! Meine schwächste Stelle war getroffen. Ich hatte nicht lange vorher einen Unfall, und das Aussehen meiner Beine war meine Jungmädchentrauer. Irgend jemand ging zu O.E. – ich darf ihn von jetzt ab so nennen – und klärte ihn über mich auf. Da kam er, nahm mich in die Arme, entschuldigte sich, führte mich an eine Theke, flößte mir was Heilendes ein und heilte meine unfreie Psyche durch den besten Rat: »Machen Sie etwas aus Ihrem Mangel, stehen Sie auf Ihren Beinen, indem Sie zu ihnen stehen, gerade weil sie so arm sind.« Die Beine. Und von diesem Tag an stand ich anders im Leben. Mein »Standesbewußtsein« war von O.E. kreiert. Und er hat nie nachgelassen, es zu nähren, wenn Wankelmut sich an meinem Horizont zeigte.

Er nährte das Durchhalten an der Arbeit mit Strenge und lachender Zustimmung. Aus dem Regisseur wurde der geliebteste Zuschauer im 3. Akt der Minna. Er konnte so überbordend begeistert sein, wenn ihm etwas gefiel, auch wenn ihm einfach ein Mensch gefiel. Und da muß ich mich der Lust hingeben, ihm eine kleine Laudatio zu schreiben: Er war ein solcher Berg von Menschsein. Er war ein Scheusal und ein Engel, er war ein großer Schauspieler und manchmal ein ganz schlechter. Er war ein Kind und ein konservativer Baumstumpf. Er war Champagner, der beste Whisky, aber nie Fusel. Er war nie »gering« – wie meine Schwiegermama sich auszudrücken pflegte. Er war so himmlisch für Leben begabt.

Ich kann mir O.E. nicht tot vorstellen.

Carl-Heinz Schroth: Erinnerungen

Ich habe O. E. in München kennengelernt, bei Falckenberg an den Kammerspielen, da waren wir beide ganz junge Schauspieler. Als Antritts-Stück spielte ich *Leonie*, ein uraltes Boulevardstück, das inszenierte O. E. Und das wurde auch gleich ein schöner Erfolg. Für uns beide übrigens.

Gleich hinterher *Die vier Gesellen*. Er inszenierte, ich spielte, wir waren halt jung, aber nicht ohne Erfahrung, hatten bereits ein bißchen Routine. O. E. war ja schon ein paar Jahre in Breslau gewesen und ich in Hamburg. O. E. und ich merkten gleich, daß wir dieselbe Sprache sprachen, dieselbe Art von Humor hatten. Ebenso neu dort war Paula Denk, quasi als Anfängerin.

Ich erinnere mich an eine Spaghetti-Szene – wir hatten nichts vorher miteinander verabredet. Ich hatte Spaghetti zu essen, O. E. saß unten, und ich sagte aus Jux, natürlich war das nicht ernst gemeint – ich wollte nur mal sehen, wie O. E. darauf anspringt –, ich könnte doch da, wo Paula die große Rede hat, mit den Spaghetti ein paar ausgefallene Sachen machen. Natürlich war das nicht für die Vorstellung gemeint, völlig idiotisch, hätte ich natürlich nie gemacht, aber ich warf den Einfall mal einfach so in die Probe hinein. O. E. sprang sofort drauf an: »Wunderbar. Sie könnten doch vielleicht den Löffel in die Terrine fallen lassen, und die ganze Tomatensoße spritzt weg . . .«

Jeder mußte merken, daß es ein Ulk war. Nur Paula merkte es nicht. Sie war noch so neu, nahm alles ganz ernst und hatte die Ironie überhaupt nicht begriffen. Ihre Augen wurden immer größer, der Mund immer offener, sie dachte, wir meinten das ehrlich. Als wir merkten, daß die Paula so richtig einstieg, haben wir aus der Szene eine ganze Geschichte gemacht. Bei einer bestimmten Pointe, die Paula gehörte, zog ich Spaghetti aus der Nase.

O. E. begriff sofort, daß Paula *alles* ernst nahm, so daß wir uns gegenseitig an Einfällen überboten, uns immer mehr hineinsteigerten. Paula muß gedacht haben, daß sie völlig abserviert war, daß O. E. und ich nur noch davon besessen waren, uns

Quatsch mit Spaghetti auszudenken. Wir steigerten uns gegenseitig von Stufe zu Stufe, er saß unten, führte Regie, ich schlug von oben vor, Paula wurde immer kleiner. Bis wir schließlich ihre Verzweiflung selbst nicht mehr aushalten konnten und ihr sagten, das sei doch nur Ulk, für uns, auf der Probe.

Jedenfalls merkte ich, daß wir die gleichen Ein- und Ausfälle komisch fanden, über dieselben Witze lachten, eine gleichartige Empfindung für Blödsinn hatten. Das war eigentlich das erste Erlebnis, das sich mir im Zusammenspiel auf den Proben mit O. E. eingeprägt hat.

Ingeborg von Curt Götz war *meine* erste Inszenierung bei Falckenberg. Da hat O. E. gespielt, das heißt, wir haben beide gespielt. Ich hatte Regie, aber wir haben es abwechselnd gemacht; wenn ich eine Szene hatte, habe ich zu O. E. gesagt, »geh doch runter und guck dir das an«, wenn er eine Szene hatte, bin ich runtergegangen. Wir haben das in Compagnie gemacht, man kann eigentlich nicht sagen, daß er das Stück gemacht hat oder ich, wir hatten da gar keine Konkurrenzgefühle, haben uns aufeinander verlassen können. Wenn ich wußte, daß er etwas nicht gut fand, dann war es auch nicht gut. Und umgekehrt: wahrscheinlich hat er sich auch auf mich verlassen. Wir haben es eben gemeinsam gemacht, was ja sonst nie geht. Man kann ja nicht gut zwei Leute Regie führen lassen. Weil immer Konkurrenzneid mit von der Partie ist.

Na, die Geschichte ist auch so eine, die eigentlich nur für Schauspieler komisch ist, wie immer bei Schauspieler-Anekdoten, über die man sich untereinander totlacht und die für einen Dritten überhaupt nicht komisch sind wie natürlich auch die Geschichte mit Paula Denk.

Also: Im 3. Akt von *Ingeborg* gibt es eine Saufszene. Peter Pe-

---

Links oben: 1937, Kammerspiele, München. Mit Carl-Heinz Schroth in »Hans Sonnenstößers Höllenfahrt«. Unten: 1978, Komödie, Berlin. Mit Carl-Heinz Schroth in »Dr. med. Hiob Prätorius«.

ter und Ottokar, der eine ist der Ehemann, der andere der Liebhaber der Frau, haben eine Auseinandersetzung, die sich bei einer Bowle abspielt. Natürlich, wie immer bei Goetz, ist es keine ernste Auseinandersetzung, eine lustige, sehr pointierte also.

Da stand eine große Glasbowle mit einem langstieligen Glaslöffel. Und während der Unterhaltung hat sich jeder mit dem Löffel immer wieder Bowle eingeschenkt, bis wir völlig betrunken waren. Eines Abends ist der Löffel zerbrochen, und wir konnten die Bowle nicht mehr leeren und konnten also auch nicht betrunken werden. Ja, da hat der O.E. von irgendwoher einen Kaffeelöffel geholt und dann jedesmal gesagt – ich glaube, er hat zu sagen: »Ich darf mir wieder nachgießen« –, er also sagte: »Ich löffle mich«, »Gestatten Sie, daß ich mich löffle?«

Und jedesmal, wenn das »Ich löffle mich« kam, ich weiß nicht, ob das so überaus komisch war, gab es einen Riesenlacher. Immer, wenn es hieß: »Ich löffle mich«, »Darf ich mich auch löffeln?«, »Löffeln wir uns gegenseitig« – Gebrüll.

Aufbauend auf diesem Löffelwort, haben wir oft die ganze Szene erweitert, die überhaupt nicht *goetzisch* war, weil er sie ja gar nicht geschrieben hat. Aber die Leute fanden es irrsinnig komisch.

Daran erinnerte sich O.E. immer noch, er hat es neulich während der Premierenfeier von *Prätorius* auch wieder – und wohl zum letzten Mal – erzählt.

Ich war nur ein Jahr lang in München, es war sozusagen ein Daffke-Engagement, ich kam von Hamburg und ging dorthin zurück. Ich bin nach München gegangen, weil ich in Hamburg eine höhere Gage haben wollte. Wenn man längere Zeit an einem Theater war, war es so gut wie unmöglich, eine höhere Gage zu bekommen, es sei denn, man sagte: »Leck mich am Arsch, ich geh' weg.« Das hab' ich dann getan. Aber ich hatte nur für ein Jahr bei Falckenberg abgeschlossen, dann sagte ich dort: »Leckt mich am Arsch« – was sehr mies war – und für mich schlecht, denn ich wäre ja bei den Kammerspielen viel besser aufgehoben gewesen. Zwar war zur Ziegel-Zeit das Thalia-Theater gleichwertig, später aber nicht mehr.

In München machten wir noch zusammen *Hans Sonnenstößers Höllenfahrt*, O.E. führte Regie. Das war sehr schön, für uns, fürs Publikum. Und schließlich eine inzwischen verschollene bayerische Dialektkomödie, *Iphigenie in Moosing*. Man stelle sich vor; Iphigenie in Moosing! Das war nämlich auch der Inhalt des Stückes.
Wir haben uns fürchterlich oft zum Pokern gesehen, auch später. Das war die Zeit, da zockte man halt immerzu. Das ist aus der Mode gekommen, das macht man ja heute kaum noch. Da war O.E. dabei, und wie! Genau wie ich konnte er es nicht leiden, wenn dazwischengequatscht wurde. Das mußte Zack-Zack gehen, Ruck-Zuck. Wenn man Musik hört, hört man Musik, wenn gepokert wurde, dann durfte nur gepokert werden. Keine Fragen »was muß ich jetzt machen« oder »habe ich schon bezahlt«, das muß ablaufen wie eine gut geölte Vorstellung. Da haben O.E. und ich uns sehr gefunden.
Wilhelm Holzboer, berühmter Komiker und später Direktor des Deutschen Theaters in München, der Schauspieler Otto Zechel, O.E. und ich, wir trafen uns gleich um die Ecke vom Bühneneingang in den *Pfälzer Weinstuben*, da gab es Dicke Bohnen mit Speck, die waren ganz billig. Dort pokerten wir ganze Nächte hindurch, bis zur nächsten Probe. Wir waren wahnsinnige Pokerer. Wenn die Partie zu Ende war, debattierten wir stundenlang über die Verluste von, sagen wir mal, 3 Mark oder auch 1,80. Das waren Riesensummen, sensationelle Ereignisse für uns, damals. Wir hatten winzige Gagen. Von heute aus betrachtet, war es geradezu lächerlich, um was für Beträge wir »nachpokerten«, »... hätte ich das vorhin bei dir geahnt ...«, »... hättest du nur eine Dame weniger gehabt ...« Wir pokerten im Normalfall um 20 Pfennige. Da haben wir uns ereifert.
Immerhin waren uns ganze Nächte 1,80 oder aber eben auch mal 3 Mark wert.

Nach München haben wir uns zwar nicht aus den Augen verloren, aber künstlerisch entwickelten wir uns auseinander. So kam es auch sicher, daß wir nie Filme miteinander gemacht haben. Wir begegneten uns immer wieder privat, zum Beispiel

auch mal in Prag, wo ich filmte, während O.E. am dortigen Deutschen Theater spielte und inszenierte. Aber sonst sahen wir uns in Kneipen oder bei gemeinsamen Freunden. Die Begegnungen wurden seltener. Bis dieser Sommer kam.
Hiob Prätorius, mein Leib- und Magenstück, meine Lieblingsrolle, mache ich doch seit zehn Jahren immer mal wieder. Das unheimliche Faktotum Shunderson habe ich bisher immer mit Fritz Rasp besetzt, der für diese Rolle zu Fuß überall hingegangen wäre. Und ich hätte es nie wagen dürfen, das Stück ohne ihn zu machen, das wäre gar nicht möglich gewesen. Es lag auch vom Typ her niemand besser auf der Rolle des Shunderson. Der ist nun gestorben.
So stand ich vor der Situation, einen neuen zu finden, und da war es eigentlich ziemlich naheliegend, auf O.E. zu kommen. Er wäre ja auch ungeheuer gut gewesen, wäre er gesund geblieben. Er hat dieses Unheimliche – wenn er will –, dieses Hintergründige und trotzdem Humorige und Verschlagene und was man alles will, und er war durch seine Krankheit, von deren Tragweite wir alle nichts Genaues wußten und die ihn so viel Kraft gekostet hat, geradezu prädestiniert. Wenn der kam, wenn der auftrat, und bevor er noch ein Wort sagte, stand da eine ungeheure Persönlichkeit auf der Bühne. Es war frappierend! Der kam raus, ging fünf Schritte, stumm, und dann, nach einer großen Pause, sagte er: »Mein Name ist Shunderson«, und da war plötzlich wer da – und sie konnten eine Stecknadel zu Boden fallen hören. Es war fa-bel-haft!
Und es kam dazu, daß er nicht mehr die Kraft hatte. Nach der Pause war seine Kraft alle. Aber man hätte niemals sagen können: »O.E., laß es.« Denn er wollte!
Und ich glaube auch, es war gut für ihn. Er wurde von Probe zu Probe kräftiger, kam immer kregel und freute sich, es kam auch alles vom Text her, aber es hat immer nur für zwei Stunden vorgehalten. Nach der Pause baute er ganz schnell ab.

Wer auf die Idee gekommen ist, ihn für die Rolle zu engagieren? Das ist hinterher immer furchtbar schwer zu beantworten. Das ist so: Da hat jemand einen wunderbaren Einfall. Wer hat ihn gehabt? – Alle.

Also, vielleicht könnte man sagen, die Gedankenspielerei war eine Angelegenheit zwischen Wölffer, dem Direktor der Komödie in Berlin, und mir. Vielleicht ist Wölffer zuerst auf O. E. gekommen, vielleicht auch ich, das kann ich nicht mehr sagen. Ich will den Ruhm nicht für mich in Anspruch nehmen, aber gar keine Frage: als der Name in die Debatte geworfen worden war, wußten wir, wenn wir ihn kriegen, nehmen wir ihn.

Als ich für einen Film in Berlin war, ein paar Wochen, bevor es mit den Proben losging, habe ich ihn gebeten, mal zu mir zu Besuch zu kommen, um zu sehen, wie sieht der Knabe aus, und geht das denn überhaupt. Als er aus dem Taxi stieg, war er so klapprig, daß ich dachte: o Gott, o Gott!

Und dann saß er hier, eine Stunde, zwei Stunden, drei Stunden, vier Stunden, und es wurde zwölf, es wurde eins, es wurde zwei, und er wurde immer mehr der Hasse von früher und war gar nicht mehr kleinzukriegen, und es war alles wieder da, die Kraft war wieder da, der Intellekt war wieder da, die Pointen saßen wieder – und er ist wieder nicht wegzukriegen gewesen, und wenn ich nicht gesagt hätte, Kinder, wir müssen alle schlafen gehen, dann hätte er zum Frühstück noch erzählt und fabuliert.

Dann fuhr ich weg, und als ich wiederkam zu den Proben, war er plötzlich im Krankenhaus. Wegen der Armoperation.

Arthritis, meinte er. Er kam zu den Proben immer aus dem Krankenhaus. Professor Weigert, der große Berliner Orthopäde, sagte aber schon: »Seid froh, wenn er noch ein bißchen spielen kann.«

Er sah aus, wie der Shunderson auszusehen hat, aber was hat er gemacht? Er hat Maske gemacht. Völlig überflüssig, er hat sich *alt* geschminkt, irrsinnig komisch, war ja alt genug. Eine Perücke hat er sich aufgesetzt, obwohl er sich nur die Haare ein bißchen nach vorne hätte zu wuscheln brauchen, er hat für den alten Mann *auf alt* Maske gemacht. Einen Buckel hat er sich in den Rock einnähen lassen. Verrückt.

Immer kam er vom Krankenhaus zur Probe, ging von der Probe zurück ins Krankenhaus, es war entsetzlich. Wir dachten, er macht das nur, damit er nicht allein zu Haus sein muß,

er war ja plötzlich ganz einsam in Berlin. Die wirkliche Erklärung aber schließlich hieß: Es war ihm einfach bequemer. Unmittelbar vor der Premiere erst ist er dann nach Hause gezogen.
Während der Proben haben wir ihm alle körperlichen Anstrengungen abgenommen. Er wurde ja auch, wie schon gesagt, von Mal zu Mal kräftiger. Ich habe manches umgestellt. Er hat eine ganz große Erzählung, das ist der eigentliche Kulminationspunkt der Rolle – wegen dieser Erzählung spielt man die Rolle –, und ich habe es so eingerichtet, daß er die lange Passage sitzend spielen konnte, was eigentlich falsch war. Aber es nützte halt nichts und half ihm nicht mehr. – Leider.

Meine Frau kümmerte sich hinten in der Kulisse um ihn, zu ihr kam er immer erschöpft: »Ich kann nicht mehr, ich kann nicht mehr.«
Und es war etwas ganz Rührendes nach der Premiere. Wir spielten und spielten, es ging auch alles gut, dann fiel der letzte Vorhang. Noch bevor er wieder aufging, zum Applaus, fiel er mir um den Hals, flüsterte mir zu: »Besetz mich nicht um.«
Vier Vorstellungen hat er gespielt. Es war sehr tragisch.
Ich habe mir erzählen lassen, daß er ziemlich spät, bevor er starb, gesagt habe, es gäbe zwei Freunde und Kollegen, denen er nach seiner großen Krankheit besonders dankbar wäre. Der eine sei Alfred Weidenmann, weil er ihn noch einmal vor die Fernsehkamera gestellt habe, und der andere sei Carl-Heinz, weil der ihn mit der schönen Rolle in den *Prätorius* genommen hätte.
Das freut mich sehr.

Wolfgang Lukschy: Über O. E.

München war eine Stadt junger, ehrgeizhungriger Schauspieler. 1934 waren wir beide dort, ich am Residenztheater und an der Bayerischen Landesbühne, O. E. an den Kammerspielen bei Falckenberg. Ich sah ihn dort oft, und es dauerte nicht

lange, bis wir uns auch privat begegneten. Wir verstanden uns auf Anhieb gut und hatten regen literarischen Austausch. So etwas verbindet.
Dann war's im Sommer heiß, und ich sagte: »O.E., laß uns schwimmen gehen, ins Ungererbad.« Das ist ein Riesenbad in Schwabing mit Tausenden von Menschen. O.E. reagierte im Bismarck-Herrenton:
»Nein, danke, im Urinocco bade ich nicht.«
Eigentlich war er eine Figur, die für diese Zeit zu spät geboren war. Er hätte eigentlich Meininger Hofschauspieler sein müssen – zu jener Zeit, als die Schauspieler noch mit der Kutsche zur Probe und Vorstellung geholt wurden.
Er erzählte wunderbare Geschichten und konnte manchmal auch zuhören. Egal, in welcher Runde, an welchem Stammtisch, es war immer seine Gesellschaft, obgleich immer alle selbst bezahlen mußten. Aber er war doch sehr erpicht darauf, Mittelpunkt zu sein, war es von Natur aus.
Nach dem Kriege gaben meine Frau und ich einmal in der Woche ein Essen, nach der Devise: nicht unter den Grazien, nicht über die Musen, also mindestens drei und höchstens neun.
Damals wohnte ein ungarischer Diplomat bei uns, dessen Botschaft natürlich längst aufgelöst war, aber er verfügte ein bißchen über Schwarzmarktquellen, das war sehr angenehm.
Zauberhafte Abende im Freundeskreis, und O.E. war immer dabei.
Man brauchte nicht lange zu warten: Unaufgefordert rezitierte er Gedichte, mühelos zwei Stunden lang – wer kann das noch? Er mußte sich produzieren.
War jemand neu im Kreis, tat Aufklärung not: »Ich bin eine Gedicht-Hure.«
Wenn Heinrich George eine Streichholzschachtel kaufte, war das ein schauspielerischer Prozeß, und ebenso war es bei O.E. Er war ein bißchen »phony«, wie die Amerikaner das nennen, ein bißchen volltönend.
So auch am Stammtisch, am runden Tisch bei *Diener*, da gab es Florettgefecht mit Worten, und schöne Aphorismen wurden am laufenden Band geboren.

Weil wir in einer Gegend wohnten, war es stets meine Sache, ihn nach Haus zu fahren. Er besaß kein Auto und beharrte auf dem Standpunkt: So was wie ich fährt nicht, so was wird gefahren.
Kam man vor seine Haustür, gab's zwei Möglichkeiten: Entweder den *Satteltrunk*, das hieß, noch einen im Stehen, oder den *Steigbügeltrunk*, was hieß: »Nimm noch ein bißchen Platz.«
Und da war er wunderbar. Da war er ganz zivil, schlicht im Gespräch, da brauchte er sich nicht zu produzieren. Er verfügte über eine Fülle von literarischem Wissen, erzählte seine eigenen gereimten Rätsel und all die schönen Dinge, denen er in der Literatur begegnet war.
Beim *Steigbügeltrunk* kam man nicht mehr hoch, jeder auch nur ansatzweise Versuch war zwecklos, wurde mit einem neuen Drink gestoppt!
Oft stand die Sonne hoch am Himmel, ehe ich nach Haus kam.
Da gab's nach dem Kriege eine Mutter mit zwei Töchtern, üppigen Blondinen. Die Mutter war auch noch ganz lustig und nicht von Pappe. Das waren irgendwelche Schieberchen, die mit Teppichen handelten – bei denen gab es eigentlich alles.
Wenn ich ihn mitbrachte, sagte ich: »Statt Blumen habe ich hier O.E.«, und das war mehr als Blumen oder irgendein Präsent.
O.E. wurde regelmäßiger Gast und hatte hier ein Publikum, das gar nicht zu ihm paßte, sich aber darin sonnte, den großen Schauspieler für sich zu haben. Er wurde bedient und wie ein König gefeiert. Das tat ihm gut, schmeichelte ihm sehr.
Eines Tages kam er, nach der Vorstellung, und war mieser Laune. Er fühlte sich nicht wohl und setzte sich in einen Sessel, von der Gesellschaft ungestört.
Da kam die Mutter und sagte: »Na, was ist los, O.E.? Darf ich dir was zu trinken bringen?«
»Jawohl, bring mir 'nen Whisky.«
Sie brachte Whisky, Zigaretten, Lachs und Kaviar, und er nahm alles hin. Aber zu sprechen war er nicht.
Da wurde das Muttchen allmählich wütend: »O.E., wann

werden wir endlich ein bißchen von dir hören?« O. E. blieb stumm.
Schließlich platzte ihr der Kragen: »Also, O. E., wenn du in dieser Stimmung bist, warum bist du dann überhaupt erst hergekommen?«
Da erhob er sich und sagte mit großer Geste und mit Stentorstimme:
»Aus Mitleid!«

Unmittelbar nach dem Krieg hatten die Russen die *Möve* eingerichtet. Das war ein Künstler-Treffpunkt. Ohne Rücksicht auf den Stadtsektor, in dem sie tätig waren, waren alle da: Maler, Bildhauer, Schriftsteller; in der Überzahl wir Leute vom Theater.
Eine segensreiche Einrichtung, denn da wurden wir gut gefüttert und kriegten außerdem *Pajoks*, Pakete mit Kartoffeln und Lebensmitteln, die man mit nach Hause nahm.
Da war der russische Theateroffizier, Oberst Mowsjakow, ein Liberaler. Der liebte den O. E. besonders und nannte ihn immer »O-Punkt-E-Punkt«. Und eine andere fabelhafte Figur, still und ruhig und von hoher Bildung, der Major Dimschitz, unser russischer Kultur-Papst in Berlin, der später in Moskau Professor wurde.
Das waren schon gute Leute, und man dachte, der Silberstreif würde nun schlagartig breiter.
In jeder Premiere waren alle viere in voller Uniform: die Stadtkommandanten, die Generäle, die Theateroffiziere; ob im Hebbel-Theater, im Deutschen Theater, im Renaissance-Theater, wo auch immer, es herrschte schönste Harmonie.
Anschließend gingen wir immer in die *Möve*, wohin man ohne weiteres Gäste mitbringen konnte. Dort wurde jede Premiere gefeiert, eben auch die, welche im Hebbel-Theater im amerikanischen Sektor stattfanden. Da saßen wir dann zusammen, mit Wolfgang Harich und Wolfgang Goetz, mit Anna Seghers.
Es war ein fabelhafter Treffpunkt, eine Nachfolge des Deutschen Bühnenklubs, den es nicht mehr gab. O. E. hat immer bedauert, wenn vom Bühnenklub die Rede war, daß er zu spät

nach Berlin gekommen sei – dafür war er ja 20 Jahre zu jung –, denn in den entsprechenden Jahren traf man dort Rathenau, Stresemann und Einstein. Das wäre was für ihn gewesen.
Die *Möve* – herrlich! Nur eins blieb problematisch: Wie kam man um zwei, halb drei nach Hause in den Westen? Taxis gab's kaum, aber da stand ein Omnibus bereit, ein Lumpensammler. Als jubelndes Komödiantenschiff, voll bis obenran, fuhr der nun alles ab, von Zehlendorf bis Steglitz und Charlottenburg.
Die *Möve* gibt es noch. Aber an Anziehungskraft hatte sie schon vor der Mauer verloren.
Wir hatten in der Uhlandstraße eine Kneipe aufgetan, die *Schildkröte*. Da gab's die Lotti, eine prima Schlummermutter, die uns Schauspieler unter ihre Fittiche nahm. Das bürgerte sich so ein, wir hatten unsern Spaß.
Eines Tages gab die Lotti das Lokal auf. Wir brauchten ein neues Quartier. Also sind wir auf die Suche gegangen und fanden dieses Boxer-Lokal – und sagten zu Franz Diener: »Jetzt mal die Speisekarte her, wir werden das hier als neues Schauspielerlokal etablieren, unter einer Bedingung: es darf nichts geändert werden. Auch die Preise nicht.«
Es war eine uralte muffige Bude, so wie Kneipen sein müssen, um Gemütlichkeit auszustrahlen.
Der Diener, in seiner neuen Rolle als Künstlerwirt, hat sich als großartiger Bursche rausgestellt. Er taute auf aus seiner Dösigkeit, ließ sich animieren und, bat man ihn sehr, sang – ein bißchen krächzend, aber fröhlich – in heimatlicher Mundart sein berühmtes »Plauen bleibt Plauen«. Und es kam einfach alles, was laufen konnte.
Wir hatten eine neue Heimat.
Da saßen die *Stachelschweine*, Jo Herbst, Wolfgang Gruner, der Pfitzmann – vom Schiller-Theater wenige nur, die haben sich wohl als was Besseres gefühlt und sind ja sehr zurückhaltend. Aber sonst war alles da, was in Berlin Beine hatte, tätig war und spielte. Jedenfalls war's immer rund und immer voll.
Bei den Filmfestspielen habe ich oft die Ansage gemacht und die Stars vorgestellt. Aber kaum war der offizielle Teil vorbei,

schoß Trevor Howard auf mich zu: »Wulfgäng, let's go to this pub, to this boxers pub!« Und dann im Lokal gleich den Kragen ab, die Krâwatte runter – da fühlte er sich wohl. Er kam wohl hauptsächlich deshalb nach Berlin.
O. E. hatte mit ihm in England gefilmt, als Kommandant der Tirpitz, und Trevor war sein Gegenspieler. Auch hatte Howard in London den Harras aus *Des Teufels General* gespielt, nicht nur, nachdem er O. E. ein paarmal in Berlin in der gleichen Rolle angesehen hatte, er ließ sich auch von ihm beraten. Und das bezog sich nicht nur auf Maske und Kostüm. Sie probten richtig miteinander.
O. E. saß am runden Tisch, dem er quasi präsidierte. Und er sorgte auch ein bißchen für Auslese. Komparserie, die nur zuhören wollte, blieb fern, die brauchte er nur anzusehen – er war Respektsperson.
Gab's mal Auseinandersetzungen, wenn jemand vorm Tresen räsonierte – auch das kam vor –, da war der Franz zur Stelle. Mit zwei Griffen war die Angelegenheit erledigt. Kunststück: Schwergewichts-Europameister!
In den letzten Jahren zog sich O. E. zurück, wir sahen uns weniger, aber ab und zu natürlich schon: wir wohnten um die Ecke. Bei meinem siebzigsten Geburtstag war er natürlich dabei. Wir feierten im Atelier von Fritze Reuter, dem Bildhauer-Professor, der jetzt auch die Totenmaske von O. E. abgenommen hat.

Ich muß noch mal an frühere Tage zurückdenken. Mittwochs – das war Tradition – ging O. E. regelmäßig in die Sauna, zur Massage, machte seinen *Schönheitstag*. Anschließend kam er zu uns. Da war er treu: Kaffee und Cognac standen für ihn bereit – und bei interessantem Gespräch fühlte er sich wohl.
Unsere kleinen Jungens liebten ihn, besonders sein starkes Grübchen am Kinn hatte es ihnen angetan, das beim Film oft mit Nasenkitt geglättet wurde. Stefan, drei Jahre alt, ganz zart und ängstlich, saß auf seinem Schoß, guckte sich wieder und wieder das Grübchen an und fragte: »Onkel O. E., haben sie dich da reingeschossen?« Er hielt es unausweichlich für eine Wunde aus dem Kriege.

Begabt war er vielfältig. Er behauptete, die Fünfte von Beethoven könnte er ohne Probe aus dem Kopfe dirigieren. Na ja, Wunschträume, stehen sie nicht jedem zu?
Am schönsten fand ich seine Rätsel-Reimerei.

Stehst Du vor ihm,
mußt Du zittern und zagen;
steht es vor Dir,
erfüllt es Dich mit Behagen.

Was ist das?
Das Gericht.

Mein Gott, O.E.! Er war ein Mann des Wortes, dem Wort verfallen. Den Geschmack an der Formulierung – wer hat den noch?
Lebwohl, O.E. Es war schön, ein Stück Lebensweges mit Dir zusammen zu marschieren.

Friedrich Luft
Gedenkrede für O. E. Hasse *(20. 9. 1978)*

Auf diesen Tag, auf diese Stunde hatte er sich gefreut wie ein Kind. Er feierte so gern. Er sah so gern seine Freunde um sich. Und daß die Feier zu seinem 75. Geburtstag (krankheitshalber ohnehin verschoben) zu dieser Stunde und hier gefeiert werden sollte, der Gedanke machte ihn glücklich.
Er hatte noch Sinn (und er hatte noch den echten, vollen Geschmack) für Feierlichkeiten! Und sich selbst sah er so gern als ihren Mittelpunkt.
Wir wollen (sosehr Anlaß ist, um ihn zu trauern), wir wollen diese Stunde nicht traurig werden lassen.
Wir wollen ihm danken. Und wir wollen dankbar sein, daß es ihn gab.
Daß es ihn so gab, wie er war.
O. E. Hasse – ich hatte ihn erst zweimal auf der Bühne gese-

hen, als ich ihn kennenlernte. Und ich sollte gleich richtig kennenlernen, wie hoch er sich selber schätzte.
Das war gleich nach dem letzten Kriege.
Da hatte er schon bei Fehling in dem trotzigen Kinotheater in Zehlendorf an der Potsdamer Chaussee den Mephisto gespielt. Er war schon bei Carl-Heinz Martin am Hebbel-Theater und probte für Weisenborns erstes, allererstes Nachkriegsstück, *Die Illegalen.* Wir saßen in der damaligen »Kammer der Kunstschaffenden« in der Schlüterstraße. Die erste, große Kundgebung für die deutschen Exildichter und ihre vielen Opfer war geplant. Das sollte eine bedeutende Veranstaltung werden. Und sie wurde es auch. Johannes R. Becher würde sprechen (damals eben aus Rußland heimgekehrt).
Walter Franck und einige andere sollten aus den Werken der exilierten und gestorbenen und verdorbenen deutschen Dichter lesen. Franck kränkelte plötzlich. Es schien geraten, einen Ersatzmann bereitzuhalten.
Jemand hatte O. E.s Namen genannt. Er wurde gerufen. Er erschien. Er hörte, was wir vorhatten. Er stand auf, griff nach seinem Hut – und sagte: »Nein, meine Herren, Sie irren! Ich bin keine zweite Besetzung!«, grüßte höflich – und ging.
Das hat mir damals unendlich imponiert. Er wußte immer, wer er war, auch als wir es noch nicht wußten – oder wissen konnten.
Er ist ja erst als fertiger Mann, als sehr erwachsener Mann, der geworden, der er schließlich war.
Sicher: schöne, glückliche, auch erfolgreiche Zeiten in Breslau, später in München an den Kammerspielen unter Falckenberg, der ihn schätzte und ihn alle Rollen des jugendlichen Liebhabers und Charakterspielers spielen ließ.
Seine Zeit in Prag – am Deutschen Theater. Seine Freundschaft mit Erich Ponto, mit dem er früh schon in der Kunst des Reimrätsels, einer geistreichen Herren-Kunst, wetteiferte.
Aber zu dem, der er war und werden sollte, wurde O. E. erst, als er die ersten fünfzig Jahre seines Lebens schon überschritten hatte.
Ich habe ihn einmal, ich glaube, als er 60 wurde, bewundernd

einen »kapitalen Spätentwickler« genannt. Darüber hat er sich jedesmal, wenn er mich sah, mokiert und es mir vorgehalten. Aber er gab mir heimlich recht.

Er war ja erst am besten – und war am meisten er selbst, als er die Fünfzig überschritten hatte. Als Mann, als fertiger Mann, war er erst richtig in seinem Lebenselement. Da wurde er zu einem imperialen Schauspieler. Die Rollen der Könige, der Mächtigen dieser Erde kamen ihm zu. Er hat auf dieser Bühne hier den Napoleon – und er hat am gleichen Abend den 18. Ludwig von Frankreich gespielt. Er war Shakespeares Cäsar – wie er der Cäsar von Shaw war. Er war für Berlin Zuckmayers »Harras« und hat damals durch seine schon gewaltig gewachsene Popularität das ganze Schloßpark-Theater über die theaterlähmende Zeit der Währungsreform gerettet. Er spielte Sartres Jupiter in den *Fliegen* unter Fehling. Und er war der Mr. Antrobus in Wilders *Wir sind noch einmal davongekommen.* Alles Rollen von Personen der Distinktion. Die lagen ihm.

Die verkörperte er superb.

Und wenn es mit einer solchen königlichen oder fürstlichen Spielfigur gar noch gebrochen, schwierig oder geistvoll kompliziert zuging (wie bei Scribe oder Anouilh oder Giraudoux), dann war er in seinem Element.

Ein kapitaler Spätentwickler – und wie hat er sich entwickelt!

Er war kein Verwandlungsschauspieler. Er versteckte sich hinter keiner Maske. Das war sicher nicht seine Force. Aber auch wenn er (wieder auf dieser Bühne hier) neben der Bergner den Shaw in *Geliebter Lügner* las, sprach, gab und in Briefzitaten interpretierte, blieb er immer O.E. Er maskierte sich nicht als Shaw. Aber er sprach, zitierte, er las Shaw so, daß wir glauben mußten (auf Zeit wenigstens), daß Shaw tatsächlich so ausgesehen habe, wie O.E. jetzt aussah.

Der Schauspieler zwang dem dargestellten Autor sein Gesicht auf. Das war enorm, war ein darstellerisches Kunststück – wie es wahrlich ein Akt schauspielerischer Kunst war.

Er spielte (wunderbare Erinnerung!) den alten, bockigen, garstigen, den genialen, ungebrochen tief gebrochenen Hamsun in Dorsts *Eiszeit.* Wieder geschah das kalkulierte Wunder!

O.E. machte nur oberflächlich die Maske Hamsuns.
Der Hut. Der Stock. Aber den Bart des Alten ließ er schon weg. Und war wieder Hamsun, ohne ihn äußerlich zu imitieren. Seitdem, wenn wir an Hamsun denken, muß er so aussehen, wie O.E. damals aussah.
Er hatte als Schauspieler eine (wieder das Wort) imperiale Überredungskraft. Er eignete sich die Gestalten an. Er drückte ihnen den Stempel seiner Persönlichkeit auf. Und wenn sie geistreicher, wenn sie geistig schwieriger oder gar amüsant komplizierter Art waren – um so besser! Er hat gleichberechtigt neben der großen Hermine Körner in Giraudoux' *Irrer von Chaillot* gestanden. Zwei wahrhaft fürstliche Darstellernaturen. Und O.E. war der Bettler. Aber ein König.
Der deutsche Film merkte in den frühen 50er Jahren erst, was es mit diesem Hasse auf sich hatte. Man holte ihn für *Canaris*!
Das war wieder eine Herrengestalt, ein politischer Macher mit Zweifeln und Krünkeln und der Tragik des Denkenden (des vorsichtig revoltierenden Gewissensmenschen). Plötzlich war er weithin populär. Er war ein deutscher Star.
Die großen internationalen Regisseure standen nun an. Er hat in Rom gefilmt, in London, in Paris, mehrfach in Hollywood. Er war so etwas geworden wie der legitime Nachfolger des berühmten von Stroheim. Dessen Rollenfach (im Weltfilm) hat er übernommen. Da war er schon sechzig. Ein kapitaler Spätentwickler, tatsächlich.

Er hat diese Stadt, auch als er so berühmt war, nicht verlassen wie viele, die sicher geringer waren als er.
Er änderte sich nicht. Er stand gesellig vor den vielen Stammtischen, die er immer wieder gründete. Er war so gesellig – und das jeweils (ohne Erbarmen) bis ins Morgengrauen. Er war hochgebildet. Und wenn er (wieder auf dieser Bühne) Diderot spielte und sprach in Goethes Übersetzung, dann war's eben wie ein Stück von ihm.
Schauspieler, auch wenn sie große Schauspieler sind, müssen nicht alle gescheit sein. Er war hochgescheit, hochgebildet und belesen – und war trotzdem (hätte ich fast gesagt) ein großer

Schauspieler. Er verband beides glücklich: Spielfreude und Intelligenz. In seiner Art ist das selten, bei ihm war es ein Glück.

Und lebte aus und von seiner Stimme. Die wird uns allen unvergeßbar sein, und sie werden wir zuerst im Ohr haben, wenn wir an ihn denken. Er hatte natürliches Pathos. Ihm war Pathos erlaubt. Ihm stand es zu. Und er konnte selber das Pathos seines sonoren Organs brechen, es in Frage stellen, zurücknehmen – und oft auch füglich und selbstkritisch ironisieren.

Er war seiner großen Mittel mächtig. Und war ein so guter Freund und ein so herzlicher Kumpan denen, denen er Vertrauen oder gar Freundschaft schenkte. Er war treu. So viele hier, die seine beharrliche Freundschaft fast über ein Leben hin haben genießen können. Und daß es bei ihm anging, daß man als Kritiker mit ihm (einem Schauspieler) befreundet sein konnte, ohne gegenseitige Betretenheit oder Unsicherheit – das danke ich ihm. Seine Souveränität machte es möglich.

Er hatte ein schönes Leben. Er ist spät aufgestiegen in den Ruhm und die darstellerische Erfüllung. Er hat sie erkämpft, hat sie verdient – und er hat sie in vollen und souveränen Zügen genossen. Ein Herr – und ein großer Künstler.
Ich ging am Tage nach seinem Tode über meinen Markt auf dem Schöneberger Winterfeldplatz. Zehnmal wurde ich angesprochen auf O. E. Hasses Tod – von meinem Obst-, von meinem Gemüsehändler, von meinem Fischmann und ganz fremden Leuten, die sich zwischen den Ständen drängten. Er war auch ein Volksschauspieler. Er war es in Berlin sicher. Die Leute liebten ihn, sie wußten, wer er war, wenn sie selber ihn auf der Bühne und in seiner besten Form vielleicht auch nie gesehen hatten. Sie trauerten auf den Märkten.

Wir danken ihm. O. E. Hasse hat sich »höchst königlich bewährt«.

H. H. Stuckenschmidt
Gedenkworte für O. E. Hasse (Waldfriedhof Dahlem)

Freunde unseres verewigten Freundes!
Im Prager Deutschen Theater wurde 1939 Hermann Bahrs Lustspiel *Das Konzert* gegeben. Auf der Bühne stand ein zum großen Teil neues Ensemble, dem wir etwas mißtrauisch entgegensahen, weil es aus Hitlers Deutschland kam. Aber bald horchten wir auf. Da kam Doktor Jura auf die Bühne, der Ehemann, der dem alten berühmten Pianisten ganz heiter und überlegen ausredet, mit seiner Frau eine Liebschaft anzufangen. Die Stimme des Schauspielers, ein klarer, in Konsonanten und Vokalen die ostdeutsche Herkunft verratender Bariton, war unvergeßlich. Für alle Zeiten hörte man den Tonfall aus Hunderten von Stimmen heraus, auch später, wenn er Filmstars wie Humphrey Bogart oder Charles Laughton synchron den Text nachsprach.
O. E. Hasse, so hieß der noch junge Mann, gefiel uns sofort mit seinem schönen, intelligenten Kopf, aus dem blaue Augen den Partner anblitzten, mit der Eleganz seiner Bewegungen, mit der Aura von Geist und Kultur, die ihn umgab.
Margot und ich suchten seine Bekanntschaft. In gemeinsamer Arbeit an Schubertliedern und der Mimi aus Puccinis *Bohème*, die er Margot darstellen half, zeigte sich seine große Musikalität. In unsere Freundschaft war bald die blutjunge Edith Heerdegen eingeschlossen, die in Bahrs Stück das schwärmende Fräulein spielte. In vielen langen Nächten bei O.E. und in Prager Kneipen ertränkten wir mit jugoslawischem Dingac und tschechischem Sliwowitz unseren Abscheu gegen das Regime, das Deutschland knebelte. Wir erlösten, wie O.E. das nannte, die Welt. Später, die Nazis hatten schon Polen überfallen, kam Erich Ponto aus Dresden herüber. Wir saßen zusammen in seinem Leseabend, und O.E. applaudierte als erster mutig nach den Matthias-Claudius-Versen:
»'s ist Krieg und ich begehre nicht schuld daran zu sein.«
Er war selbst ein großartiger Sprecher von Lyrik und Prosa. Seine Fontane-Lesungen sind auf einer berühmten Schallplatte festgehalten. Frank Wedekind gehörte zu seinen Lieb-

lingen, und nie werde ich den schneidig-frivolen Ton der Zeilen vergessen:
»Rechtes Bein, linkes Bein, das linke muß noch höher sein.«

Später mußten wir beide, O.E. und ich, die Uniform anziehen. Jahre danach trafen wir uns in Berlin wieder. Durch Trümmer gingen Margot und ich ins Hebbel-Theater. Da gab es das Stück eines unbekannten Amerikaners, Thornton Wilders *Wir sind noch einmal davongekommen.* O.E. spielte die Hauptperson, Mr. Antrobus. Seine Stimme, seine Darstellungskunst beherrschte die Bühne. Er füllte, wie Freund Luft damals schrieb, die Rolle zu jeder Minute. Das war der Anfang einer ganzen Kette schauspielerischer Siege, deren glänzendster der Teufelsgeneral in Carl Zuckmayers Stück wurde: ein Serienerfolg für Boleslaw Barlogs Inszenierung im Steglitzer Schloßpark-Theater.

O.E. zeigte im freundschaftlichen Umgang immer neue Seiten. Seine Mutter hatte er früh verloren. So richtete sich sein ganzer Familiensinn auf sein »Vätchen«, das den berühmten und viel Geld verdienenden Sohn so gern »ruppte«, wie er das auf gut posenisch nannte. Langsam nahm das zertrümmerte Berlin wieder Gestalt an. In der Königsallee war eine seltsame Villa stehengeblieben, wo Prominente wie der Dirigent Sergiu Celibidache und unser O.E. als Nachbarn lebten. 1956 fand er im gleichen geliebten Stadtteil Grunewald die Gartenetage Wangenheimstraße 23, die er bis zu seinem Tode bewohnt hat. Da stehen nun verlassen seine vielen Bücher und Schallplatten mit den Stimmen der bewunderten italienischen Opernsänger. Hier feierte er Feste mit seinen vielen Freunden und Freundinnen. Alfred Weidenmann war oft dabei, der Regisseur des Canarisfilms, in dem er den Admiral so unvergeßlich gespielt hat. O.E. liebte die Rollen von hohen Offizieren und Fürstlichkeiten. Als Knabe wollte er gern Kaiser der Welt werden, und in einem französischen Film hat er sehr überzeugend Wilhelm den Zweiten verkörpert.

Wir werden nachher im Renaissance-Theater Stücke aus seiner Autobiographie hören, die Martin Held lesen wird. In der Kindheit von vielerlei Ängsten und drohenden Phantasien verfolgt, wurde O.E. auf seine elegante Weise ein Herrenmensch, der auch zu tyrannisieren verstand, wo er Unterwürfige fand. Doch sogar seine Diktatur hatte den unvergleichlichen Charme, der ihn siegen machte. Das empfanden gewiß auch seine Hunde, von denen einer nach Zuckmayers Generalsstück Harras genannt wurde. Wenn Harras brav war, durfte er Schnaps aus seinem Schüsselchen lecken; O.E. nannte das »Schlabberchen machen«.

Er liebte die Oper und namentlich Verdi. Einmal luden wir ihn mit dem Kultussenator Joachim Tiburtius in unsere Dahlemer Wohnung. In vorgerückter Stunde und voll des süßen Weines, setzten sich die beiden Männer auf den Teppich und sangen auswendig das Duett Don Carlos–Marquis Posa.

Probleme der Kunstkritik beschäftigten ihn oft. 1959 führten wir im Sender Freies Berlin ein drei Viertelstunden langes Gespräch über Glanz und Elend der Musikkritik, bei dem er seine erstaunliche Belesenheit und Sachkenntnis zeigte.
Mit moderner Musik wußte unser liebster Freund nicht viel anzufangen. Aber er bemühte sich, die Welt zu verstehen, die Margot und mir so viel bedeutet. Schönbergs *Moses und Aron* in Gustav Rudolf Sellners Inszenierung machte ihm tiefen Eindruck, und es freute ihn, diesmal auf unserer Seite zu sein.
Einmal stand er selbst auf der Bühne der Charlottenburger Oper. Es war bei den Festwochen 1971, als Sellner Igor Strawinskys *Geschichte vom Soldaten* inszenierte. O.E. machte den Vorleser, ein genauer und musikalischer Sprecher »zwischen Chur und Wallenstadt«, der auch gelegentlich Schweizer Akzente einstreute und die Handlung führte, indem er sich distanzierte, neben ihm Boy Gobert als Teufel und Eva Evdokimova als Prinzessin. Es war das einzige Mal, daß ich als Musikkritiker in der *Frankfurter Allgemeinen Zeitung* über ihn schreiben konnte.
O.E. war ein belesener und denkender Künstler. Er kannte

Sokrates und Plato nicht schlechter als Schopenhauer und Nietzsche. Von religiösen Bindungen hatte er sich schon früh gelöst. Und doch war flaches Freidenkertum ihm fremd. Ohne daß wir je darüber gesprochen haben, wußte ich doch, daß auch er an eine höhere Kraft glaubte, die unsere Geschicke lenkt. Zu seinen höchst bewunderten Dichtungen zählte Hölderlins Schicksalslied; er schauderte bei den Schlußworten

Es schwinden, es fallen die leidenden Menschen
blindlings von einer Stunde zur andern
wie Wasser von Klippe zu Klippe geworfen
jahrlang ins Ungewisse hinab.

Seine letzten Jahre waren schwer, trotz aller Liebe, mit der ihn der Schweizer Freund Max Wiener umhegte und fürstlich verwöhnte, auch nach dem ersten Zusammenbruch in Düsseldorf.

Aber sein Tod war leicht. Und sicher hat die göttliche Kraft da oben ihm einen besonders schönen Platz gegeben, zwischen den Sternen, zu deren hellsten er schon hier unten gehörte.

Anhang

Theater von 1925–1978

1925 Die Junge Bühne, Berlin (Gastspiel im Deutschen Theater):
7. 6. in: *Die Exzesse* von A. Bronnen. Regie: Moritz Seeler.
Reinhardt-Bühnen, Berlin (Deutsches Theater, Kammerspiele, Komödie, Großes Schauspielhaus):
30. 9. Edelknabe des Warwick (Übernahme) in: *Die Heilige Johanna* von G. B. Shaw.
Sommer-Gastspiele Harzer Bergtheater, Thale:
in: *Gottfried von Straßburg* von F. Lienhard. Regie: Erich Pabst. Mit Lothar Müthel.

1926 Reinhardt-Bühnen, Berlin (Deutsches Theater, Kammerspiele, Komödie, Großes Schauspielhaus):
8. 1. Nicostratos in: *Lysistrata* von Aristophanes.
26. 2. 1. Offizier in: *Josephine* von H. Bahr.
23. 3. Kellner in: *Mord* von W. Hasenclever.
14. 5. Friseur in: *Theater* von F. Molnar.
Sommer-Gastspiele Harzer Bergtheater, Thale:
in: *Liebes Leid und Lust* von W. Shakespeare. Regie: Erich Pabst. Mit Hans Hermann Schaufuß, Alice Treff, Erika Meingast.
Friedeborn in: *Das Käthchen von Heilbronn* von H. v. Kleist. Regie: Erich Pabst.
Vereinigte Theater, Breslau (Lobe- und Thalia-Theater):
September. Hector Malone in: *Mensch und Übermensch* von G. B. Shaw.
Ende September. Dr. Neumeister in: *Der Raub der Sabinerinnen* von F. und P. v. Schönthan.

1927 Januar. Lassarus in: *Ollapatrida* von A. Lernet-Holenia.
März. Sperling in: *Die deutschen Kleinstädter* von A. v. Kotzebue.
Ende März. Murawiew in: *Der Patriot* von A. Neumann.
April. Sekretär in: *Spiel im Schloß* von F. Molnar.
Juni. Tänzer in der Parodie eines amerikanischen Grotesktanzes in: *Saisonausverkauf*. Eine Revue zum Saisonschluß. Mit Rudolf Platte.
Sommer-Gastspiele Harzer Bergtheater, Thale:
Leonato in: *Viel Lärm um nichts*.
Hohenzollern in: *Prinz Friedrich von Homburg* von H. v. Kleist.
Vereinigte Theater, Breslau (Lobe- und Thalia-Theater):
Anfang September. v. Schmettau in: *Moral* von L. Thoma.
Mitte September. Advokat in: *Das blaue Aug'* von H. Saßmann.

November. Pseudo-Minister in: *Skandal um Olly* von H. Ilgenstein.
Dezember. Angetrunkener Bargast in: *Erotik* von A. Lernet-Holenia.

1928 Anfang Januar. Einer der Fünf in: *Fünf von der Jazzband* von F. Joachimson.
Mitte Januar. Philipp in: *Die Erbschaft* von A. Azpeitua.
Ende Januar. Adam in: *Spiel im Schloß* von F. Molnar.
Februar. Diener in: *Das Kamel geht durch das Nadelöhr* von F. Langer.
März. Sohn Harry in: *Ein besserer Herr* von W. Hasenclever.
Mitte März. Molvik in: *Die Wildente* von H. Ibsen.
April. Clarkson in: *Schwarz und Weiß* von S. Guitry.
Mai. Ein Schieber in: *Schieber des Ruhms* von M. Pagnol.
Juni. Conférencier in: *Saisonausverkauf.* Eine Revue zum Saisonschluß. Regie: Karl Behr.
Sommer-Gastspiele Harzer Bergtheater, Thale:
Simon in: *Der Blaubart* von L. Tieck.
Merkur in: *Amphitryon* von H. v. Kleist.
Pfalzgraf in: *Genoveva* von F. Hebbel.
Lanz in: *Die beiden Veroneser* von W. Shakespeare.
Vereinigte Theater, Breslau (Lobe- und Thalia-Theater):
8. 10. Serge Audet in: *Eine kleine Sünde* von A. Birabeau.
Ende Oktober. Sam Crane in: *Oelrausch* von J. Larrie.
November. Landbriefträger in: *Kater Lampe* von E. Rosenow.

1929 Januar. In: *Revolte im Erziehungshaus* von P. M. Lampel.
Februar. Riccaut in: *Minna von Barnhelm* von G. E. Lessing. Regie: Max Ophüls.
Anfang März. Dr. Meyer-Holdersheim in: *Schwengel* von F. P. Buch.
Ende März. Mortimer in: *Finden Sie, daß Constance sich richtig verhält?* von W. S. Maugham.
April. Kompagnieschreiber in: *Rivalen* von M. Andersen und L. Stallings, bearbeitet von C. Zuckmayer.
Mai. Sir Bloomfield Bennington in: *Der Arzt am Scheidewege* von G. B. Shaw.
Juni. Conférencier in: *Saisonausverkauf.* Eine Revue zum Saisonschluß. Regie: Max Ophüls.
Sommer-Gastspiele Harzer Bergtheater, Thale:
Caliban in: *Der Sturm* von W. Shakespeare. Regie: Erich Pabst.
Figaro in: *Figaros Hochzeit* von Beaumarchais.
Deutsches Volkstheater, Berlin:
Lanz in: *Die beiden Veroneser* von W. Shakespeare. Regie: Leo Mittler.
Vereinigte Theater, Breslau (Lobe- und Thalia-Theater):
November: Friseurgehilfe in: *Eros im Zuchthaus* von F. Lichtneker. (Letzte Rolle in Breslau).

1930 Ilka Grünings Studio, Berlin:
in: *Der Zuber.*
in: *Wenn die Räder rollen.*
in: *In Civil.*

Lucie Höflich Gastspiel:
Leutnant Lynum in: *Vom Teufel geholt* von K. Hamsun.
Frank in: *Frau Warrens Gewerbe* von G. B. Shaw.
Sommer-Gastspiele Harzer Bergtheater, Thale:
Porporino in: *Ponce de Leon* von Cl. Brentano.
Peer Gynt in: *Peer Gynt* von H. Ibsen, übers. v. Chr. Morgenstern. Regie: Erich Pabst.
Baumgarten in: *Wilhelm Tell* von F. v. Schiller. Regie: Erich Pabst.
Kammerspiele, München:
30. 9. Filmregisseur in: *Napoleon greift ein* von W. Hasenclever. Regie: Julius Gellner. Mit Ewald Balser.
24. 10. Mr. Peabody in: *Ein kluges Kind* von L. E. Johnson. Regie: Josef Glücksmann. Mit Ewald Balser.
28. 11. Ehemann in: *Der Mörder,* Advokat in: *Das Märchen,* Brautwerber in: *Die tote Tante* von C. Goetz. Regie: Richard Ulrich, Josef Glücksmann, Ernst Held.
30. 11. Georg in: *Die Ehe* von A. Döblin (Studioaufführung). Regie: Otto Falckenberg, Julius Gellner. Mit Therese Giehse, Edith Schultze-Westrum, Ehmi Bessel, Ewald Balser, Kurt Horwitz.
1931 3. 1. In: *Eltern und Kinder* von G. B. Shaw. Regie: Richard Révy. Mit Ehmi Bessel, Kurt Horwitz, Hugo Schrader, Ewald Balser.
6. 2. Dichter Jemeljan in: *Ein Strich geht durchs Zimmer* von V. Katajew. Regie: Julius Gellner. Mit Ehmi Bessel, Edith Schultze-Westrum, Will Dohm, Heinz Rühmann.
18. 4. Klatte in: *Voruntersuchung* von M. Alsberg und O. E. Hesse. Regie: Ernst Held. Mit Kurt Horwitz, Wolfgang Liebeneiner.
April. Leutnant Zagon (Übernahme) in: *Das Märchen vom Wolf* von F. Molnar. Regie: Josef Glücksmann. Mit Ehmi Bessel, Kurt Horwitz, Wolfgang Liebeneiner.
Juni. Hauptmann v. Schletow (Übernahme) in: *Der Hauptmann von Köpenick* von C. Zuckmayer. Regie: Julius Gellner. Mit Josef Eichheim, Kurt Horwitz, Wolfgang Liebeneiner, Therese Giehse, Edwald Balser, Will Dohm.
25. 7. in: *Die große Woche in Baden-Baden* von H. Müller. Regie: Richard Ulrich. Mit Albert Bassermann a. G.
August. (Übernahme) in: *XYZ* von Klabund. Gastspiel Maria Bard und Adolf Wohlbrück.
August. (Übernahme) in: *Marguerite durch drei* von F. Schwiefert. Regie: Hans Schweikart. Mit Carola Neher, Adolf Wohlbrück.
28. 10. in: *Der böse Geist Lumpazivagabundus von J. Nestroy.* Regie: Julius Gellner. Mit Therese Giehse, Ewald Balser, Will Dohm.
13. 11. in: *Urfaust* von J. W. v. Goethe. Regie: Otto Falckenberg. Mit Käthe Gold, Therese Giehse, Ewald Balser, Kurt Horwitz.
20. 11. in: *Man kann nie wissen* von G. B. Shaw. Regie: Ernst Held. Mit Therese Giehse, Editz Schultze-Westrum, Wolfgang Liebeneiner, Will Dohm.
1932 März. (Übernahme) in: *Wie einst im Mai* von W. Kollo. Regie: Forster-Larrinaga. Mit Therese Giehse.
7. 4. Leutnant Lynum in: *Vom Teufel geholt* von K. Hamsun. Regie: Otto Falckenberg. Mit Hermine Körner, Kurt Horwitz, Will Dohm, Josef Eichheim.

18. 5. in: *Juwelenraub in der Kärntnerstraße* von L. Fodor und E. Geyer. Regie: R. Ulrich. Mit Ehmi Bessel, Adolf Wohlbrück.
25. 5. Kandidat Molvik in: *Die Wildente* von H. Ibsen. Regie: Otto Falckenberg. Mit Therese Giehse, Käthe Gold (Gastspiel April 1933), Kurt Horwitz, Will Dohm, Wolfgang Liebeneiner.
3. 8. in: *Die Morgenröte* von J. Ruederer. Regie: Kurt Horwitz. Mit Sibylle Binder a. G., Therese Giehse, Will Dohm.
Volkstheater, München:
10. 10. Sperling in: *Die deutschen Kleinstädter* von A. v. Kotzebue, bearbeitet von Fischer-Marich und H. Hübner. Regie: Julius Gellner.
November. Manager in: *Zur goldenen Liebe* von R. Benatzky.
Kammerspiele, München:
November. Journalist Franz Burdach (Übernahme) in: *Sturm im Wasserglas* von B. Frank. Regie: Josef Glücksmann. Mit Edith Schultze-Westrum, Therese Giehse.
6. 12. Kandidat Spitta in: *Die Ratten* von G. Hauptmann. Regie: Otto Falckenberg. Mit Therese Giehse, Marianne Hoppe, Kurt Horwitz, Will Dohm.
Ende Dezember. Dr. Fleischer in: *Der Biberpelz* von G. Hauptmann.

1933 Bayerische Landesbühne (Gastspiel):
Januar/Februar. Reif-Reiflingen in: *Krieg im Frieden* von G. v. Moser und F. v. Schönthan.
Kammerspiele, München:
17. 3. Erichsen in: *Der Lampenschirm* von C. Goetz. Regie: Hugo Schrader.
24. 3. Brun in: *Fanny* von M. Pagnol. Regie: Richard Révy. Mit Marianne Hoppe, Will Dohm.
23. 5. Prinz von Wales in: *Klein Dorrit* von F. v. Schönthan nach Dickens. Regie: Otto Falckenberg. Mit Käthe Gold, Kurt Horwitz.
12. 6. Peter Hassinger in: *Glück im Haus* von H. v. Letra. Regie: Otto Falckenberg. Mit Käthe Gold, Elisabeth Flickenschildt, Hugo Schrader, Kurt Horwitz, Will Dohm.
1. 7. Daniel Hejre in: *Bund der Jugend* von H. Ibsen. Regie: Richard Révy. Mit Elisabeth Flickenschildt, Kurt Horwitz, Will Dohm.
5. 9. Narr Probstein in: *Wie es euch gefällt* von W. Shakespeare. Regie: Otto Falckenberg. Mit Käthe Gold, Kurt Meisel.
23. 10. Chlestakow in: *Der Revisor* von N. Gogol. Regie: R. Révy.
11. 11. *Hier bin ich – hier bleib ich* von J. Berstl nach J. Hay. Regie: O. E. Hasse.
22. 11. Reif-Reiflingen in: *Krieg im Frieden* von G. v. Moser und F. v. Schönthan. Regie: Eberhard Krumschmidt. Mit Elisabeth Flickenschildt, Heli Finkenzeller.
2. 12. Leibbarbier in: *Die heimliche Brautfahrt* von L. Lenz. Regie: Eberhard Krumschmidt. Mit Heli Finkenzeller.
23. 12. Bolz in: *Die Journalisten* von G. Freytag. Regie: Richard Révy. Mit Kurt Meisel.

1934 5. 1. in: *Ein toller Einfall* von C. Lauffs. Mit Edith Schultze-Westrum, Eliabeth Flickenschildt.
13. 1. Baron Mucki in: *Goldene Pfennige* von R. Billinger. Regie: Otto Falckenberg. Mit Käthe Gold, Elisabeth Flickenschildt, Kurt Meisel.

22. 2. Kammerdiener in: *Admiral Bobby* nach Fröschel von W. Lindroder. Regie: Eberhard Krumschmidt. (Theater für Kinder.)
6. 3. in: *Flachsmann als Erzieher* von O. Ernst. Regie: Richard Révy.
April. Lomow in: *Der Heiratsantrag* von A. Tschechow. Regie: Eberhard Krumschmidt. Mit Käthe Gold.
16. 4. in: *Hundert Tage* von B. Mussolini und G. Forzano. Regie: Georg Kiesau.
6. 6. Swedenhjelm jun. in: *Der Nobelpreis* von H. Bergman. Regie: Fritz Peter Buch.
6. 7. Maler Petrasch in: *Kann eine Frau sich ändern?* von R. Jeans-Teich. Regie: Friedrich Domin. Mit Elisabeth Flickenschildt.
Juli. Dr. Jura (Übernahme von Gustaf Gründgens) in: *Das Konzert* von H. Bahr. Regie: Richard Révy. Mit den Gästen Emmy Sonnemann, Gustaf Gründgens, Hans Leibelt.
5. 10. in: *Josef Filser* von H. Fitz. Regie: Richard Révy. Mit Heli Finkenzeller.
18. 10. Riccaut in: *Minna von Barnhelm* von G. E. Lessing. Regie: Friedrich Domin. Mit Käthe Dorsch a. G.
31. 10. Spiegelberg in: *Die Räuber* von F. v. Schiller. Regie: Otto Falckenberg. Mit Will Dohm, Axel v. Ambesser.
18. 11. von Neuhof in: *Komtesse Guckerl* von F. v. Schönthan und F. Koppel-Ellfeld. Regie: Richard Révy. Mit Heli Finkenzeller.
28. 11. Prologus in: *Trill Trall und seine Brüder* von E. Ponto nach Cl. Brentano. Regie: Hilde Schewior. Mit Heli Finkenzeller, Axel v. Ambesser. (Theater für Kinder.)
1935 6. 1. in: *Ein Wintermärchen* von W. Shakespeare. Regie: Otto Falckenberg. Mit Elisabeth Flickenschildt, Heli Finkenzeller.
19. 3. in: *Ein Schatten* von H. Bergman. Regie: Richard Révy. Mit Elisabeth Flickenschildt, Axel v. Ambesser.
23. 7. in: *Amphitryon* von Molière/Rumpf. Regie: Otto Falckenberg. Mit Elisabeth Flickenschildt, Edith Schultze-Westrum, Ferdinand Marian, Will Dohm.
20. 10. Lanz in: *Zwei Herren aus Verona* von W. Shakespeare, übersetzt von H. Rothe. Regie: Eugen Felber. Mit Elisabeth Flickenschildt, Theodor Danegger.
Anfang Dezember. Landsknecht (Übernahme) in: *Der tolle Christian* von Th. Haerten. Regie: Jacob Geis.
Mitte Dezember. Hofmarschall (Übernahme) in: *Das kleine Hofkonzert* von P. Verhoeven und T. Impekoven. Regie: W. Brügmann.
1936 10. 2. Goring in: *Ein idealer Gatte* von O. Wilde. Regie: Otto Falckenberg. Mit Eva Lissa, Elisabeth Flickenschildt, Friedrich Domin.
Mitte Februar. Rümpel (Übernahme) in: *Pension Schöller* von C. Lauffs. Regie: Jacob Geis. Mit Elisabeth Flickenschildt, Hedwig Wangel, Theodor Danegger, Axel v. Ambesser.
23. 2. in: *Der Mustergatte* von A. Hopwood. Regie: Heinz Rühmann. Mit Eva Lissa, Heinz Rühmann.
27. 2. Mielke in: *Der goldene Kranz* von J. Huth. Regie: Friedrich Domin. Mit Hedwig Wangel, Eva Lissa, Axel v. Ambesser.
März. Großinquisitor (Übernahme) in: *Don Carlos* von F. v. Schiller. Regie: Otto Falckenberg.

7. 4. Brummel in: *So war Herr Brummel* von E. Penzoldt. Regie: Friedrich Domin.
25. 4. *Dr. med. Hiob Prätorius* von C. Goetz. Regie: O. E. Hasse.
15. 5. O'Pinnel in: *Rothschild siegt bei Waterloo* von E. W. Möller. Regie: Otto Falckenberg.
6. 6. *Weißer Flieder* von G. F. Lennox. Regie: O. E. Hasse.
18. 7. *Blitze aus heiterem Himmel* von A. Teichs nach P. Johnson. Regie: O. E. Hasse. Gastspiel Agnes Straub.
1. 8. Teufel in: *Scherz, Satire, Ironie und tiefere Bedeutung* von Chr. D. Grabbe. Regie: Paul Verhoeven.
15. 8. Ägypt. Arzt in: *Die Millionärin* von G. B. Shaw. Regie: Friedrich Domin. Gastspiel Agnes Straub.
29. 8. Leonhard in: *Maria Magdalena* von Fr. Hebbel. Regie: Friedrich Domin.
20. 9. (Fürst Ouratieff später übernommen) in: *Towarisch* von C. Goetz nach J. Deval. Regie: O. E. Hasse.
17. 10. Thersithes in: *Troilus und Cressida* von W. Shakesspeare. Regie: Otto Falckenberg.
21. 11. in: *Léonie* von W. Lenz nach E. Scribe. Regie: O. E. Hasse. Mit Karl-Heinz Schroth, Eva Lissa, Hedwig Wangel.
11. 12. Falluzzi in: *Iphigenie in Moosing* von H. Fitz. Regie: Herbert Furreg.
22. 12. Olifant in: *Friedrich I.* von H. Rehberg. Regie: Otto Falckenberg. Mit Friedrich Domin.

1937 10. 1. Mr. Graham in: *Lady Windermeres Fächer* von O. Wilde. Regie: Georg Kiesau.
7. 2. Figaro in: *Figaro oder Der tolle Tag* von Beaumarchais. Regie: Otto Falckenberg.
24. 4. Schauspieler in: *Hans Sonnenstößers Höllenfahrt* von P. Apel. Regie: Friedrich Domin. Mit Karl-Heinz Schroth, Theodor Danegger.
4. 5. Ottokar in: *Ingeborg* von C. Goetz. Regie: Karl-Heinz Schroth.
22. 5. Frank Francis in: *Der erste Frühlingstag* von D. Smith. Regie: Otto Falckenberg.
15. 6. Lord Alfred Kyne in: *Das Horoskop Seiner Lordschaft* von D. Loder nach O. Wilde. Regie: O. E. Hasse.
16. 7. Riccaut in: *Minna von Barnhelm* von G. E. Lessing. Regie: Otto Falckenberg.
7. 10. Don Luis in: *Dame Kobold* von Calderon. Regie: F. Domin.
8. 11. Saint Just in: *Dantons Tod* von G. Büchner. Regie: Otto Falckenberg.
26. 11. Magnus de la Gardie in: *Königin Christine* von A. Strindberg. Regie: Friedrich Domin.
8. 12. *Ich liebe dich* von R. Niewiarowicz. Regie: O. E. Hasse. Mit Helmut Käutner.

1938 13. 1. *Das schöne Abenteuer* von de Caillavet, de Flers u. Rey. Regie: O. E. Hasse.
2. 2. Mister Keep in: *Juchten und Lavendel* von H. Käutner. Regie: Helmut Käutner.
21. 2. Dr. Neumeister in. *Der Raub der Sabinerinnen* von F. und P. v. Schönthan. Regie: Carl Wery.

9. 3. Ludwig in: *Marguerite durch drei* von F. Schwiefert. Regie: Vitus de Vries a. G.
25. 3. Irrenarzt in: *Peer Gynt* von H. Ibsen, bearb. v. D. Eckart. Regie: Georg Kiesau.
15. 4. Hofmarschall von Kalb in: *Kabale und Liebe* von F. v. Schiller. Regie: Otto Falckenberg. Mit Heidemarie Hatheyer, Horst Caspar, Friedrich Domin.
29. 4. in: *Via Mala* von J. Knittel. Regie: Willem Holsboer. Mit Eva Lissa, Carl Wery, Friedrich Domin.
24. 5. Theaterdichter und Peer Bille in: *Hokuspokus* von C. Goetz. Regie: Friedrich Domin.
9. 6. Algernon in: *Bunbury* von O. Wilde. Regie: Theodor Danegger.
14. 7. *Mein Sohn, der Herr Minister* von A. Birabeau. Regie: O. E. Hasse.
20. 9. *Cäsar und Cleopatra* von G. B. Shaw. Regie: O. E. Hasse.
28. 10. *Mamsell Sewastiza* von J. San-Giorgiu. Regie: O. E. Hasse.
24. 11. Lelio in: *Der Lügner* von C. Goldoni. Regie: Leo Koenig.
25. 12. Jack Straw in: *Mein Freund Jack* von W. S. Maugham. Regie: Erich-Fritz Brücklmeier.

1939 Ständetheater (Deutsches Schauspielhaus), Prag:
1. 11. Gebriele d'Annunzio in: *Appassionata* von G. Menzel. Regie: O. E. Hasse.
November. Riccaut in: *Minna von Barnhelm* von G. E. Lessing. Regie: O. E. Hasse.
Charlotte Ackermann von J. Kay. Regie: O. E. Hasse.

1940 Januar. Gaston in: *Aimée* von H. Coubier.
Februar. *Maria Stuart* von F. v. Schiller. Regie: O. E. Hasse.
24. 2. Baron Clement in: *Die Gallwespe* von W. Gilbricht. Regie: Friedrich Siems.
12. 3. Baron v. Görtz in: *Görtz, Kanzler von Schweden* von F. Höller. Regie: Oskar Walleck
April. Fürstbischof in: *Die Prüfung des Meister Tillmann* von S. Graff. Regie: Paul Smolny.
Juli. Dr. Jura in: *Das Konzert* von H. Bahr.

1941 Künstlertheater (früher Komische Oper), Berlin:
Januar. Graf v. Surrey in: *Die sechste Frau* von M. Ch. Feiler. Regie: Friedrich Siems.

1945 Jürgen-Fehling-Theater, Berlin:
6. 10. Mephisto in: *Urfaust* von J. W. v. Goethe. Regie: Jürgen Fehling. Mit Joana Maria Gorvin.
Hebbel-Theater, Berlin:
6. 12. Bobinet Chicard in: *Pariser Leben* von J. Offenbach. Regie: Walter Felsenstein. Mit Aribert Wäscher, Kurt Meisel.

1946 21. 3. Bulle in: *Die Illegalen* von G.Weisenborn.Regie: F. Reichert.
5. 7. Mr. Antrobus in: *Wir sind noch einmal davongekommen* von Th. Wilder. Regie: Karl Heinz Stroux. Mit Joana Maria Gorvin, Käthe Haack, Roma Bahn, Kurt Meisel.
Volksbühne des Hebbel-Theaters, Berlin:
8. 10. Stensgard in: *Der Bund der Jugend* von H. Ibsen. Regie: Franz Reichert.

Hebbel-Theater, Berlin:
3. 12. Tod in: *Der Tod im Apfelbaum* (Galgenfrist) von P. Osborn. Regie: Karl Heinz Martin. Mit Paul Wegener, Roma Bahn.

1947 13. 2. Graf Brancovic in: *Auf der anderen Seite* von L. Hellman. Regie: Karl-Heinz Martin.
18. 4. Odysseus in: *Der trojanische Krieg findet nicht statt* von J. Giraudoux. Regie: O. E. Hasse. Mit Roma Bahn, Walter Franck, Ernst Schröder.

1948 7. 1. Jupiter in: *Die Fliegen* von J.-P. Sartre. Regie: Jürgen Fehling. Mit Joana Maria Gorvin, Roma Bahn, Kurt Meisel.
13. 5. Teufelsschüler in: *Der Teufelsschüler* von G. B. Shaw. Regie: Franz Reichert. Mit Tilly Lauenstein.
Schloßpark-Theater, Berlin:
14. 7. General Harras in: *Des Teufels General* von C. Zuckmayer. Regie: Boleslaw Barlog.
Hebbel-Theater, Berlin:
29. 10. Dr. Jura in: *Das Konzert* von H. Bahr. Regie: W. Süßenguth.

1949 Renaissance-Theater, Berlin:
15. 1. *Die schmutzigen Hände* von J.-P. Sartre. Regie: O. E. Hasse. Mit Tilly Lauenstein, Walter Franck, Ernst Schröder.
Schloßpark-Theater, Berlin:
16. 11. Wallenstein in: *Wallenstein* von F. v. Schiller. Regie: Willi Schmidt.

1950 Hebbel-Theater, Berlin:
12. 2. Lumpensammler in: *Die Irre von Chaillot* von J. Giraudoux. Regie: Karl-Heinz Stroux. Mit Hermine Körner, Tilly Lauenstein, Lucie Höflich, Roma Bahn.
6. 10. Dichter Ben Alexander in: *Mein Herz ist im Hochland* von W. Saroyan. Regie: Walter Süßenguth. Mit Götz George.

1951 Kammerspiele, München:
21. 3. Thomas Mendip in: *Die Dame ist nicht fürs Feuer* von Chr. Fry. Regie: Hans Schweikart. Mit Maria Wimmer, Hans Chr. Blech, Hans Quest.
Schloßpark-Theater, Berlin:
24. 8. Bolingbroke in: *Das Glas Wasser* von E. Scribe, bearb. v. H. Käutner. Regie: Helmut Käutner. Mit Friedel Schuster, Käthe Braun.
Theater am Kurfürstendamm (Freie Volksbühne), Berlin:
22. 11. Lickcheese in: *Die Häuser des Herrn Sartorius* von G. B. Shaw. Regie: Ernst Karchow.

1952 3. 1. Autolycus in: *Ein Wintermärchen* von W. Shakespeare. Regie: Ludwig Berger. Mit Heidemarie Hatheyer, Maria Fein, Martin Benrath.
Schloßpark-Theater, Berlin:
17. 2. Böse Fee in: *Die Liebe der vier Obersten* von P. Ustinov. Regie: Helmut Käutner. Mit Tilly Lauenstein, Hannelore Schroth, Peter Mosbacher.
Schiller-Theater, Berlin:
28. 1. Schigolch in: *Lulu (Erdgeist – Büchse der Pandora)* von F. Wedekind. Regie: Oscar Fritz Schuh. Mit Gisela Uhlen, Tilly Lauenstein, Blandine Ebinger, Martin Held, Wolfgang Kieling.

1953 Schloßpark-Theater, Berlin:

30. 3. Domenico in: *Philomena Marturano* von E. de Filippo. Regie: Boleslaw Barlog. Mit Käthe Dorsch, Elsa Wagner, Tilly Lauenstein.
Komödie, Berlin:
7. 5. *Spiel im Schloß* von F. Molnar. Regie: O. E. Hasse.

1954 Theater am Central, Zürich:
Januar. Dr. Sloper in: *Die Erbin* von R. u. A. Götz. Regie: E. Seidel.
Schauspielhaus Zürich:
19. 5. Schwiegerling in: *Der Liebestrank* von F. Wedekind. Regie: Leopold Lindtberg. Mit Therese Giehse.
Festspiele Salzburg:
Teufel in: *Jedermann* von H. v. Hofmannsthal. Regie: Ernst Lothar.

1955 Theater am Besenbinderhof, Hamburg:
21. 12. Chabert in: *Oberst Chabert* von H. J. Rehfisch nach H. de Balzac. Regie: Hans Schweikart. Mit Hilde Krahl, Charles Regnier, Harald Juhnke.
Anschließend Gastspiele in Deutschland und der Schweiz (Tourneetheater *Der grüne Wagen*).

1958 Ranaissance-Theater, Berlin:
23. 12. König Magnus in: *Der Kaiser von Amerika* von G. B. Shaw. Regie: Willi Schmidt. Mit Gisela Peltzer, Käthe Haack, Friedel Schuster, Alice Treff, Hubert v. Meyerinck.
Im Mai 1959 im Fernsehen. 1967 Thalia-Theater, Hamburg; dann Gastspiele, u. a. Burgtheater, Wien.

1959 5. 10. G. B. Shaw in: *Geliebter Lügner* von J. Kilty nach G. B. Shaw und St. Campbell. Regie: Jerome Kilty. Mit Elisabeth Bergner.
1960/61 Gastspiele in Deutschland, Österreich, der Schweiz und USA. Oktober 1963 im Fernsehen.

1960 Ruhrfestspiele Recklinghausen:
14. 7. Napoleon, Ludwig XIII. in: *Majestäten* von J. Anouilh. Regie: Willi Schmidt. Mit Peter Mosbacher.
1. 10. Renaissance-Theater, Berlin. 1961 Wien. 1962 Deutschlandtournee. 1966 Festwochen, Luzern.

1961 Renaissance-Theater, Berlin:
23. 12. in: *Mein Vater hatte recht* von S. Guitry. Regie: Peter Mosbacher. Mit Anita Kupsch, Renée Stobrawa.
November 1962 München. Juli 1963 im Fernsehen. November 1971 Wien. 1972 Deutschlandtournee.

1962 16. 11. in: *Die Iden des März* von Th. Wilder und J. Kilty. Regie: J. Kilty. Mit Friedel Schuster, Annemarie Steinsieck, Herta Staal.

1963 Renaissance-Theater, Berlin:
5. 10. Jean François Rameau in: *Rameaus Neffe* von D. Diderot, übers. v. J. W. v. Goethe. Bühneneinrichtung von Fresnay und Duval. Regie: Kurt Raeck. Mit Alfred Schieske.

1964 Tournee Deutschland, Österreich, Schweiz.

1965 Schaûspielhaus, Düsseldorf:
6. 2. Cäsar in: *Cäsar und Cleopatra* von G. B. Shaw. Regie: Karl Heinz Stroux. Mit Nicole Heesters.
September, November. Gastspiele in Deutschland. 1969 Festspiele Bad Hersfeld.

1966 Thalia-Theater, Hamburg:
9. 2. Schwitter in: *Der Meteor* von F. Dürrenmatt. Regie: Hans Lit-

zau. Mit Grete Weiser, Gerd Baltus, Hans Deppe. 20. 10. Renaissance-Theater, Berlin.
23. 3. Mr. Antrobus in: *Wir sind noch einmal davongekommen* von Th. Wilder. Regie: Hans Bauer.

1967 Freie Volksbühne, Berlin:
9. 10. Churchill in: *Soldaten* von R. Hochhuth. Regie: Hans Schweikart. Mit Dieter Borsche, Rudolf Forster, Hans Chr. Blech, Wolfgang Neuss, Peter Lühr, Albert Lieven.

1968 Schauspielhaus, Düsseldorf:
9. 3. Wallenstein in: *Wallenstein* (Trilogie) von F. v. Schiller. Regie: Karl Heinz Stroux. Ab September Tournee Deutschland, Österreich, Schweiz.

1969 Renaissance-Theater, Berlin:
5. 2. Der Dichter in: *Begegnungen* von J. Giraudoux.
Machiavelli in: *Dialog in der Unterwelt* von M. Joly. Regie: Kurt Raeck.
Thalia-Theater, Hamburg:
10. 5. Riccaut in: *Minna von Barnhelm* von G. E. Lessing. Regie: O. E. Hasse. Mit Gisela Peltzer, Ingrid Andree, Peter Striebeck.
Renaissance-Theater, Berlin:
15. 11. *Alles im Garten* von E. Albee. Regie: O. E. Hasse. Mit Gisela Peltzer, Friedel Schuster, Ingrid van Bergen, Peter Mosbacher, Peter Schiff.

1970 Komödie, Berlin:
20. 10. Wyke in: *Revanche (Sleuth)* von A. Shaffer. Regie: Rolf Henniger.

1971 Burgtheater, Wien:
21. 2. Cäsar in: *Julius Cäsar* von W. Shakespeare. Regie: Gerhard Klingenberg.

1973 Schauspielhaus, Bochum:
15. und 17. 3. Der Alte in: *Eiszeit* von T. Dorst. Regie: Peter Zadek. Mit Hans Mahnke, Ulrich Wildgruber. September 1974 Freie Volksbühne, Berlin. 1975 Berlinale.

1975 Freie Volksbühne, Berlin:
22. 11. Musjö in: *Die Geisel* von B. Behan. Regie: Peter Zadek.

1976 Komödie, Düsseldorf:
14. 4. Willie Clark in: *Sonny Boys* von Neil Simon. Regie: Karl Heinz Stroux.

1978 Komödie, Berlin:
Shunderson in: *Dr. med. Hiob Prätorius* von Curt Goetz. Regie: Karl-Heinz Schroth.

Film von 1924–1978

1924, Statist in *Der letzte Mann,* Regie: Friedrich Wilhelm Murnau, mit: Emil Jannings, Maly Delschaft, Max Hiller, Emilie Kurz, Hermann Valentin u. a.
1932, 2. Makler in *Peter Voss, der Millionendieb,* Regie: Ewald André Dupont, mit Willi Forst, Alice Treff, Paul Hörbiger, Hans Herrmann-Schaufuß, Therese Giehse, Erika Mann u. a.
1932, engl. Offizier in *Kreuzer Emden,* Regie: Louis Ralph, mit Louis Ralph, Werner Fuetterer, Renée Stobrawa, Helmut Käutner, Will Dohm u. a.
1933, in *Fräulein Hoffmanns Erzählungen,* Regie: Carl Lamač, mit Anny Ondra, Mathias Wieman, Ida Wüst, Paul Otto, Max Schreck u. a.
1933, in *Muß man sich gleich scheiden lassen?,* Regie: Hans Behrendt, mit Else Elster, Iwan Petrovich, Liesl Karlstadt, Beppo Brem (damals noch Joseph Brehm) u. a.
1934, in *Die vertauschte Braut,* Regie: Carl Lamač, mit Anny Ondra, Adolf Wohlbrück, Otto Wernicke, Beppo Brem u. a.
1934, Theaterdirektor in *Der verhexte Scheinwerfer,* Regie: Carl Lamač, mit Karl Valentin und Liesl Karlstadt.
1934, Steuermann in *Peer Gynt,* Regie: Dr. Fritz Wendhausen, mit Hans Albers, Olga Tschechowa, Marieluise Claudius, Lucie Höflich, Lizzi Waldmüller u. a.
1935, Manfred Bolle, leichtlebiger Juniorchef, in *Ein ganzer Kerl,* Regie: Carl Boese, mit Hermann Speelmans, Lien Deyers, Joe Stöckel, Otto Wernicke, Hans Richter u. a.
1935, von Zilchow in *Der Gefangene des Königs,* Regie: Carl Boese, mit Paul Kemp, Michael Bohnen, Adele Sandrock, Josef Eichheim, Hilde Hildebrand, Hubert v. Meyerinck u. a.
1936, Kornitzki in *Der ahnungslose Engel,* Regie: Franz Seitz, mit Joe Stöckel, Lucie Englisch, Elisabeth Flickenschildt, Michel Lang, Ludwig Schmitz u. a.
1936, Reklamechef Schnellhase in *Der schüchterne Casanova,* Regie: Carl Lamač, mit Paul Kemp, Fita Benkhoff, Charlott Daudert, Wilhelm Bendow, Adele Sandrock u. a.
1936, in *Die große und die kleine Welt,* Regie: Johannes Riemann, mit Viktor de Kowa, Heinrich George, Edna Greyff, Albert Florath, Paul Henckels, Ernst F. Fürbringer u. a.
1936, Francis, der Chauffeur, in *Diener lassen bitten,* Regie: Hans H. Zerlett, mit Rose Stradner, Hans Söhnker, Fita Benkhoff, Herbert Hübner, Ursula Deinert u. a.
1937, Friseur Hübner in *Soweit geht die Liebe nicht,* Regie: Franz Seitz, mit Lucie Englisch, Joe Stöckel, Maria Paudler, Elise Aulinger, Paul Westermeier u. a.
1939, Fred Durrer in *Drei wunderschöne Tage,* Regie: Fritz Kirchhoff, mit Gustav Waldau, Gina Falckenberg, Walter Janssen, Maria Pierenkämper, Werner Scharf u. a.
1941, Oberarzt Dr. Gregorius, Gruppenarzt, in *Stukas,* Regie: Karl Ritter, mit Carl Raddatz, Albert Hehn, Hannes Stelzer, Ernst v. Klipstein, Marina v. Ditmar, Georg Thomalla, Karl John u. a.

1941, Dr. Vollmer in *Alles für Gloria,* Regie: Carl Boese, mit Laura Solari, Johannes Riemann, Lizzi Waldmüller, Leo Slezak u. a.
1941, Peter Wallbrecht in *Illusionen,* Regie: Viktor Tourjansky, mit Johannes Heesters, Brigitte Horney, Nikolai Kolin, Hilde Sessak u. a.
1942, in *Rembrandt,* Regie: Hans Steinhoff, mit Ewald Balser, Hertha Feiler, Gisela Uhlen, Elisabeth Flickenschildt, Hans Herrmann-Schaufuß u. a.
1942, von Heyden in *Die Entlassung,* Regie: Wolfgang Liebeneiner, mit Emil Jannings, Werner Krauss, Theodor Loos, Werner Hinz u. a.
1942, Prof. Morrison in *Dr. Crippen an Bord,* Regie: Erich Engels, mit Rudolf Fernau, René Deltgen, Gertrud Meyen, Paul Dahlke u. a.
1943, Gerhard Morton in *Gefährtin meines Sommers,* Regie: Fritz Peter Buch, mit Anna Dammann, Paul Hartmann, Viktoria v. Ballasko, Gustav Knuth, Wolfgang Lukschy u. a.
1943, Impresario Grundmann in *Der ewige Klang,* Regie: Günther Rittau, mit Olga Tschechowa, Elfriede Datzig, Rudolf Prack, Ernst Wilhelm Borchert u. a.
1943, Rechtsanwalt in *Geliebter Schatz,* Regie: Paul Martin, mit Dorit Kreysler, Johannes Riemann, Harald Paulsen, Ida Wüst, Sonja Ziemann u. a.
1944, Kommissar Wegener in *Der große Preis,* Regie: Karl Anton, mit Gustav Fröhlich, Carola Höhn, Otto Wernicke, Bruni Löbel u. a.
1944, Dr. Kauper, Abteilungsleiter der Ruyten-Bank, in *Der Täter ist unter uns,* Regie: Herbert B. Fredersdorf, mit Paul Dahlke, Margot Hielscher, Gabriele Reismüller, Fritz Odemar, Alice Treff u. a.
1944, Egon von der Linde in *Komm zu mir zurück,* Regie: Heinz Paul, mit Albert Matterstock, Marina v. Ditmar, Charlott Daudert, Gustav Waldau u. a.
1944, Thomas Volderauer, Besitzer einer Metallfabrik, in *Aufruhr der Herzen,* Regie: Hans Müller, mit Lotte Koch, Rudolf Prack, Elise Aulinger, Kate Kühl, Joe Furtner u. a.
1944, Konzertagent Urdoi in *Philharmoniker,* Regie: Paul Verhoeven, mit Eugen Klöpfer, Will Quadflieg, Malte Jäger, Theodor Loos, Irene v. Meyendorff, Kirsten Heiberg, Erika v. Thellmann u. a.
1948, Der Reaktionär in *Berliner Ballade,* Regie: Robert A. Stemmle, mit Gert Fröbe, Tatjana Sais, Aribert Wäscher, Brigitte Mira u. a. (Erik Ode als Sprecher).
1949, Alexander Petershagen in *Anonyme Briefe,* Regie: Arthur Maria Rabenalt, mit Käte Haack, Tilly Lauenstein, Petra Peters, Rainer Penkert, Otto Gebühr u. a.
1950 USA, 1953 BRD, Herr Stieber, eine Berliner Type in *The big Lift (Es begann mit einem Kuß),* Regie: George Seaton, mit Montgomery Clift, Paul Douglas, Cornell Borchers, Bruni Löbel u. a.
1950, Chefredakteur Mannheim in *Epilog,* Regie: Helmut Käutner, mit Bettina Moissi, Fritz Kortner, Paul Hörbiger, Horst Caspar, Carl Raddatz, Hans Christian Blech, Hilde Hildebrand, Irene v. Meyendorff u. a.
1951 USA, 1952 BRD, Oberst von Ecker in *Decision Before Dawn (Entscheidung vor Morgengrauen),* Regie: Anatole Litvak, mit Richard Basehart, Oskar Werner, Hildegard Knef, Hans Christian Blech, Wilfried Seyferth u. a.
1952, Rittmeister Graf Ledenburg in *Der große Zapfenstreich,* Regie:

Georg Hurdalek, mit Johanna (Hannerl) Matz, Jan Hendriks, Friedrich Domin, Paul Hartmann, Maria Wimmer, Rudolf Fernau u. a.
1953, Keller in *I Confess« (Zum Schweigen verurteilt)*, Regie: Alfred Hitchcock, mit Montgomery Clift, Anne Baxter, Karl Malden, Brian Aherne, Dolly Haas u. a.
1953, Prinz Paul, Chef der Garde in Warschau, in *Der letzte Walzer*, Regie: Arthur Maria Rabenalt, mit Eva Bartok, Curd Jürgens, Christl Mardayn, Siegfried Breuer, Rudolf Schündler u. a.
1953, Sägewerksbesitzer Bruckner in *Wenn am Sonntagabend die Dorfmusik spielt*, Regie: Rudolf Schündler, mit Hans Stüwe, Ingeborg Körner, Fritz Wagner, Rudolf Prack, Walter Müller u. a.
1953, Theaterdirektor in *Lachkabinett*, Regie: Willem Holsboer, mit (s. *Der verhexte Scheinwerfer)*.
1954 USA, 1957 BRD, Helmuth Dietrich in *Betrayed (Verraten)*, Regie: Gottfried Reinhardt, mit Clark Gable, Lana Turner, Victor Mature, Louis Calhern u. a.
1954, Admiral Canaris in *Canaris*, Regie: Alfred Weidenmann, mit Martin Held, Barbara Rütting, Adrian Hoven, Peter Mosbacher u. a.
1955 GB, 1957 BRD, Kommandant der »Tirpitz« in *Above Us The Waves (Submarine – U-Boote greifen an)*, Regie: Ralph Thomas, mit John Mills, John Gregson, Donald Sinden, James Robertson Justice u. a.
1955, Oberstleutnant v. Plönnies in *08/15 II. Teil*, Regie: Paul May, mit Hans Christian Blech, Joachim Fuchsberger, Peter Carsten, Paul Bösiger, Helen Vita, Ellen Schwiers, Armin Dahlen, Rolf Kutschera u. a.
1955, Chefreporter Peter Hansen in *Alibi*, Regie: Alfred Weidenmann, mit Martin Held, Charles Regnier, Hardy Krüger, Gisela v. Collande u. a.
1955, Ein Generalmajor in *08/15 in der Heimat*, Regie: Paul May, mit Hans Friedrich, Max Mairich, Gustav Knuth, Joachim Fuchsberger, Peter Carstens, Mario Adorf, Hans Christian Blech, Helen Vita u. a.
1956, Sprecher in *Ernst Reuter*, Regie: Wolfgang Kiepenheuer.
1956, Sir William Ashlin in *Kitty und die große Welt*, Regie: Alfred Weidenmann, mit Romy Schneider, Karlheinz Böhm, Paul Dahlke, Ernst Schröder, Alice Treff u. a.
1957, Kaiser Wilhelm II. in *Les Aventures d'Arsène Lupin (Arsène Lupin, der Meisterdieb)*, Regie: Jacques Becker, mit Liselotte Pulver, Robert Lamoureux, Sandra Milo, Georges Chamarat u. a.
1957, Baron Erich von Bergen in *Sait-on jamais? (Spuren in die Vergangenheit)*, Regie: Roger Vadim, mit Françoise Arnoul, Robert Hossein, Christian Marquand, Franco Fabrizi u. a.
1957, Ludwig Darrandt in *Die Letzten werden die Ersten sein*, Regie: Rolf Hansen, mit Ulla Jacobsson, Bruno Hübner, Maximilian Schell, Adelheid Seeck, Peter Mosbacher u. a.
1957, Hugo Vogel, Atomwissenschaftler in *Les Espions (Spione am Werk)*, Regie: Henri-Georges Clouzot, mit Curd Jürgens, Peter Ustinov, Sam Jaffe, Louis Seigner, Vera Clouzot, Martita Hunt u. a.
1957, Robert Fleming, Industriemagnat, in *Der gläserne Turm*, Regie: Harald Braun, mit Lilli Palmer, Peter van Eyck, Brigitte Horney, Ludwig Linkmann u. a.
1958, Stabsarzt Dr. Fritz Böhler in *Der Arzt von Stalingrad*, Regie: Geza v. Radvanyi, mit Eva Bartok, Hannes Messemer, Mario Adorf, Walther Reyer, Vera Tschechowa u. a.

1958, Staatsanwalt v. Treskow in *Der Maulkorb,* Regie: Wolfgang Staudte, mit Hertha Feiler, Hansjörg Felmy, Corny Collins, Edith Hancke, Robert Meyn u. a.
1958, Schuldirektor Dr. Hans Römer in *Solange das Herz schlägt,* Regie: Alfred Weidenmann, mit Heidemarie Hatheyer, Götz George, Hans Christian Blech, Volker Bohnet, Ursula Herking, Grit Böttcher, Eva-Katharina Schultz u. a.
1960, Sir George Crofts in *Frau Warrens Gewerbe,* Regie: Akos v. Rathony, mit Lilli Palmer, Johanna Matz, Helmut Lohner, Elisabeth Flickenschildt u. a.
1960 FR, 1961 BRD, Die Exzellenz in *Affäre Nabob (Haltet den Dieb),* Regie: Ralph Habib, mit Perette Pradier, Paul Guers, Gérard Darrieu, Sonja Ziemann u. a.
1961, Generalstaatsanwalt Florestan Mississippi in *Die Ehe des Herrn Mississippi,* Regie: Kurt Hoffmann, mit Martin Held, Charles Regnier, Hansjörg Felmy, Johanna v. Koczian u. a.
1962, Maximilian, gen. Mac, Thomas, alternder Schauspieler, in *Das Leben beginnt um acht,* Regie: Michael Kehlmann, mit Johanna Matz, Helmut Wildt, Gundel Thormann, Walter Buschhoff, Gerd Vespermann u. a.
1962, ein betrunkener Reisender in *Le Caporal Epinglé,* Regie: Jean Renoir, mit Jean-Pierre Cassel, Claude Brasseur, Claude Rich, Conny Froboess u. a.
1962, Dr. Schön in *Lulu,* Regie: Rolf Thiele, mit Nadja Tiller, Hildegard Knef, Mario Adorf, Rudolf Forster, Charles Regnier u. a.
1963, General von Bamberg in *Le Vice et la Vertu (Laster und Tugend),* Regie: Roger Vadim, mit Annie Girardot, Robert Hossein, Philippe Lemaire, Cathérine Deneuve u. a.
1964, Prof. Larsen, in *Die Todesstrahlen des Dr. Mabuse*, Regie: Hugo Fregonese, mit Peter van Eyck, Yvonne Fourneaux, Yoko Tani, Wolfgang Preiss, Ernst Schröder, Walter Rilla u. a.
1965 FR, 1966 BRD, Hourvitch, Fernseh-Tycoon, in *Trois chambres à Manhattan (Drei Zimmer in Manhattan),* Regie: Marcel Carné, mit Maurice Ronet, Annie Girardot, Gabriele Ferzetti, Geneviève Page u. a.
1972, Carlos Lucas in *Der unsichtbare Aufstand,* Regie: Costa-Gavras, mit Yves Montand, Renato Salvatori, Gianfranco Gobbi, Jacques Weber, Jean-Luc Bideau u. a.
1975, Der Alte in *Eiszeit,* Regie: Peter Zadek, mit Ulrich Wildgruber, Elisabeth Stepanek, Hannelore Hoger, Heinz Bennet, Helmut Qualtinger u. a.
1978, Simone in *L'Eta Della Pace (Zeit des Friedens),* Regie: Fabio Carpi, mit Georges Wilson, Macha Merill, Sibylle Pieyre, Isa Danieli u. a.